Gerhard Wehr

Karlfried Graf Dürckheim

HERDER / SPEKTRUM
Band 4456

Das Buch

Wer ist dieser große Meister der Meditation, der einen Weg zum Ganzwerden des Menschen gewiesen hat, der heute in der zweiten Generation in hunderten von Meditationshäusern – christlichen wie nichtchristlichen – gelehrt wird. Wo liegen seine menschlichen, seine wissenschaftlichen und seine religiösen Wurzeln, was ist sein Werdegang, was sind die Hintergründe seines psychospirituellen Konzeptes? In diesem Buch erhält der Leser erstmals ein umfassendes Lebensbild (1896–1988) gezeichnet, angefangen bei den frühen Kindheitstagen, die in die Zeit vor den Weltkriegen reichen, über die Kriege, den Nationalsozialismus, den wissenschaftlichen Werdegang, die ersten Seinserfahrungen, die Japanreisen und der längere Japanaufenthalt und die vorübergehende Internierung, die Neuorientierung des Lebens nach der Rückkehr, die Gründung von Rütte bis hin zu seinem über 35jährigen Wirken von Rütte aus.

Dürckheim gilt als einer der bedeutendsten spirituellen Lehrer unserer Zeit, der auch im christlich-konfessionellen Lager weitgehende Zustimmung und Anerkennung gefunden und damit die alten Gegensätze zwischen theologischer Lehre und religiöser Erfahrung zumindest eingeebnet hat. Die Verbindung von Tiefenpsychologie mit Meditation – östlicher wie westlicher – hat Rütte auch für die Seelsorge interessant gemacht.

Gerhard Wehr, ein hervorragender Kenner sowohl von Dürckheim und Hippius, als auch der Tiefenpsychologie und der abendländischen Mystik, zeichnet nicht nur den biografischen Lebenslauf, sondern ordnet ihn sorgfältig in die politische, sozialgeschichtliche, psychologische und spirituelle Landschaft ein.

Der Autor

Gerhard Wehr, geb. 1931, freier Autor, lehrte an der Diakonenschule Rummelsberg bei Nürnberg. Zahlreiche Publikationen aus dem Bereich der Spiritualität, Tiefenpsychologie und Anthroposophie. Bei Herder/Spektrum: Selbsterfahrung mit C. G. Jung. Die Entdeckung des eigenen Ich, Band 4376.

Gerhard Wehr

Karlfried Graf Dürckheim

Leben im Zeichen der Wandlung

Herder
Freiburg · Basel · Wien

Alle Rechte vorbehalten – Printed in Germany
© Verlag Herder Freiburg im Breisgau 1996
Aktualisierte und gekürzte Neuausgabe der im
Kösel Verlag unter dem Titel „Karlfried Graf Dürckheim. Ein
Leben im Zeichen der Wandlung" erschienenen Biografie.
Satz: Fotosetzerei G. Scheydecker, Freiburg im Breisgau
Druck und Einband: Freiburger Graphische Betriebe 1996
Umschlaggestaltung: Joseph Pölzelbauer
Umschlagfoto: ZDF
ISBN 3-451-04456-0

Inhalt

Herkunft und Jugend 7
Im Ersten Weltkrieg 12
Antirevolutionäre Aktivitäten 23
Im Zeichen der Großen Erfahrung 34
Eine Freundschaft 42
Der Hochschullehrer 49
Zur Zeit der „Machtergreifung" 65
In Ribbentrops Diensten 82
Erstmals in Japan 89
Die zweite Japan-Mission: Begegnung mit Zen 103
In japanischer Gefangenschaft 122
Neuorientierung un Rückkehr 130
Aufbauarbeit in Rütte 137
Situationen angesichts der „kleinen Dinge" 161
Westliches Zen? 171
Auf dem inneren Weg zu Christus 185
Votragsreisen 200
Tätig ins hohe Alter 210
Vom Fortgang des Begonnenen 230

Anhang
Rechenschaft und Danksagung 240
Anmerkungen 242
Bibliographie 253
Zeittafel 255

Stammtafeln 258
Personenregister 262

Herkunft und Jugend

Wandlung, das Einswerden des Menschen mit seinem innersten Wesen, war das bestimmende Thema im Leben und Schaffen von Karlfried Graf Dürckheim. In dem Bewußtsein, auf der Schwelle einer „neuen Stufe des abendländischen Geistes" zu stehen, schuf der Psychologe, der in westlicher und östlicher Spiritualität erfahrene Meditationslehrer, der Lebemeister" im Sinne Meister Eckharts, eine eigentümliche Disziplin: die Initiatische Therapie. Ehe er sich zusammen mit seiner einstigen Schülerin, langjährigen Mitarbeiterin und Ehefrau Maria Hippius in dem abgelegenen Schwarzwalddorf Todtmoos-Rütte niederließ, hatten ihn die Schicksale zweier Weltkriege geprägt. In Japan hatte er den Geist des Zen kennengelernt. Ihm war nicht nur aufgegangen, von welch entscheidender Bedeutung es ist, daß der Mensch seines „doppelten Ursprungs" gewahr und seines Wesens gewiß werde. Seinen Lebensauftrag erblickte er darin, durch ein beispielhaftes Leben, durch die ihm gemäße Existenz-Mitteilung das Unlehrbare zu „lehren". Als er 1988 hochbetagt starb, hinterließ er ein geistiges Erbe, an dem heute Ungezählte teilhaben. Immer mehr suchende Menschen fragen, welchen Weg er selbst eingeschlagen hat, welche Stationen der Prüfung in politisch gefahrvoller Zeit er passieren mußte und wie sich schließlich sein Leben vollenden konnte, so daß „Transparenz für Transzendenz" als „Große Erfahrung" bezeugt wurde.

Karlfried Graf Dürckheim – sein voller Name lautete: Karl Friedrich Alfred Heinrich Ferdinand Maria Graf Eckbrecht von Dürckheim-Montmartin – entstammte väterlicherseits dem pfälzisch-elsässischen Uradel, der seinen Stammbaum bis in die zweite Hälfte des 12. Jahrhunderts zurückverfolgen kann. Auf der Seite von Dürckheims Mutter finden sich preußische Beamte, Offiziere und Diplomaten. Eigens zu erwähnen sind namhafte jüdische Bankiers, unter ihnen Mayer Amschel Rothschild, der Stammvater der bekannten Rothschild-Dynastie. Für Dürckheim sollte es während der Zeit des Nationalsozialismus folgenreich sein, daß er als national gesinnter, dem NS-Regime zugeneigter Adelige eine jüdische Großmutter hatte.

Geboren wurde Graf Dürckheim am 24. Oktober 1896 in München. Seine Eltern Friedrich und Charlotte, geborene von Kusserow, bewohnten dort ein stattliches Haus in der Prinzregentenstraße. Doch spielte sich ein Großteil des Familienlebens teils in Steingaden, einem oberbayerischen Dorf südlich von München, ab. Hier, im Alpenvorland, besaß die Familie seit Generationen ein großes Landgut. Infolge der glücklosen Wirtschaftsentwicklung mußten die ausgedehnten Ländereien nach 1930 aufgegeben werden. Das galt ebenfalls für Schloss Bassenheim bei Koblenz samt dem dazugehörigen Grundbesitz. Hier verbrachte die Familie einen anderen Teil des Jahres.

Als Besitzer verschiedener bäuerlicher und gewerblicher Betriebe übten die Grafen altem Brauch zufolge das Fisch- und Jagdrecht aus. Nach Angaben von Karlfried Dürckheim erstreckten sich die verfügbaren Fisch- und Jagdgründe in Oberbayern auf mehrere zehntausende Morgen Land. Der größte Teil war von den Bauern der Umgebung von Steingaden gepachtet. Noch im hohen Alter pflegte Dürckheim begeistert von den Eindrücken zu erzählen, die er als Kind und als Heranwachsender im Kreis der Familie, auf dem Lande, bei Fischfang und Jagd empfing. Von klein auf faszinierte ihn das sinnlich Wahrnehmbare, das innige Verwobensein mit dem Stofflichen. Viele kennen dies aus eigenem Kindheitserleben. Es findet sich beispielhaft in den Biographien von C.G. Jung und Teilhard de Chardin, so auch bei ihm.

Eigentümlich berührte den Knaben, wenn der katholisch getaufte, von seiner Mutter jedoch evangelisch erzogene Karlfried in der alten Klosterkirche von Steingaden den sonntäglichen Meßgottesdienst mitfeierte. Da bildete sich bei ihm nicht etwa das heraus, was man eine besondere „Kirchlichkeit" nennen könnte. Aber der Meßkultus als solcher, das gemeinsame Beten bei Kerzenschein und Weihrauchduft, die spezielle Gestik des Priesters, sie sensibilisierten den für das Spirituelle aufnahmefähigen Jungen. Spiel und Sport mit den Dorfjungen wurden anfangs durch den privat erteilten Schulunterricht unterbrochen. Als er das Alter für den Eintritt in die höhere Schule erreicht hatte, besuchte er das Gymnasium bzw. die seinen Interessen entgegenkommende Oberrealschule. Das war in Weimar, wohin die Familie nach Aufgabe des Schlosses Bassenheim übersiedelt war. Der Erste Weltkrieg setzte dem Leben in jugendlicher Unbeschwertheit ein jähes Ende – doch davon später.

An dieser Stelle ist noch ein Wort über die sozial überaus fürsorglich eingestellten Eltern nötig. Der im Oberbayerischen beheimatete Graf Friedrich und Charlotte, die Tochter eines preußischen Diplomaten mit dem starken Anteil jüdischer Vorfahren auf der mütterlichen Seite, ergänzten sich in einer Weise, daß ihre Kinder – drei Söhne und zwei Töchter – vorwiegend positive Erinnerungen an sie festgehalten haben. Es entstand das Bild von zwei Menschen, die, geprägt von den traditionellen Leitbildern ihres Standes zu leben verstanden. Es war ein Leben in wirtschaftlicher wie gesellschaftlicher Großzügigkeit. Eine merkliche Einschränkung auferlegten sie sich auch dann nicht, als die tatsächliche wirtschaftliche Lage dies erfordert hätte, ja als der Ruin sich abzuzeichnen begann. So gibt es Fotos, die die junge Gräfin schmuckbehangen in großer Abendtoilette und mit sternenbesetzter Krone im Haar zeigen. Sie umgab sich bei festlichen Anlässen mit Pariser Chic. Auf der anderen Seite hatte die auf Standesbewußtsein achtende Dame ein Auge für die konkreten Lebensbedürfnisse der zahlreichen Bediensteten in Haus und Hof ebenso wie für die in einfachen Verhältnissen lebenden Dorfbewohner. Hier wäre eine Fülle von sozialen Aktivitäten zu nennen, die die Gräfin in Übereinstimmung mit ihrem Mann initiierte und finanzierte. Dazu gehörten ein Verein, der erholungsbedürftigen Stadtkindern einen Ferienaufenthalt auf dem Lande ermöglichte, die Einrichtung einer „Suppenküche" für etwa 150 Schulkinder; durch die Bildung einer Rot-Kreuz-Station mit dem nötigen Inventar zur Unterbringung und zur Versorgung wurde vor allem minderbemittelten Patienten geholfen. Kurz: Wer in Not war, der konnte bei der Grafenfamilie mit Rat und Tat rechnen.

Eine besondere Note erhielt das Leben Karlfrieds, als das von namhaften Vertretern des Jugendstils (Henry van de Velde) erbaute und individuell ausgestattete Wohnhaus vor dem Ersten Weltkrieg in Weimar bezogen werden konnte. Antrittsbesuche bei Hof des Großherzogs von Sachsen-Weimar hatten für die rasche Integration der Dürckheims in der Weimarer „Gesellschaft" gesorgt. Aus der Freundschaft mit der Familie van de Veldes ergab sich wie von selbst auch ein nicht weniger geschätzter Kontakt mit den Lehrern und Studenten des Bauhauses". An Gräfin Charlottes Jour fixe traf sich im Haus an der Weimarer Cranachstraße Nummer 47 alles, was in der kleinen Provinzhauptstadt Rang und Namen hatte.

Nach van de Velde fand sich dessen Nachfolger am Bauhaus, der Architekt Walter Gropius, ein. Für Karlfried als dem Ältesten und für seine Geschwister bedeutete dies vielfältige kulturelle Anregungen. Die Gräfin verstand es, Feste zu veranstalten und ihre Gäste bei Musik und Tanz aufmerksam zu bewirten. An Jugendfreundschaften und -Liebschaften bestand auch kein Mangel.

Während Vater Friedrich das Landgut und die eigenen Betriebe in Steingaden nicht aus dem Auge verlieren durfte, jedoch offensichtlich mit recht lockerer Hand leitete, ließ die Gräfin das Weimarer Haus zu einer Stätte werden, in der Künstler aller Art gern gesehen waren. dazu gehörten außer dem bahnbrechenden Walter Gropius die Maler Paul Klee, Lionell Feininger, Oskar Schlemmer, Peter Röhl, später auch Wassily Kandinsky, der Dichter Theodor Daubler und eine Reihe anderer. In ihren Memoiren erwähnt Nina Kandinsky, welch ein „allzeit offenes Haus" die Familie Dürckheim für die Mitglieder des Bauhauses geführt habe. Für Weimar sei dies damals eine einzigartige Institution gewesen, die man zu schätzen wußte.

Dieser Bericht bezieht sich bereits auf die frühen zwanziger Jahre des 20. Jahrhunderts. Die ungetrübten Vorkriegsjahre waren allzu rasch ihrem Ende entgegengegangen. Bald mußte man bei Dürckheims – sei es im mitteldeutschen Weimar, sei es auf dem Gutshof im oberbayerischen Steingaden – einsehen, daß die viel zu aufwendige doppelte Haushaltsführung nicht mehr zu rechtfertigen war. Das äußere Signal dafür war die große Inflation, die 1923/24 in Deutschland in einer totalen Geldentwertung endete. Das komfortable Weimarer Haus konnten die Dürckheims ebenso wenig halten wie zuvor Schloß Bassenheim.

Für Karlfried hatte dieser Lebensabschnitt zudem eine erhebliche Abkürzung erfahren, nämlich durch die vier Jahre des Weltkriegs von 1914 bis 1918. Er war unmittelbar vorausgegangen. Von ihm und den einschneidenden Fronterfahrungen ist jetzt zu berichten.

Im Ersten Weltkrieg

Die Schüsse von Sarajewo, durch die der österreichische Thronfolger Erzherzog Franz Ferdinand im Sommer 1914 Opfer eines Mordanschlags serbischer Nationalisten wurde und die den Ersten Weltkrieg auslösten, wirkten auch auf Karlfried Dürckheim als ein Fanal, dem er zu folgen hatte. Nichts lag ihm ferner, als sich zu verweigern. Die Kriegsbegeisterung war weit verbreitet. Daß der betont vaterländisch erzogene Grafensohn geradezu darauf brannte, endlich das „Ehrenkleid" seines bayerischen Königs anzuziehen und an die Front geschickt zu werden, noch dazu gegen den „Erbfeind" Frankreich, verstand sich von selbst. Zudem bedeutete der Marschbefehl für einen Kriegsfreiwilligen das Ende der ohnehin schon als viel zu lange empfundenen Schulzeit. Das Zeugnis des Großherzoglichen Realgymnasiums von Weimar hatte dem Obersekundaner am 14. März 1913 „die wissenschaftliche Reife zum einjährig-freiwilligen Dienst" bescheinigt (regelmäßigen Schulbesuch, Betragen sehr gut, desgleichen Aufmerksamkeit und Fleiß). Als der Krieg am 1. August 1914 ausbrach, hatte Karlfried erst die Unterprima erreicht. Doch seit dem 10. Februar desselben Jahres war er bereits vereidigt. Ausgestattet mit dem Notabitur kam der Kriegsfreiwillige, knapp 18 Jahre alt, im Spätherbst zur Ausbildung und wurde dem Bayrischen Infanterie-Leibregiment eingegliedert, in dem auch Vater Dürckheim während einiger Kriegsjahre als Hauptmann Dienst tat und dem einst Onkel Alfred Dürckheim als kommandierender General vorstand. Um den körperlichen Anforderungen besser gewachsen zu sein, bereitete Karlfried sich auf den Einsatz vor. Er erzählt:

Als sich die Anzeichen für den beginnenden Ersten Weltkrieg verdichteten, füllte ich in Steingaden einen Rucksack mit großen Steinen und machte Bergtouren. Später war ich sehr froh, als ich mit schwerem Tornister den ersten großen Marsch anzutreten hatte. Für mich war die Vorbereitung buchstäblich ein Exerzitium.[1]

Die sich überstürzenden Ereignisse und Nachrichten im Juli und August 1914 erlebte die ganze Familie in Steingaden, wo man den Sommer zu verbringen pflegte. Um die Vorgänge möglichst rasch und unmittelbar zu erfahren, hielten sich die Dürckheims in jenen Tagen in München auf. In einer unübersehbaren Menschenmenge vor dem Gebäude der „Münchner Neuesten Nachrichten" harrten sie der Dinge, die da kommen sollten. Wilfried Dürckheim hat seine Eindrücke notiert:

„Zu uns gesellte sich Graf Bothmer, ehemaliger Kommandeur des Bayrischen Infanterie-Leibregiments, ein hochgewachsener, blendend aussehender Mann mit weißem Bart. Und hier war es, wo nach längerem Warten mittels Megaphon die Kriegserklärung an Frankreich am Nachmittag des 3. August 1914 bekanntgemacht wurde. Unter heutigem Verständnis und Wissen ist es einfach nicht zu fassen, was in dieser dicht gedrängten riesigen Menschenmenge geschah. Ein brausendes ‚Hurrah' entrang sich tausenden von Kehlen, das nicht enden wollte und sich von Wand zu Wand durch die Straßen wälzte. Es war ein elementarer Ausbruch des zum extremen Nationalismus hin pervertierten nationalen Gefühles ... Ich entsinne mich, wie ich selber von dem vaterländischen Gefühl mitgerissen wurde, aber ich werde auch nicht vergessen, wie – im Gegensatz zu den aufgewühlten Menschen um uns herum – ich einen todernsten Blickwechsel zwischen meinem Vater und Graf Bothmer erhaschte, ein Blick, der mir unauslöschlich im Gedächtnis geblieben ist."[2]

In Steingaden löste der Krieg naturgemäß eine Reihe von einschneidenden Umstellungen aus. Zunächst wurden alle Autos und etliche Pferde für militärische Zwecke requiriert. Jüngere Mitarbeiter erhielten ihre Gestellungsbefehle und schieden aus dem Arbeitsprozeß aus. Weil etliche bewährte ältere Mitarbeiter nicht KV (d. h. nicht kriegsverwendungsfähig) geschrieben worden waren, meldete sich der bereits 56jährige Graf Friedrich Dürckheim zur Wiederverwendung beim Militär. So wurde er bis zu seiner Beurlaubung bzw. Entlassung als Major im Juni 1916 mit verschiedenen Kommandoaufgaben betraut. Um ihre vaterländische Treue auch mit klingender Münze unter Beweis zu stellen, stifteten Friedrich und Charlotte Dürckheim gleich in den ersten Kriegswochen jenen kompletten Lazarettzug im Wert von 50 900,– Reichsmark (Goldmark!) und stellten ihn dem Bayrischen Roten Kreuz zur Verfügung. Am 10. auf 11. November 1914 konnte der Zug zu seiner ersten Fahrt an die Front starten.[3]

Viele andere karitative Einsätze, großenteils von der Gräfin, bald von Steingaden, bald von Weimar aus geleitet und von ihr eben auch finanziert, kamen hinzu. So gingen Hunderte von Feldpostpäckchen an die Fronten. Verletzte und invalide Soldaten fanden Unterstützung. Aus bruchstückhaften Notizen seiner Mutter hat Wilfried Dürckheim eine eindrucksvolle Bilanz zusammengestellt: „In den Wintern 1917–1919 wurden laufend drei- bis viermal wöchentlich vier kinderreiche Familien und bis zu 40 Personen wöchentlich kostenlos mit einer warmen Mahlzeit versorgt. Sie kamen sich das Essen in Töpfen oder Körben abholen. Ihre Kartoffelmarken hatte meine Mutter eingelöst, die Kartoffeln bei uns gelagert und den Leuten je nach Bedarf ausgegeben ... Neben dieser Sorge um arme Familien (in Steingaden) wurden außerdem in den Kriegsjahren immer wieder, wie es sich gerade ergab, Kinder von im Felde stehenden Offizieren eingeladen und verköstigt, um die jeweiligen Mütter zu entlasten. All das war nur möglich geworden, weil meine Mutter gleich nach Beginn des Krieges vorsichtshalber und vorausschauend in Steingaden mehrere Tagwerk Kartoffeln, Erbsen, Bohnen oder Getreide etc. hatte anbauen und die Ernte dann größtenteils im Weimarer Haus hatte einlagern lassen."[4] Eine überaus bemerkenswerte Voraussicht, wenn man bedenkt, daß die ins Feld ziehenden Soldaten gemäß der allgemeinen Siegesstimmung meinten, „zu Weihnachten" heil wieder daheim zu sein. „Ein anderer Beweis für den absoluten Einsatz meiner Eltern für das Vaterland war die Art und Weise, wie sie dem Aufruf zur Abgabe von Gold und anderen kriegswichtigen Metallen folgten. Der Stolz der

Küche im Weimarer Haus war die Galerie von ca. 30–40 massiv kupfernen Kasserollen, Pfannen und Töpfen. Allesamt mit künstlerisch handgearbeiteten Stielen und Henkeln. So standen sie oder hingen rundherum auf Regalen entlang der Küchenwände. Da die Militärverwaltung dringend Kupfer für die Herstellung der Führungsringe von Granaten benötigte, wurde eines Tages das gesamte Kupfergeschirr abgeliefert." Ähnliches passierte mit massiv goldenem Schmuck. An den im Ersten Weltkrieg üblichen „Kriegsanleihen": beteiligten sich die Dürckheims mit sechsstelligen Beträgen.

Und Karlfried? Für ihn war es im Dezember 1914 endlich soweit. Zusammen mit anderen Offizieren und Offiziersanwärtern wurde der achtzehnjährige Fahnenjunker auf dem Bahnhof in München-Laim von König Ludwig an die Front verabschiedet. Sein erst zwölfjähriger Bruder Wilfried hat den denkwürdigen Augenblick mit seiner kleinen Filmbox festgehalten. Der Truppentransport rollte am 30. Dezember nach Westen an die französische Front, wo die deutschen Armeen bereits tief nach Nordfrankreich vorgedrungen waren. Die „Leiber" – so nannte man die Angehörigen des Bayrischen Infanterie-Leibregiments – wurden in die Stellungskämpfe an der Somme, westlich und südlich von Peronne verwickelt: „Ich erinnere mich noch an den ersten Marsch an die Front, den schweren Tornister auf dem Rücken im Gleichschritt, in der Ferne der Donner der Geschütze, unweit von Peronne. Nach dem Marsch landete ich im Schützengraben in einem Unterstand, der nur von ein paar Kerzen beleuchtet wurde. Damit begann das Leben an der Front."[5]

Für Karlfried Dürckheim sollten ungefähr 47 Monate Kriegsdienst daraus werden, teils bei der kämpfenden Truppe als Offizier[6], teils als Kompanieführer, teils in Stäben als Ordonnanzoffizier, schließlich als Adjutant beim III. Bataillon seines Regiments, dessen Chef zuletzt Oberst Franz Ritter von Epp war. Zu den täglichen Pflichten gehörte es in der ersten Zeit, Patrouillen zu gehen und zusammen mit einigen Kameraden feindwärts das Gelände zu erkunden, dabei ständig in der Gefahr, in gegnerisches Feuer zu geraten. So konnte es nicht lange dauern, bis Dürckheim seine erste Begegnung mit dem Tod erlebte. Wenn es auch eine Art Wiederbegegnung war, so bedeutete doch das Fronterlebnis eine ganz neue Erfahrung, durch die das Transzendente sich seinem Bewußtsein und Leben noch tiefer einprägte. Von einem Spähtruppunternehmen der ersten Tage an der nordfranzösischen Front berichtet Dürckheim:

Der erste Tote, den ich sah, war ein Franzose in roten Hosen, am Rand eines Weges. In den weit offenen und starren Augen des Toten grinste mich etwas grauenvoll an, das mich zugleich anzog und in die Flucht schlug, mich bannte und mich ein Stück des Weges verfolgte, bis ich schließlich das soeben Gesehene hinter mir lassen konnte und, befreit und glücklich, empfand, daß mich das Leben wieder hatte. Mit einem Mal war das Leben nichts Selbstverständliches mehr, sondern eine übernatürliche Gabe auf dem erschreckenden Hintergrund des Nicht-Lebens. So blieb der Tod während des ganzen Krieges mein täglicher Begleiter. Vor allem bei der Schlacht von Verdun unter dem furchtbaren Trommelfeuer und in einer Landschaft von Bombentrichtern, die wie ein chaotischer Friedhof war, wo Teile menschlicher Leiber aus der Erde herausragten ...[7]

Ehe Dürckheim mit seiner Einheit diese berüchtigte Todesmühle von Verdun im Sommer 1916 durchzustehen hatte, wurde das Regiment an andere Kriegsschauplätze geschickt: nach Tirol, anschließend im Herbst 1915 auf den Feldzug gegen Serbien, im Frühjahr 1916 noch weiter nach Süden, ins Aufmarsch- und Kampfgebiet an der griechischen Grenze. Während der ersten Kriegsjahre ließ das Bayrische Leibregiment bebilderte Feldpostkarten herstellen, auf denen einzelne Situationen, Landschaften und dergleichen im Foto festgehalten sind. Die Nachrichten der Soldaten mußten naturgemäß knapp sein. So heißt es auf einer an die Mutter gerichteten Karte vom März 1916 aus Veles in Mazedonien: „Die von Dir geschätzten Verluste treffen noch lange nicht die Wahrheit. *Mir* geht es ausgezeichnet."[8] Es versteht sich, daß der an alle familiäre Bequemlichkeit und an den Komfort gewöhnte Grafensohn längst gelernt hat, erhebliche Abstriche zu machen, wenn er von seinem „Wohlergehen" nach Hause schreibt. Jedenfalls vermeidet er, von Magen- und Darmerkrankungen sowie von den daraus resultierenden Erschöpfungen zu erzählen; allenfalls die Läuseplage wird eingestanden. Auch das ist rasch vergessen, für einige Tage allenfalls, als Vater und Sohn im Frühjahr 1916 etwa gleichzeitig auf Urlaub nach Weimar kommen. Wie in alten Zeiten wird ein Fest arrangiert. „Karlfried – seit März 1915 Leutnant, war Hahn im Korbe einer Schar erfreulich ansehnlicher junger Mädchen, wobei Rosalind von Schirach, die älteste Tochter des damaligen Theaterintendanten in Weimar, eine ebenso reizende wie liebenswürdige Schönheit, die Erwählte war", berichtet aus der Rückschau der damals vierzehnjährige Bruder.[9]

Daß Verdun, die Bestürmung von Fort Douaumont, sich tief ins Gedächtnis eingrub, bedarf keiner Begründung. Allein in diesem Bereich vor der Festung Verdun wurden innerhalb weniger Wochen weit über 600 000 Menschenleben vernichtet, Deutsche und Franzosen. Eine nicht genau datierbare Erinnerung Karlfrieds von der Westfront lautet:

Wir standen im Schützengraben und eine Garbe von französischem Infanteriefeuer traf uns überraschend. Mein Nachbar, der Bataillonsadjutant, fiel plötzlich um. Der nächste Schuß traf mich an der linken Schulter. Meinem Nachbarn war nichts besonderes passiert. Ich selbst glaubte aber, daß wenn ich meine Hand unter das Hemd schöbe, sie blutig wieder herauskäme. Das Hemd war auch durchschossen und ebenso war der Riemen der Gasmaske angeschossen aber mir selbst war nicht einmal die Haut geritzt ... Aber die Gasmaske war weg. Und in der Tat, am Abend hätte ich sie dringend gebraucht, als wir mit Gasgranaten beschossen wurden und ich den berühmten Apfelgeruch, über den ich meine Kameraden so oft unterrichtet hatte, wahrnahm. Mir blieb dann nichts anderes übrig, als mich von der Truppe zu entfernen und den Berg hinauf zu laufen, heraus aus dem Gas. Auf der anderen Seite des Berges fand ich dann wieder zum Regimentsstab zurück.

Eine Besonderheit des Erlebens bedeutete für Graf Dürckheim zweifellos die Tatsache, während des vierjährigen Krieges durch keinen Schuß oder Granatsplitter verletzt worden zu sein. Dennoch erfuhr auch er ganz persönlich den Tod als die im Menschen das Grauen erweckende Macht, die „die Urangst vor der Vernichtung wachhält" und die gleichzeitig Voraussetzung dafür ist, daß das Leben wieder und wieder als eine Fülle empfangen werden kann. Hierzu bemerkt der Frontsoldat Dürckheim:

So groß immer wieder die Angst war, und ich hatte viel Angst, so tief war die Erfahrung der Dankbarkeit für das wiedergewonnene Leben nach dem Durchschreiten gefährdeter Zonen, nach dem glücklichen Überleben eines Trommelfeuers, nach glücklicher Heimkehr von einer Patrouille in der Nacht. Auf dem Hintergrund des Todes erfuhr ich die Valenz des Lebens, und zwar dieses raumzeitlichen Lebens, das als solches einen numinosen Charakter empfing. – Etwas ganz anderes war die mir gleichfalls über den Tod zuteil werdende Erfahrung eines überweltlichen Lebens. Damit ist nicht die beglückende Erfahrung des vom Tode bedrohten Lebens auf dem Hintergrund einer überstandenen Todesgefahr gemeint, sondern die Erfahrung eines größeren „Lebens", das im Tode selbst, das heißt im Akzeptieren oder in der Unausweichlichkeit des Todes als einer Wirklichkeit, die jenseits von Leben und Tod ist, aufgehen kann. Hiermit zusammen hängt das Erlebnis einer überweltlichen Freiheit, die nichts zu tun hat mit Freiheit vom Zwang in der Welt.[10]

Sätze wie diese zeigen, daß der Gefahr, der tödlichen Bedrohung, der Situation der „Aussichtslosigkeit" und der Verzweiflung eine Qualität abgerungen werden kann, die auf anderem Wege offenbar gar nicht zu gewinnen ist, die aber auch eine Gewißheit vermittelt, an die kein menschlicher Trost hinreicht. Ja, es gebe, so berichtet Dürckheim weiter, eine ganz ähnliche Erfahrung verhinderten Lebens als Quelle des Erlebnisses „Leben" und uneingeschränkter Freiheit. „Eine andere Erfahrung über das Verhältnis von Todeserleben und Lebenserfahrung enthielten einige Augenblicke, in denen man als Soldat befehlsgemäß und in Gemeinschaft mit anderen in den wahrscheinlichen Tod gehen und ihn auf sich nehmen muß. Es gibt eine ‚Lust' ganz bewußten Sichhineinwerfens in die tödliche Gefahr. So erfuhr ich es im Antreten zu einem nächtlichen Sturmangriff auf eine bewaldete

Kuppe, im Durchlaufen einer Trommelfeuerbarriere bei der Erstürmung des Kemmels in Flandern, beim Durchspringen eines von einem Maschinengewehr bestrichenen Hohlweges. Es ist, als spüre man im Augenblick möglicher und im voraus akzeptierter Vernichtung das Unvernichtbare. In all diesen Erfahrungen bricht im Überschreiten der Grenze unseres gewöhnlichen Lebens eine andere Dimension auf – nicht als Glaubensinhalt, sondern als befreiende Erfahrung."11

Graf Dürckheim gibt zu, daß ihm die daraus geschöpfte Erkenntnis in ihrer vollen Tragweite und Bedeutung erst sehr viel später aufging. Aber sie mußte in den verschiedenen Situationen des Bedrohtseins, auch des Wagnisses und der Entscheidung für das Wagnis des Lebens erst errungen werden, ehe das „initiatische Potential unseres Lebens" als Ertrag menschlicher Reife für sich und für andere eingebracht werden konnte. (Unnötig zu sagen, daß aus derlei Zeugnissen nicht etwa eine Rechtfertigung oder Sinngebung des Krieges abgeleitet werden kann!) Auf einer ganz anderen Ebene wäre jedoch die Frage nach der „Sinngebung des Absurden", eben auch des Krieges und der Vernichtung, zu stellen, etwa in der Weise jenes Mannes, der als Sanitätskorporal ungefähr gleichzeitig wie Graf Dürckheim auf der anderen Seite, in bzw. bei Verdun gelegen ist und in vorderster Front seinen Dienst tat: der gerade 35jährige französische Jesuit Teilhard de Chardin, „dessen Seele instinktiv mit dem einzigen Leben der Dinge kommunizierte". Am 9. Juli 1916, also zu der Zeit, in der Dürckheim vor Verdun lag, schreibt Teilhard in sein Tagebuch: „Der derzeitige Krieg ist eine notwendige Krise ... Heute morgen die Freude, in einer geistigen Kommunion den Leib unseres Herrn in allem zu finden, was lebt, mich umgibt, mich trägt ..."12, und ehe das Gefecht um Fort Douaumont von neuem entbrennt, bewegen den Mystiker Teilhard Gedanken wie diese: „Gott ist auch das Herz von allen. So sehr, daß der umfassende Hintergrund des Universums untergehen oder austrocknen oder mir durch den Tod fortgenommen werden könnte, ohne daß meine Freude abnähme. Würde der Staub zerstreut, der von einem Widerschein der Energie und der

Herrlichkeit beseelt wurde, bliebe die substantielle Wirklichkeit unberührt, in der alle Vollkommenheit unzerstörbar enthalten ist und besessen wird. Die Strahlen beugen sich zu ihrer Quelle zurück: und dort werde ich sie alle noch umarmt halten. – Deshalb verwirrt selbst der Krieg mich nicht. In einigen Tagen werden wir hinausgeschickt, um Douaumont zurückzugewinnen, eine großartige und fast phantastische Geste, durch die ein endgültiger Fortschritt der Welt in der Befreiung der Seelen gekennzeichnet und symbolisiert werden wird."[13] So unterschiedlich Ausgangspunkt und Betrachtungsweise bei Teilhard und Dürckheim auch sein mögen, in einem gibt es doch erstaunliche Konvergenzen, nämlich im Blick auf ein „größeres Leben", das durch Tötung des irdischen Lebens nicht versehrt werden kann. Wer durchs Feuer des Krieges gegangen ist und „bestanden" hat, der ist ein anderer geworden, denn, so Teilhard: „Diese mehr als menschlichen Stunden haben das Leben mit einem strengen, bestimmten Aroma der Exaltation und der Initiation getränkt, als habe man sie im Absoluten verbracht. Alle Lobgesänge des Orients, der ganze hitzige Geist von Paris sind nichts im Vergleich ... mit dem Schlamm von Douaumont."[14] Was sollte es im übrigen ausmachen, daß der eine Franzose, der andere Deutscher ist?

Schließlich liegt ein Zeugnis von gegnerischer Seite für die Zeit des letzten Kriegsjahres vor, das die besondere Tapferkeit des Bayrischen Infanterie-Leibregiments hervorhebt. Zehn Jahre nach Kriegsende wandte sich der englische Oberst Hutchinson an den ehemaligen Kommandeur der „Leiber" und schrieb an Franz von Epp: „Ich mußte Sie kennenlernen. Was war das für eine bewundernswerte Truppe, Ihr Leibregiment bei Epéhy!" Hutchinsons Erinnerung wirft ein bezeichnendes Licht auf die Verfassung der Truppe, in der Dürckheim als Leutnant Dienst tat:

„Epéhy, das war an jenem frühen grau verdunkelten Herbstmorgen 1918, da die ‚Leiber' mit Kolben, Seitenwaffen und Handgranaten sich aus der tödlichen Übermacht der Engländer durch Gasnebel, Tankschwärme, Minenwerfer und glühende Brandung von Maschinengewehr-Feuer mit verzweifeltem Heldenmut aus wankenden Gräben die eigene Schußfreiheit in der Siegfriedstellung erzwangen. Epéhy, das war wieder anders als Fleury und Badonviller oder Verdun"[15]

Nach Verdun sollte Dürckheim noch einige weitere Kampfgebiete kennenlernen, so erst kurze Zeit den Stellungskampf in den Argonnen, zwischen September 1916 und April 1917 den Feldzug gegen Rumänien mit der Schlacht bei Hermannstadt, anschließend Stellungskrieg im Oberelsaß, Kämpfe an der IsonzoFront im Süden mit der Schlacht bei Udine und in den Venezischen Alpen. Das letzte Kriegsjahr führte das Leibregiment nochmals in den Westen. Zu bestehen war u. a. die Schlacht um den Kemmel.[16] Oberst Franz Ritter von Epp führte schließlich das Leibregiment nach dem Waffenstillstand in die Heimat zurück. Der mit dem Eisernen Kreuz II. Klasse dekorierte Leutnant Karlfried Graf Dürckheim konnte zu diesem Zeitpunkt, im Spätherbst 1918, noch nicht wissen, wie sich sein künftiges Schicksal gestalten werde, sei es als Berufsoffizier wie sein Onkel Alfred, der General, sei es als „Herr auf Steingaden" in der Nachfolge seines Vaters. Die, wie er sie nennt, „entscheidende Weichenstellung" für die Erfüllung seines eigentlichen Lebensauftrages mußte in der Zeit nach der Heimkehr erfolgen. Jedoch eine wesentliche Voraussetzung für seinen therapeutischen Auftrag hatte der Krieg für Graf Dürckheim geschaffen. In der Rückschau gelangte er zu folgender Deutung:

Was im Krieg angesichts des Todes als Präsenz eines größeren Lebens mehr stimmungsgemäß als wirklich bewußt in mich eindrang, sollte nun immer klarer als die Wirklichkeit erfahren und bewußt werden, die allein personal gültige Erkenntnis ermöglicht, personalem Heilen Richtung gibt und personal unbedingte Verpflichtung begründet. Eine mich insgeheim begleitende und mich tragende Kraft sollte nun in einer Weise ins Innesein treten, die sie immer deutlicher zum bestimmenden Faktor meiner Laufbahn werden ließ, bis sie schließlich nach vielen Proben im Beruf des Heilers und der Initiatischen Therapie ihren letzten Ausdruck gewann ... Die in solchen Erfahrungen erscheinende überweltliche Kraft aus der Tiefe erweist ihre Realität in einer Verwandlung des Menschen, insbesondere in der Geburt eines neuen, eines „absoluren Gewissens". Das ist eine Kraft zu bindenden Entscheidungen, eine Kraft zur Abwehr entgegengesetzter Tendenzen und Verlockungen, aber auch eine Kraft zur „Untreue" gegenüber bestehenden Verpflichtungen, zum Zerschneiden bestehender Bindungen ...[17]

Eine solche Verpflichtung kann zum Beispiel, wie für Karlfried Graf Dürckheim, im Außerachtlassen einer Familientradition bestehen.

Antirevolutionäre Aktivitäten

In dem Aufsatzband „Überweltliches Leben in der Welt" spricht Graf Dürckheim davon, daß in jedem Menschen ein überweltliches Leben „ohne Unterlaß in der Sprache seines Wesens verheißungsvoll, fordernd und zwingend am Werk" sei. Dieses Wesen als das Eigentliche des Menschen dürfe nicht als Produkt einer spekulativen Phantasie angesehen werden. Es sei vielmehr erfahrbar; es lasse sich als etwas Übermenschliches, Mächtiges vernehmen, so wie man eine Anrede vernimmt und eines Anspruchs gewahr wird:

Je mehr der Mensch sich in seinem Welt-Ich von seinem Wesen entfernt, um so mehr kann er es einst im Leiden unter der Welt ins Gespür bekommen. Dann aber kann er es als absolutes Gewissen und als unausweichliche Forderung zur Umkehr erfahren und auch als eine ihm Erlösung verheißende Kraft. Und vielleicht kann ihm einmal die Gnade zuteil werden, in der Großen Erfahrung das Wesen als den ihm innewohnenden Zeugen des Seins in seiner überweltlichen Fülle, Ordnung und Einheit selbst zu erleben.[18]

Einer solchen Entfernung seines Welt-Ichs zum Wesen hin, war sich der gerade zweiundzwanzigjährige Kriegsheimkehrer im Herbst 1918 noch kaum bewußt. Die Erfahrungen des „Stirb und Werde", die zum Grundbestand menschlicher Reifung und damit auch zur Initiatischen Therapie gehören, hatte der Frontsoldat zwar in unzähligen Situationen gemacht. Es bedurfte aber erst der erwähnten Weichenstellung „in Richtung auf Transparenz und Transzendenz", einer Entscheidung, die für Dürckheim in eben diesem Lebensabschnitt, in einem lange währenden Prozeß, fallen sollte.

Anzeichen dafür fehlten zunächst ganz. Von einer Bereitschaft zur Neuorientierung konnte keine Rede sein. Vielmehr schien es so, als sei seine weitere Karriere, die seines Welt-Ichs, als Möglichkeit ziemlich deutlich vorgegeben: Für ihn als den ältesten Sohn der Familie galt es als so gut wie ausgemacht, das väterliche Erbe anzutreten und Herr auf dem Gut Steingaden zu werden.

Doch das hatte keine besondere Eile. Vater Friedrich Graf Dürckheim war mit seinen 60 Jahren noch gut bei Kräften und konnte sich somit Zeit lassen, den zukünftigen Gutsherren in seine Rechte und Pflichten einzuführen. Nicht ganz klar war indes, was mit dem ehemaligen Frontoffizier in der nächsten Zeit geschehen sollte. Wie sehr der Offizierssohn selbst seiner Sache, dem Waffenhandwerk, zugetan war, ließe sich durch mancherlei Indizien belegen. Und der Gedanke, über kurz oder lang den feldgrauen Rock mit ziviler Kleidung zu vertauschen und eine bürgerliche Tätigkeit aufzunehmen, kann ihm nicht leicht gefallen sein. Aber da gab es – sieht man von der grundsätzlichen (noch zu besprechenden) Gewissensentscheidung ab – zwei Faktoren, die Karlfried Dürckheim den Abschied von der Truppe erwägen ließen: die Abdankung Kaiser Wilhelm II. und des unmittelbaren Dienstherren der Grafen von Dürckheim, König Ludwig III., andererseits gesundheitliche Rücksichten. So findet sich in Dürckheims Militärpapieren ein an das Ministerium für militärische Angelegenheiten gerichteter Antrag vom 30. November 1918, nach dem sich der Leutnant und Bataillonsadjutant Graf Dürckheim „nach Rückkehr des Regiments in die Heimat unter den gegebenen Verhältnissen nicht mehr in der Lage" sehe, weiterhin Soldat zu sein. Dabei beruft sich der Antragsteller auf den Rücktritt seines Königs und auf die damit verbundene Außerkraftsetzung der Eidesleistung. „Wegen der Beschädigung, welche meine Gesundheit durch zehnjährigen (sic!) Dienst und im Krieg erlitten hat, erhebe ich Anspruch auf die mir gesetzlich zustehende Pension, Kriegszulage und sonstigen Gebühren."[19]

Dürckheims Absicht entsprach auch einer offiziellen Verlautbarung des genannten Ministeriums vom 14. März 1919. Danach sollten vor allem junge Offiziere und solche, die in gesicherte wirtschaftliche Verhältnisse zurückkehren können, berücksichtigt werden. Dieses Schreiben der Behörde war an

Dürckheims Weimarer Adresse gerichtet. Im übrigen gab es das in München am 21. Januar 1919 ausgestellte ärztliche Zeugnis, das von Magen- und Darmleiden spricht, für die „krankhafte nervöse Einflüsse" verantwortlich gemacht wurden. Schließlich bestätigt das Ministerium für militärische Angelegenheiten unter dem 13. Juni 1919: „Dem Leutnant Karlfried Eckbrecht Graf Dürckheim-Montmartin des Infanterie-Leibregiments wird hiermit bescheinigt, daß ihm der Abschied aus dem aktiven Heere bewilligt wird: gez. Bressensdorf, Oberstleutnant und Abteilungschef."

Faktisch ging jedoch das soldatische Dienstverhältnis noch geraume Zeit weiter, wie die Gehaltszahlungen der nächsten Monate und Dürckheims eigene Aktivitäten unter militärischer Flagge zeigen. Für einen nationalbewußten Adeligen konnte wohl die soldatische Verantwortung durch eine derartige Bestätigung nicht aufgehoben sein. So ergab es sich wie von selbst, daß Karlfried Dürckheim sich alsbald jenen Kräften auf der politischen Rechten zur Verfügung stellte, die den revolutionären Tendenzen entgegentraten, notfalls mit der Waffe. Nun lebte aber die Familie nach bekanntem Rhythmus in Weimar und konnte somit die entstehende Weimarer Republik an Ort und Stelle beobachten, was man auch tat.[20] Daß der monarchistisch gesinnte Vater, Graf Friedrich Dürckheim, dem sich installierenden „System" keine besonderen Sympathien entgegenbrachte, kann nicht verwundern. Dennoch kam eine gewisse persönliche Beziehung zwischen Friedrich Ebert, zuerst Reichskanzler, dann erster Reichspräsident, und Friedrich Dürckheim zustande, die auf persönlicher Wertschätzung beruhte. Sohn Wilfried hat dies festgehalten: „Ich sehe ihn noch im Postsaal (d. h. in der Gastwirtschaft Post in Steingaden), als wir mit dem Trachtenverein irgendwelche Aufführungen machten, in der ersten Reihe sitzen. Mein Vater kam verschiedene Male mit ihm ins Gespräch, als sie sich im Dorf trafen. Mein Vater war sehr angetan von diesem Mann, den er als äußerst bedachtsam, bescheiden und freundlich bezeichnete, und in allem, was er sagte, klug und abwägend wirkte. Als Ebert dann am 11. Februar 1919 zum Reichspräsidenten gewählt wurde und mein Vater ihm einen persönlichen Glückwunsch schickte, kam postwendend ein ebenso freundlich wie bescheiden gehaltener Dankesbrief von ihm persönlich zurück. Dieser Brief liegt in unserem Archiv."[21] Im Brief heißt es wörtlich: „Steingaden ist mir übrigens so vertraut und lieb geworden, daß ich später bestimmt meinen Dank noch persönlich abstatten werde. Also: auf Wiedersehen in Steingaden! – Hochachtungsvoll Ihr Fr. Ebert."

Obwohl Karlfried Dürckheim seine Entlassung, aus dem Heer betrieb, stellte er sich doch für verschiedene gegenrevolutionäre Aktionen zur Verfügung, zumal sein bisheriger Regimentskommandeur Oberst bzw. Generalmajor Ritter von Epp sich in München an die Spitze der Gegenrevolution stellte. Die Verwirrung war groß. In der bayerischen Landeshauptstadt war der Sturz der Regierung am 7. und 8. November 1918 erfolgt. Nach der Ausrufung des Freistaates Bayern wurde Kurt Eisner, eine der führenden Persönlichkeiten der Unabhängigen Sozialdemokratischen Partei (USPD), Ministerpräsident. Seine Amtszeit dauerte jedoch nur wenige Monate. Am Morgen des 21. Februar 1919 wurde Eisner ermordet. In jener Zeit großer wirtschaftlicher Not und einem bis dahin ungewohnten Parteienstreit, der zudem damals von Gewalttaten nicht frei war, erschien es den „im Felde unbesiegten" Truppen, unter ihnen Graf Dürckheim, wichtig, eine letzte Militärparade abzuhalten. Hierzu Karlfried Dürckheim:

Es war die Zeit, in der in der Heimat „die Roten", das heißt die äußerste Linke, das Heft in der Hand hatten. Zum Leidwesen der Truppe und der sie erwartenden Bevölkerung wurde dem in seiner Haltung und Geschlossenheit noch intakten Regiment der reguläre Einzug verwehrt. Ein nach Tausenden zählendes Aufgebot revolutionierender Massen machte die Marschkolonne unmöglich. Aber in der alten Türkenkaserne in München hatte sich das Regiment dann doch noch gesammelt, und die Soldaten bestanden auf einem letzten Vorbeimarsch vor ihrem alten Regimentskommandeur. Dieser Augenblick war ein mich tief aufwühlendes Ereignis. Der letzte Vorbeimarsch! Ich spürte, wie hier eine Epoche der deutschen Geschichte zu Ende war, aber auch ein Lebensabschnitt und sein Sinn, der fraglose, zum Tode bereite

Einsatz für das Vaterland war plötzlich in Frage gestellt. Man war auf sich selbst zurückgeworfen. Eine Wirklichkeit, die eben noch getragen und alles bestimmt hatte, war versunken, aber damit zugleich die Frage nach neuer Sinngebung aufgeworfen. Die Geschehnisse der folgenden Monate waren noch mit der Soldatenzeit verbunden.[22]

Diese Verbundenheit ergab sich aufgrund der Bereitschaft Dürckheims, sich jenen Kräften anzuschließen, die die durch die Umwälzung geschaffene Lage anerkannten und zur Übernahme einer Ordnungsfunktion bereit waren. In diesem Sinn wandte sich Dürckheims unmittelbarer Vorgesetzter, der Kommandeur des III. Bataillons, Hauptmann Freiherr von Godin, an seine Einheit. Um was es ging, drückte von Godin so aus: „Wir schützen die neue Regierung gegen gewaltsame Eingriffe, von welcher Seite auch immer, und verwerfen jede Politik, die sich mit der Pistole oder dem Messer durchsetzen will." Neben diesem Tagesbefehl vom 9. Dezember 1918 hat sich ein Ausweis, ausgestellt am 13. Mai 1919 vom Bayrischen Schützenkorps, erhalten, wonach Leutnant Graf Dürckheim berechtigt ist, „aus dienstlichen Gründen bei Tag und bei Nacht sämtliche Postenketten der Regierungstruppen (in München) zu passieren auch nach den Polizeistunden."[23].

Die allgemeine spannungsvolle Lage Ende 1918 bis Anfang 1919 ist bekannt: Die extreme Linke sammelte sich im Spartakusbund. In Berlin brach der Spartakus-Aufstand aus. Der Terror von rechts erreichte dort in der Ermordung Rosa Luxemburgs und Karl Liebknechts am 15. Januar 1919 ihren erste Höhe- bzw. Tiefpunkt, während – ebenfalls im Januar – in Paris 27 Siegermächte unter Vorsitz des französischen Premierministers Georges Clemenceau über den zu verhängenden Friedensvertrag gegen Deutschland berieten. In konsequenter Ablehnung jeglicher Gewalt wurde die Position Kurt Eisners als bayrischer Regierungschef immer aussichtsloser. Seinem Rücktritt kam der knapp zwanzigjährige Leutnant Anton Graf Arco-Valley (1898–1945) zuvor. Er erschoß Eisner am Vormittag des 21. Februar 1919 unweit des Promenadeplatzes in München. Graf Arco war Dürckheims Regimentskamerad. Daß

Dürckheim Kurt Eisners politische Linie energisch ablehnen mußte, verstand sich von selbst. Aber auf einen Wehrlosen zu schießen – das war für ihn völlig indiskutabel. Dürckheims lapidarer Kommentar zu dieser Gewalttat: „Es war schrecklich!"[24]

Wenn Dürckheim auch nicht zum eigentlichen „Freikorps Epp" gehörte, das am 1. Mai 1919 bei der „Befreiung Münchens von den Roten" kämpfend maßgeblich mitwirkte, so genügte es doch, daß er den Versuch machte, „eine kleine Ordnungstruppe" zu bilden, um sich zum Schutz von Regierungsmitgliedern zur Verfügung zu stellen. „Der damalige bayerische Minister Erhard Auer, ein Sozialdemokrat, war ebenfalls ein alter ‚Leiber', also Angehöriger des Leibregiments. Ihn versicherte ich meines militärischen Beistandes. So rief er mich tatsächlich eines Tages an. Ich stellte mich ihm mit etwa zehn Autos von der Türkenkaserne aus zu seiner Verfügung, um ihn zu beschützen."[25] Dies hinderte die andere Seite jedoch nicht, den Leutnant a. D. seinerseits zu verhaften und wegen des Verdachts auf angeblichen Hochverrat einzusperren, zufälligerweise in derselben Haftanstalt, in der einst Dürckheims Onkel Alfred infolge seiner Königstreue zu Ludwig II. kurze Zeit hatte einsitzen müssen. Daß auch diese Gefangenschaft nur von kurzer Dauer war und nicht etwa durch standrechtliche Erschießung beendet wurde, verdankte der Neffe einem besonderen Umstand: Eines Tages erschien ein hochgewachsener Mann in der Zelle Karlfried Dürckheims. Er stellte sich mit dem Namen „Truckenbrodt" vor. Seine Frage lautete: „Sagt Ihnen der Name etwas?" Dürckheim mußte verneinen. Darauf Truckenbrodt: „Ich war Diener in Ihrem Haus, als Sie zur Welt kamen. Heute bin ich Mitglied der Räteregierung hier in München. Sie, Graf Dürckheim, sollen als Geisel erschossen werden. Verhalten Sie sich ruhig und stellen Sie nicht solche Fragen ...[26] – Dürckheim hatte beispielsweise gefragt, ob er mit seinem Zellennachbarn Tarock spielen dürfe, um die Langeweile zu vertreiben. Er, Truckenbrodt, wolle versuchen, die Erschießung zu verhindern. So geschah es. Der einstige gräfliche Diener wurde zum Lebensretter. Die Entscheidung, die militärische Karriere nicht noch länger fortzusetzen, war damit aber noch nicht getroffen. Zunächst fand sich Graf Dürckheim zur Aufstellung sogenannter Zeitfreiwilligen-Bataillone bereit. Es handelte sich um Reste ehemaliger bayerischer Regimenter, die im Rheinland dem Spartakus entgegengeworfen werden sollten. Und da trat das völlig Unerwartete ein: In der vorletzten Nacht vor dem Ausmarsch wachte Dürckheim auf mit dem Wissen: „Deine Zeit, Soldat zu sein, ist vorbei! Du darfst da nicht mehr mit! – Und diese Stimme ertönte mit einer so gebieterischen Bestimmtheit, daß ein Widerspruch nicht möglich war, eine für einen Offizier völlig unmögliche Situation!"[27] Es ging um nichts Geringeres als um die Aufkündigung des einst geleisteten soldatischen Eides, auch wenn die bisherigen obersten Kriegsherren selbst ihren Posten aufgegeben hatten. Graf Dürckheim erklärte sich seinem Vorgesetzten mit der erforderlichen Bestimmtheit: „Ich werde nicht mitmarschieren, ich bleibe hier, das steht fest. Ich bin kein Soldat mehr." Der Kommandeur kannte seinen Leutnant. Er wußte, in welchen gefährlichen Situationen er an der Front Tapferkeit bewiesen hatte. „Er sah mich an und erlaubte mir, mir selbst zu gehorchen ... Aber er hätte sehr wohl anders reagieren können!"[28]

Der Anruf vom Absoluten her und der Entscheidungscharakter dieses Augenblicks wurde Dürckheim naturgemäß erst viel später in seiner vollen Tragweite bewußt. Das absolute Gewissen hatte gesprochen. Seitdem unterschied er dreierlei Erscheinungsformen des Gewissens:

Das erste, *kindliche Gewissen* kommt aus der Angst vor Strafe. Diese Art Gewissen hat mehr Gewicht als man gemeinhin ahnt. Die Angst vor der Hölle oder auch vor den Folgen eines schlechten oder falschen Lebens in einem zukünftigen Leben gehört dazu. – Das zweite Gewissen wird erfahren als *Stimme des Ganzen*, dem man als Glied angehört. „Das Sein des Ganzen ist das Sollen seiner Glieder."[29] Die fraglose Einheit mit einem Menschen, einer Gemeinschaft, einer Sprache, einer Idee, einem Werk, vorhandene Verbundenheit und Verpflichtung erscheint im „Biß des Gewissens", sobald man nicht automatisch in ihrem Sinn handelt, ihr gegenüber versagt, oder „untreu" wird. Die „Treue ist das Mark der

Ehre" (Hindenburg) Wird man untreu, verliert man seine Ehre, und das bedeutet, man verliert seine Existenz in dem Kreise, dessen Existenzvoraussetzung die Treue seiner Glieder ist. – Das dritte Gewissen ist *das absolute Gewissen*. Es wird dort erfahren, wo eine höhere Instanz einen zwingt, etwas zu tun, das das erste Gewissen ausschaltet und vom zweiten Gewissen her unbegreiflich ist, weil es eine Untreue, einen Verrat verlangt. In diesem Gewissen erhebt sich unabweisbar eine Forderung des Wesens, die alle Verpflichtungen dieser Welt außer Kraft setzt.[30]

Die Stimme dieses absoluten Gewissens war es also, die gesprochen hatte. Ihr war Folge zu leisten. Für Karlfried Graf Dürckheim bedeutete der Abschied vom Militär zugleich die generelle Absage an die soldatische Tradition, die seit Jahrhunderten mit dem Namen der Dürckheims, aber auch der Kusserows, der Tolls und anderer Vorfahren verbunden war. Das Recht, auch künftig die Uniform zu tragen, hat er sich freilich ausbedungen. Er nahm die nachträgliche Beförderung zum Oberleutnant ebenso entgegen wie die Auszeichnung mit dem Ring seines Regiments, dem sogenannten „Leiberring für Offiziere", den ihm Ritter von Epp am 12. August 1919 verlieh.

Der Abschied von der Truppe änderte aber nichts an Dürckheims politischen Grundüberzeugungen. Im Gegenteil, noch ehe er den feldgrauen Rock ausgezogen hatte, widmete er sich einer regen antirevolutionären Tätigkeit[31] in literarisch-journalistischer Form, nachweislich etwa ab Juni 1919. In Steingaden verfaßte er Vortrags- und Flugblattmanuskripte für den „Heimatdienst Bayern" in München. Kleine Broschüren wie „Bauern, seid auf der Hut!" entstanden. Mit grellen Farben schilderte er die Situation, wie er sie zu sehen meinte: „Bauern, heute seid ihr noch! Aber nicht mehr lange, wenn ihr weiter gleichgültig dahinlebt, wenn ihr weiterhin die Augen verschließt vor der Riesengefahr, die vom Osten kommt, von Rußland ... Schon hat dieses Schreckgespenst – Bolschewismus heißt es – seine brennende Fackel auf Hunderte von deutschen Städten geschleudert. Alle haben sie Feuer gefangen ... Und nun kommt ihr an die Reihe!" – Es versteht sich, daß der junge Graf gegen eine Aufteilung der großen Güter wettert.

Das verlangten schon Ehre und Interesse der eigenen Familie. Alles Unheil führt er auf „die marschierende Weltrevolution" zurück. Der Bauer müsse dem Bolschewismus widerstehen. Tue er das nicht, so fördere er damit die Entwicklung, „die Deutschland vollends zugrunde richten wird." Wenig später, am 10. August 1919 lautet seine Klage: „Wir Deutschen kriechen vor allem Ausländischen ..." Von seiner Münchner Studentenwohnung in der Kaulbachstraße aus wandte er sich zusätzlich an bayerische Pfarrämter, einerseits, um sich mittels einer Fragebogenaktion über revolutionäre und antirevolutionäre Entwicklungen im Kirchenvolk informieren zu lassen, andererseits, um sein Gedankengut unter die Leute zu bringen. Diesem Zweck dienten schließlich auch seine Beiträge in der vom „Heimatdienst Bayern" herausgegebenen Zeitschrift „Feurio", die laut Untertitel im Jahre 1919 „für Ordnung, Recht und Aufbau" eintreten wollte. Dürckheims Beiträge erschienen dort zwar anonym. Da jedoch noch eine Reihe von Manuskriptentwürfen vorliegen, ist seine Autorschaft unzweifelhaft. Ende September 1919 mußte allerdings der Heimatdienst seine Arbeit reduzieren bzw. völlig einstellen, wodurch Dürckheims Mitarbeit überflüssig wurde.

Das Jahr 1919 war für Karlfried Dürckheim noch in einer anderen Hinsicht ein Jahr der Entscheidung. Nach dem Abschied vom Heer, als er bereits seine Universitätsstudien in München aufgenommen hatte, ließ sich das übergeordnete Gewissen nochmals vernehmen:

Als ältester Sohn sollte ich den Familienbesitz Steingaden erben und übernehmen. Es kamen Zweifel, und eines Tages erwachte ich wiederum in dieser unausweichlichen Bestimmtheit mit dem Wissen, daß ich es nicht tun dürfe, weil mir ein anderer Weg bestimmt war. Die alte völlig andere, mir auch tief in den Gliedern sitzende Tradition meiner Familie stand diesem Wissen entgegen, vor allem auch die enge Bindung an meinen Vater, dem ich das eigentlich nicht antun konnte; und endlich auch die Tatsache, daß ich selbst mit allen Fasern an meiner ländlichen Heimat hing. Aber wiederum gab es keinen Zweifel. Das absolute Gewissen hatte gesprochen. Ich mußte diese Bindung zerreißen und *meinen* Weg gehen.[32]

Mit anderen Worten: Der Karlfried mußte – Schritt um Schritt, die eine um die andere Entscheidung treffend – „durch den Dürckheim durch". So spricht Dürckheim an anderer Stelle, in seinem Meditationsbuch, von dem (fast) jeden Menschen betreffenen Entscheidungsgebot, wo es darum geht, die maßgeblichen Schritte auf dem Weg zur Selbstwerdung (Individuation im Sinne C.G. Jungs) zu tun. Er spricht davon, indem er, auf den Herrn Jedermann „Josef Müller" deutend, das Selbsterfahrene in seiner Allgemeinheit anschaulich zu machen sucht. Während der Träger des Familiennamens („Müller") eine bestimmte gesellschaftliche Rolle spielt, bezeichnet der Vorname („Josef") die jenseits von der Welt her bestimmter Rollen existierende, unverwechselbare Individualität:

So stehen in mir einander gegenüber: der tausendfach bedingte, gewordene Schicksalsleib und das immer auf die Auszeugung seiner Gestalt drängende, immer „ungewordene" und unbedingte Wesen. Das Ziel muß sein, daß Müller so durchlässig wird, daß Josef sich in ihm und durch ihn hindurch in der Welt frei bekunden und gestaltungskräftig darleben kann. Mich als Müller durchlässig zu machen für mich als Josef wird zur zentralen Aufgabe, zum Sinn meiner Übung und zum maßgebenden Inhalt meines Lebens, denn nur als transparente Person, in der Josef und Müller zur Integration gelangt sind, kann auch mein Wirken in der Welt dem überweltlichen Sinn meiner Existenz entsprechen und von Segen sein. Die Antwort auf das große Wozu lautet also: Transparenz für die im Wesen immanente Transzendenz.[33]

Mit anderen Worten heißt das: „Du sollst der werden, der du bist" (Fr. Nietzsche) – oder: Wer nicht im Kollektiv einer gesichtslosen Masse untergehen will, der muß in der Weise „transparent" werden, daß durch die Person (von lat. ‚personare', durchtönen) des alltäglichen Rollenträgers Mal um Mal etwas von seiner zugleich bestehenden überweltlichen und damit transpersonalen Wesensgestalt hindurchscheinen, hindurchtönen kann. All das hat noch mit dem schon früher besprochenen „Aufgang des Wesens in der Zeit der ersten Reife" zu tun, nachdem Pubertät und erste Manneszeit vorüber sind und eine neue Phase des Reifungsprozesses zu durchlaufen ist. Zwar hatte das „absolute Gewissen" seine Stimme erhoben. Aber die Botschaft dieser Stimme bestand für Karlfried Dürckheim lediglich in einem Nein zu Soldatentum und Erbe. Noch fehlten ein leitendes Motiv sowie der Impuls, der zum Beschreiten des Weges nötig war.

Im Zeichen der Großen Erfahrung

Nach dem Abbruch der militärischen Laufbahn bedurfte es einer Interimslösung. Die Aufnahme eines Studiums lag nahe. Zwar hatte der ehemalige Kriegsfreiwillige nur das Zeugnis eines Notabiturs vorzuweisen, es berechtigte jedoch zur Immatrikulation im Jahre 1919 an der Universität München. Karlfried Dürckheim entschied sich zunächst für Nationalökonomie (Volkswirtschaft). Einer der Gründe war, daß ihn die Gelehrtenpersönlichkeit Max Webers faszinierte. Der berühmte Soziologe – „einer der bedeutendsten Repräsentanten des europäischen Liberalismus" (F. J. Mommsen) – hatte unmittelbar nach Beendigung des Ersten Weltkriegs vielbeachtete Vorträge gehalten („Wissenschaft als Beruf"; „Politik als Beruf"), mit denen er eine breite Öffentlichkeit anzusprechen vermochte, so auch den jungen Dürckheim. Als daher Weber 1919 einen Ruf an die Universität München erhielt, besuchte der Studienanfänger Max Webers Vorlesungen und nahm auch Einladungen im privaten Kreis wahr. Der andere Grund, weshalb Nationalökonomie in Frage kam, war familiärer Art: Noch schien ausgemacht, daß Friedrich Dürckheims Ältester zu gegebener Zeit Steingaden übernehmen würde.

Doch schon nach kurzer Zeit zeigte sich, daß die Begeisterung für eine profilierte Persönlichkeit allein nicht ausreicht, um ein Fachstudium darauf zu gründen. Karlfried Dürckheim sattelte auf Philosophie und Psychologie um. Er ging in die Vorlesungen und Seminare von Alexander Pfänder. Als Schüler von Theodor Lipp und Edmund Husserl war Pfänder der phänomenologischen Methode verpflichtet. Ihm kam es darauf an, seinen Studenten das Leben, alles Lebendige in seiner Unmittelbarkeit und Sinnenhaftigkeit eindrücksich und bedeutsam werden zu lassen. Die Parapsychologin Gerda Walther, die zur gleichen Zeit bei Pfänder studierte und auch Max Webers

Kolleg besuchte, hat ihren – und somit auch Dürckheims – Lehrer in ihrer Autobiographie porträtiert:

„Ich war sofort gefesselt, obwohl Pfänder es einem nicht gerade leicht machte ... Immer wieder orientierte er sich an der Wirklichkeit, dem praktischen Leben. Darin äußerte sich wohl seine technische Begabung. Eine Psychologie, die für das Leben nichts taugte, dem Menschen nicht half, sich in diesem zurecht zu finden, schien ihm ihren Zweck verfehlt zu haben. ‚Wir müssen uns endlich einmal darüber klar werden, wozu wir eigentlich auf der Welt sind, was das Leben für einen Sinn hat', war die Frage, die er seinen Hörern gleich zu Beginn seiner Ausführungen vorlegte. Dann entwickelte er die Antworten, die die verschiedenen philosophischen Systeme hierauf gaben. – Klein, untersetzt, mit sehr hoher, breiter Stirn, dunklen, glatt zurückgekämmten Haaren, hatte er einen leicht spöttischen Zug um den Mund und konnte recht ausfallend werden, vor allem wenn er die Schwächen des weiblichen Geschlechts' geißelte, was ihn denn auch bei diesem besonders unbeliebt machte ... ‚Die erste grundlegende Voraussetzung jeglicher Forschung ist vollkommene Vorurteilslosigkeit, das gilt vor allem in der Philosophie', sagte er. ‚Man muß den Dingen, die an einen herankommen, ins Gesicht sehen, ohne sich durch irgendwelche vorgefaßte Meinungen oder in der Allgemeinheit herrschende Anschauungen beeinflussen zu lassen. Wir müssen von den Gegenständen selbst zu erfahren suchen, was sie zu sein beanspruchen, unbekümmert darum, was sie aufgrund irgendwelcher Theorien sein müßten oder angeblich nicht sein können. Erst wer sich über diesen Anspruch der Dinge völlig klar geworden ist, kann weiter gehen und untersuchen, ob er auch der Wahrheit, der Wirklichkeit entspricht ... Es ist einfach nicht wahr, daß uns von der uns umgebenden Welt nur die berühmten ‚Daten' der fünf Sinne gegeben sind, nur Gesichts-, Geruchs-, Gehörs-, Geschmacks- und Tastdaten usw. ... und alles andere hinzugedacht oder von uns unbewußt in sie hineingelegt, hineinprojiziert wird."[34]

Vergleicht man diese Ausführungen mit Dürckheims frühen Kieler und Leipziger Arbeiten zu einer Psychologie des Erlebens, dann lassen sich unschwer gedankliche Verbindungslinien zu dem in München Gehörten ziehen. Das erste Referat, das Dürckheim im Seminar bei Pfänder zu halten hatte, beschäftigte sich, unter dem Titel: „Henri Bergsons schöpferische Entwicklung", mit dem Philosophen des „élan vital". Doch so anregend die ersten Münchner Semester für Karlfried Dürckheim in intellektueller Hinsicht waren, auch er machte die Erfahrung, daß die entscheidenden Eindrücke oft nicht in akademischen Lehrsälen zu erwarten sind. So kann er von sich sagen: „In den ersten Studienjahren 1919/20 war das Wichtigste die Begegnung mit Menschen; die entscheidende Begegnung die mit meiner zukünftigen Frau, Enja von Hattingberg."

Diese Lebensbegegnung mit seiner früh verstorbenen ersten Frau ist eingebettet in einen bald kleineren, bald größeren Freundes- und Bekanntenkreis. Dürckheim nennt selbst einige Namen aus dem geistig-kulturellen Leben der bayerischen Metropole, so die Dichterinnen Elisabeth Schmidt-Pauly und Else Lasker-Schüler sowie Rainer-Maria Rilke, den Sinologen Richard Wilhelm und Ludwig Klages, den Philosophen und Psychologen („Der Geist als Widersacher der Seele") aus der einstigen Runde der „Kosmiker" um Stefan George und Alfred Schuler. Neben einigen wenigen bekannten Namen wird sogar Romano Guardini genannt.[35] In Dürckheims Biographie stellen die Genannten jedoch kaum mehr als markante Figuren des Schwabinger gesellschaftlichen Lebens um 1920 dar, an dem der junge Graf, angeregt vor allem durch Enja, teilnahm. Eva Maria von Hattingberg, geborene Baur, zur Zeit der ersten Begegnung noch mit dem aus Österreich stammenden Arzt und Psychotherapeuten Hans von Hattingberg (1879–1944) verheiratet, war am 22. Februar 1888 in Orlowskoi, Gouvernement Samara/Rußland geboren, also acht Jahre älter als Karlfried Dürckheim. Enjas Ehe mit Hans von Hattingberg wurde bereits Ende Februar 1920 geschieden. So stand der neuen Gemeinsamkeit nichts mehr im Weg. Ähnlich wie Karlfrieds Mutter war Enja aufgeschlossen für alles Schöngeistige. In Schwabing – beide hatten in der Kaulbachstraße Nr. 6 eine

Wohnung genommen – fanden diese Interessen reiche Nahrung. Und so charakterisiert Dürckheim seine damalige Umgebung und die Wirkung, die von ihr auf ihn ausging:

Alles Menschen, in denen sich aus dem Zusammenbruch von 1918 etwas Neues erhob und auch in mir bald bewußt werden ließ, was in den Nachkriegsjahren alle bewegte: die Frage nach dem neuen Menschen. Der Anstoß dazu, diese Frage nicht nur als eine allgemeine Verpflichtung der Zeit zu empfinden, sondern in den Mittelpunkt meines Lebens zu stellen, war die Folge eines bestimmten Erlebnisses, der für mein Leben entscheidenden Großen Erfahrung, die mir, dem damals Vierundzwanzigjährigen, in der ersten Begegnung mit Laotse zuteil wurde.[36]

Unter Großer Erfahrung lernte Dürckheim nach und nach eine Erlebnisqualität kennen, die weder durch den theologisch-philosophischen Seinsbegriff noch durch den eingeengten Erfahrungsbegriff der Naturwissenschaft zureichend zu fassen ist. Die später in einem seiner Hauptwerke näher beschriebene „Große Erfahrung" sollte für ihn zur Grundlage für eine „metaphysische Anthropologie"[37] werden, die als Lebens-, Wesens- und Weg-Kunde des Menschen erkennend zu entfalten und übend zu verwirklichen ist. Das, was gemeint wird, kann nicht als bloßer Wissensinhalt vermittelt werden, als gelte es, Daten und Tatbestände zu benennen oder deren Existenz argumentativ-experimentell zu beweisen. Die Erfahrung muß sich als solche bei jedem einzelnen in individueller Weise einstellen – vorausgesetzt es ist die für die Wahrnehmung ihrer Ankunft erforderliche Wachheit vorhanden – damit der Betreffende den der Großen Erfahrung innewohnenden Impuls empfangen und seinem alltäglichen Leben integrieren kann. Den äußeren Anstoß gaben Verse aus Laotses berühmtem Tao-te-King. Dürckheim hat die Begebenheit unzählige Male erzählt und auch schriftlich festgehalten: Das Paar hatte den Münchner Maler Willi Geiger besucht. Enja von Hattingberg saß auf einem Tisch. Neben ihr lag ein Buch aus dem Insel Verlag mit den Texten des chinesischen Weisen. Sie nahm das Buch, öffnete es und las mit lauter Stimme die Verse, auf die ihr Blick gerade fiel:

Dreißig Speichen treffen die Nabe,
aber das Leere zwischen ihnen erwirkt das Wesen des Rades;
aus Ton entstehen Töpfe,
aber das Leere in ihnen wirkt das Wesen des Topfes;
Mauern mit Fenstern und Türen bilden ein Haus,
aber das Leere in ihnen erwirkt das Wesen des Hauses.
Grundsätzlich:
Das Stoffliche birgt Nutzbarkeit;
das Unstoffliche wirkt Wesenheit.

Dürckheim bekennt von sich:

Und da geschah es: Beim Hören des elften Spruchs schlug der Blitz in mich ein. Der Vorhang zerriß, und ich war erwacht. Ich hatte ES erfahren. Alles war und war doch nicht, war diese Welt und zugleich durchscheinend auf eine andere. Auch ich selbst war und war zugleich nicht. War erfüllt, verzaubert, „jenseitig" und doch ganz hier, glücklich und wie ohne Gefühl, ganz fern und zugleich tief in den Dingen drin. Ich hatte es erfahren, vernehmlich wie ein(en) Donnerschlag, lichtklar wie ein(en) Sonnentag; und das, was war, gänzlich unfaßbar. Das Leben ging weiter, das alte Leben, und doch war es das alte nicht mehr. Schmerzliches Warten auf mehr „Sein", auf Erfüllung tief empfundener Verheißung. Zugleich unendlicher Kraftgewinn und die Sehnsucht zur Verpflichtung – auf was hin?[38]

Von einem Transparentwerden, einem Durchscheinen ist also die Rede; ganz ähnlich wie bei dem auf anderen Wegen gehenden Jean Gebser („Ursprung und Gegenwart"), der vom „Diaphanen" und von Transparenz spricht, um das spontan Erlebte zu bezeichnen. In der Geistesgeschichte finden sich hierzu eindrucksvolle Zeugnisse; man denke nur an die Verklärung Jesu oder, auf anderer Ebene, an die Transparenzerfahrungen bei Jakob Böhme, an die Diaphanie bei Sri Aurobindo. Die Gemeinsamkeit des Erlebens besteht trotz gradueller Unterschiede darin, daß auch Dürckheims Widerfahrnis nicht mit einem unkontrollierten high-Sein verwechselt werden kann. Keine rauschhafte, das Bewußtsein dämpfende Entrückung fand statt, „kein Weggeschwemmtwerden ins Irrationale, kein

Weltverlust, wohl aber Überwindung des Mental-Rationalen, – arationale Transparenz."[39]

Was sich als eine blitzartige, momentane Begebenheit denken läßt, das dauerte für ihn einige Zeit an, „den Tag über bis in die Nacht". Dürckheim erzählt, wie an jenem Abend Max Weber bei ihm zu Gast gewesen sei, und wie er es nicht vermocht habe, das Ereignis des Tages gleichsam auszulöschen, um sich seinem Gast in gebührlicher Weise zu widmen. Und nicht nur das: er empfand sich als „ein für allemal gezeichnet". Es ist eben eine Erfahrung, die nicht nur als ein erinnerbares Faktum bleibt, sondern die den Menschen ergreift, indem sie einen Prozeß der Wandlung einleitet:

Ich hatte das erlebt, wovon alle Zeiten künden: von Menschen, die irgendwann einmal eine Erfahrung hatten, die wie ein Blitz einschlug und sie ein für allemal dem Stromkreis des eigentlichen Lebens anschloß, besser gesagt: ihn bewußt machte, nicht nur als Quelle eines großen Glücks, sondern auch des Leidens, das der Mensch empfindet, wenn dieser Stromkreis dann immer wieder unterbrochen wird. Aber zugleich enthält diese Erfahrung den unbedingten Auftrag zum inneren Weg.[40]

Der Verpflichtung entspricht schließlich die Befähigung und Ermächtigung, anderen Begleiter („Meister") auf dem inneren Weg sein zu können. Aber daran hatte der Vierundzwanzigjährige noch nicht im entferntesten zu denken. Auch Erleuchtungen machen eine solide Ausbildung nicht überflüssig. Vor allem erweist es sich als eine Notwendigkeit, daß man ein derartiges Spontanerleben auch in den großen spirituellen Traditionsstrom einordnen lerne. Nachdem die Erfahrung gemacht und damit ein Wahrnehmungsorgan höherer Ordnung erweckt worden ist, besteht immerhin die Möglichkeit, gleichgerichtete Lebenszeugnisse und Erkenntnisfrüchte anderer als das zu entschlüsseln, was sie ihrem innersten Wesen nach sind. Dürckheim sagt daher von sich:

In der verwandelten Verfassung war ich nun auf alles, was nun aus der geistigen Welt auf mich zukam, auf einen bestimmten Pol gestimmt, und es war kein Wunder, daß in dieser Zeit Meister Eckhart bei mir einschlug. Ich kam von seinen Traktaten und

Predigten nicht mehr los und vernahm ihren Gehalt wie ein vielfältiges Echo auf den großen Glockenton, der in mir erklungen war. Bis heute noch genügen mir einige Sätze von Meister Eckhart, um immer wieder von dem großen Strom durchrieselt zu werden.⁴¹

Eben diesen Ton, wenngleich – bildlich gesprochen – auf anderer Höhe und mit anderer Intensität meinte er von da an in Texten von Rilke oder bei Friedrich Nietzsche zu vernehmen. Vor allem das Bekanntwerden mit Schriften aus der Welt des Buddhismus zeigte ihm die Fülle, Vielfalt und Tiefe solcher Zeugnisse großer Erfahrung. – So stellt er die Gestalten und Werke von Meister Eckhart, Laotse und Buddha vor sich hin, und zwar verbunden mit der Frage, ob die Große Erfahrung, die sie einst bewegte, „nicht im Grunde die gleiche" sei.

Sieht man einmal davon ab, daß dem gründlich nachzudenken wäre, will man nicht der Illusion einer synkretistischen Gleichung ausgeliefert sein, so fällt auf, daß neben Laotse und Buddha zwar Meister Eckhart als christlicher Mystiker genannt wird, nicht aber Jesus als der Christus. Auf den Zeitpunkt des Erlebens bezogen ist für Graf Dürckheim der Jesus Christus des Glaubens und der kirchlichen Kultusausübung offensichtlich noch ein äußeres Idol, dem man, je nach Konfession, in konventionellen Formen huldigt, dessen esoterische, auf das Wesenszentrum des Menschen bezogene Bedeutsamkeit aber noch nicht erkannt ist. Schon von daher ist auf einen langen Weg zu blicken, bis Graf Dürckheim im Gespräch mit Alphonse Goettmann sein Christusverständnis so beschreiben kann:

Für uns ist Christus kein Mythos, sondern eine in Jesus zur geschichtlichen Wirklichkeit gewordene Präsenz Gottes. Solange der Christ keine eigene Erfahrung hat, verlegt er den Christus, ohne den er nicht zum Vater kommt, nach außen. Gemeint ist aber der uns immanente Christus. In Wirklichkeit fordert Jesus den Menschen auf, den Horizont seines Welt-Ichs zu überschreiten, sich in das göttliche Sein zu vertiefen, das Christus selbst ist, und in ihm dem Vater zu begegnen. Von Jesus Christus gibt es das Wort (im ThomasEvangelium): „Ihr müßt mich in euch erfahren, dann werdet ihr euch selbst als Söhne Gottes erleben."⁴²

Immerhin ist mit dem Ergriffenwerden ein Anfang gemacht, ein erster Durchbruch erzielt, und zwar nicht etwa durch absichtsvolles geistiges Streben, sondern gleichsam von der anderen Seite her, aus dem Raum des nicht Verfügbaren. Noch ist der Weg vom „Lesemeister" akademischer Observanz zum „Lebemeister" im Eckhartschen Sinne bei dem Münchner Studenten der Philosophie nicht absehbar, lange Ab- und Umwege mit eingerechnet.

Was ist aber der Weg, auf den der junge Dürckheim zuzugehen im Begriff ist? Um der Zielangabe willen, von der diese Biographie nicht zu trennen ist, sei Dürckheims Weg-Verständnis vorweg angedeutet:

„Der Weg, das ist der Prozeß, in dem das LEBEN, das der Mensch in seinem Wesen ursprünglich und jenseits aller Zeit ist, im Menschen raumzeitliches Bewußtsein gewinnt und geschichtliche Gestalt wird. Der Weg ist die Weise, in der das LEBEN in der immer individuellen Weise eines Wesens stufenweise offenbar wird in einem Menschen in seinem Bewußtsein, seiner Gestalt und seinem Verhalten in der Welt."[43]

Eine Freundschaft

Daß Karlfried Graf Dürckheim etwa gleichzeitig mit der Entdeckung Laotses auch zu Meister Eckhart fand, verdankt er einer anderen schicksalhaften Begegnung. Sie ist nicht allein aus zeitlichen Gründen derjenigen mit Enja von Hattingberg an die Seite zu stellen. Es kam zu einer überaus engen Freundschaft, die fortan bis zur Lebensmitte Dürckheims Weg bestimmte und später, nach jahrzehntelanger Trennung im Alter noch einmal aufleben sollte: Karlfried und Enja befreundeten sich mit einem anderen Paar, mit Ferdinand Weinhandl und seiner Frau Margarete, geborene Glantschnigg. Weinhandl, ebenfalls 1896 geboren, stammte aus dem Bergstädtchen Judenburg in der österreichischen Steiermark. Auch er war als Kriegsfreiwilliger im Ersten Weltkrieg ins Feld gezogen und als Leutnant, gerade zwanzigjährig, schwer verwundet und als kriegsuntauglich aus dem österreichischen Heer entlassen worden. Er nahm daraufhin das Philosophiestudium an der Universität in Graz auf, wo er bereits im Februar 1919 promovierte, in einem Augenblick also, in dem Dürckheim erst den Entschluß faßte, mit dem Studium zu beginnen. Im Herbst desselben Jahres übersiedelten die jung verehelichten Weinhandls nach München. Hier war Ferdinand Weinhandl als Lektor eines Verlags tätig, setzte jedoch gleichzeitig seine Studien am Psychologischen Institut der Universität fort, um seine spätere Habilitation vorzubereiten.[44] Margarete, die mit der Heirat ihren Beruf als Lehrerin aufgegeben hatte, widmete sich der schriftstellerischen Arbeit, mit der sie später, vor allem in Österreich, Anerkennung finden sollte.

In München also wurden die beiden Paare miteinander bekannt. Die rasch entstehende Freundschaft war sowohl in menschlicher Sympathie als auch in geistiger Gleichgerichtetheit begründet. So stand Weinhandls Dissertation unter dem

Thema „Experimentelle Untersuchungen zur Analyse des Verstehenserlebnisses", ein Beitrag also zur Psychologie des Verstehens, die den Interessen Dürckheims entgegenkam. Überhaupt war Weinhandl in dieser Zeit der Gebende und Anregende. Aufgrund dieses Impulses erwuchs dann die Gemeinsamkeit des Strebens und Tuns. Noch in den Festschriften, die die beiden gleichaltrigen Freunde anläßlich ihrer 70. Geburtstage erhalten haben, ist die Art der Verbindung charakterisierend in Erinnerung gebracht. So widmet Dürckheim seinem Freund den programmatischen Aufsatz: „Die Wendung zum Initiatischen". In einer Fußnote bringt er seine Widmung für Weinhandl „in dankbarer Erinnerung" daran zum Ausdruck, „daß er der erste war, der mich vor mehr als 45 Jahren zu Exerzitien in Gestalt von Stille-Übungen und Meditationen und zur Lektüre von Meister Eckhart anregte. Ferdinand Weinhandl und seine Frau, meine zukünftige Frau und ich bildeten damals eine feste Gemeinschaft (wir nannten sie das ‚Quadrat'), die sich der Arbeit am neuen Menschen verschworen hatte. Mit verteilten Rollen versuchten wir nach bestem Wissen und Gewissen, Menschen zu helfen, sich selbst zu finden."[45]

Es versteht sich, daß es diesen vier jungen Menschen zunächst um Selbstfindung und um den Versuch meditativer Selbstverwirklichung in der Gemeinschaft des „Quadrats" ging. Eckhart und die deutsche Mystik hatten zu Beginn des Jahrhunderts, ähnlich wie in der Zeit der Romantik, eine Wiederentdeckung erlebt, wenn auch noch nicht die Möglichkeit bestand, in jedem Fall authentische Texte vorzulegen. Darauf kam es Suchern wie den im „Quadrat" verbundenen Freunden auch gar nicht an. Was die Eckhart-Herausgeber, vor allem Hermann Büttner, aber auch Gustav Landauer im Blick auf ihre ersten Leser bewegte, das drückte Landauer (übrigens der einstige Parteigänger an der Seite Kurt Eisners!) einmal so aus: „Meister Eckhart ist zu gut für historische Würdigung; er muß als Lebendiger auferstehen!"[46]

Diese weniger literarische als religiös-spirituelle, vor allem existentielle Bedeutung war es, auf die Menschen wie Weinhandl und Dürckheim in erster Linie Wert legten. Deshalb suchten sie die Lektüre bereits damals mit meditativen Stille-Übungen zu verbinden, eine Praxis, die ein Menschenalter später nach Dürckheims Japan-Erfahrung durch ihn eine völlig neue Ausrichtung und Disziplinierung erhalten sollte. Weil bei Eckhart das Element der Übung in Meditation und Kontemplation so gut wie ganz fehlt (entscheidend war für ihn das Spontanereignis des „Durchbruchs"!), zog Weinhandl einen anderen spirituellen Meister zu Rate, nämlich Ignatius von Loyola. Noch ehe Weinhandl sein Eckhart-Büchlein[47] (1923) herausgab, besorgte er 1921 eine Edition der „Geistlichen Übungen" (Exercitia spiritualia) mit ausführlicher Einleitung.[48] Daß der Begründer des Jesuitenordens zu beeindrucken vermochte, mag auf den ersten Blick überraschen. Dabei wird das Beispiel des zur Spiritualiät bekehrten spanischen Offiziers die beiden Weltkriegsoffiziere in ihrem eigenen Neubeginn angespornt haben, obwohl Zielsetzung und Methode gerade bei Dürckheim mit dem ignatianischen Bemühen kaum je etwas zu tun gehabt haben dürfte. Immerhin spricht Dürckheim in seinen Erinnerungen, wie auch grundsätzlich im Blick auf seinen Auftrag, von „Exerzitien":

Durch gemeinsame Arbeit an sich selbst und an anderen gewann die Gruppe („das Quadrat") immer mehr Festigkeit im gemeinsamen Suchen und ersten Exerzitien. Die Therapie bestand in Beratungen von Menschen, die zu uns kamen, angezogen durch das, was uns verband. Wie in einer modernen Selbsterfahrungsgruppe galt unter uns das Gesetz der Bereitschaft zu uneingeschränkter wechselseitiger Kritik und absoluter Ehrlichkeit. Dazu kam die erste „Praxis": tägliche Gewissenserforschung, bestimmte Exerzitien, insbesondere Stille-Übungen, meditatives Sitzen, mein erstes „Zazen".[49]

Was schon in den Münchner Tagen die „Arbeit am Menschen" betraf, so meinte zumindest Dürckheim „etwas anderes als einen neuen Staatsbürger". Auch dachte er nicht an eine Pädagogik zu gesellschaftlichem Wohlverhalten oder eine Therapie zur Wiederherstellung der gestörten psycho-physischen Gesundheit. „Es ging vielmehr um eine Aufgabe, die ebenso am gesunden wie am kranken Menschen zu leisten war. Das gilt auch für mein heutiges Wirken. Mir scheint, daß alle Therapie gründen müßte in eine dem Gesunden nicht weniger als dem Kranken aufgegebene Entwicklung zur ‚Reife', die letztlich nur aus der Fühlung mit der Transzendenz möglich ist. Von vornherein ging es uns damals nicht um eine Ideologie, sondern um eine auf Urerfahrungen und Wesensgewissen beruhende Sinngebung und eine ihrer Verwirklichung dienende Arbeit am Menschen."[50] Es versteht sich, daß das aus der Rückschau Gesagte Vergangenes und inzwischen Gewordenes gleichzeitig in den Blick faßt. Denn es sollte, wie der Berichterstatter selbst hinzufügt, noch einige Jahrzehnte dauern, bis das einst nur ahnungsvoll Geschaute klare Umrisse erhielt und konkrete Gestalt annahm. Dafür bedurfte es einer grundlegenden Verwandlung. Sie bezeugt Ferdinand Weinhandl – im engsten Kreis, so auch von Dürckheim „Feri" genannt – in seiner Erinnerung, die er für die Festschrift des Freundes zur Verfügung gestellt hat. Nicht die üblichen, gerade junge Menschen bewegenden Fragen nach beruflicher Zukunft und nach zeitbedingter Problematik seien es gewesen, die das „Quadrat" über Jahre zusammengehalten habe:

Sondern es drehte sich für uns alles um jenen magischen Mittelpunkt, von dem wir fühlten, daß er uns selbst wie auch das geheimste Leben der Menschen um uns betraf, ja bestimmte und von dessen Entwicklung allein Wert und Höhe des Daseins abhing. So war es die Frage der Verwandlung, die uns immer wieder in Gedanken und Gesprächen, Mühen und Trachten beschäftigte. Und wenn wir in den nachfolgenden Jahrzehnten unseres Lebens innerlich kontinentweise Dimensionen durchmessen durften, so zeigt sich uns nun in der Überschau des Welterfahrens Sinn und Wesen der Verwandlung wieder und noch einmal im Vordergrund."[51]

Es verstünde sich, wenn den im „Quadrat" zusammengeschlossenen Freunden nur eine kurze Zeit der Gemeinsamkeit beschieden gewesen wäre. Das hätte sich schon aus den Zeitumständen heraus ergeben, aber auch aus dem unterschiedlichen akademischen Status der beiden Männer. Einem undatierten Lebenslauf Dürckheims, abgefaßt gegen Ende der zwanziger Jahre, ist zu entnehmen, daß Dürckheims Münchner Studienzeit mit den Fächern Nationalökonomie, Philosophie und Psychologie vom „Kriegsnothalbjahr 1919" bis zum Wintersemester 1920/21 dauerte.[52] Die Freunde hielten nun einen Wechsel der Universität für angezeigt, und man entschied sich für Kiel. Die erste gemeinsame Bleibe bildete hier die gut bürgerliche, gehobene Ansprüche befriedigende Pension Rühl. Gelegentlich ließ die Chefin des Hauses durchblicken, daß sie an dem Nichtverheiratetsein von Karlfried und Enja Anstoß nahm. Faktisch bildete das Quadrat für knapp zwei Jahre eine kommuneähnliche kleine Wohngemeinschaft. Man besorgte aus gemeinsamer Kasse die alltäglichen Bedürfnisse, zumindest solange das Ehepaar Weinhandl finanziell mithalten konnte. Die beiden Männer waren mit ihren wissenschaftlichen Arbeiten beschäftigt. Grete Weinhandl sah man meist an der Schreibmaschine sitzen. Damals entstand ihr Manuskript „Nonnenleben". Ihrer speziellen Begabung zufolge sorgte Enja für die geselligen Kontakte, für die Begegnung mit Freunden und Gleichgesinnten, unter ihnen der aus Kiel stammende stark sehbehinderte und später erblindete Bankier Wilhelm Ahlmann, der sich Graf Dürckheim innerlich stark verbunden fühlte. Enja von Hattingberg erwies sich nicht nur in geistiger Hinsicht als aktiv und dominant. Ihr Gefährte überließ ihr gern auch in alltäglichen Situationen die Initiative.

Die sehr knappen, oft nur stichwortartigen Tagebuch-Aufzeichnungen von Grete Weinhandl deuten auf die geistigen Inhalte hin, die das Quadrat bestimmt haben. Einmal schreibt sie: „Wir lesen jeden Abend Eckhart". Oder es findet sich die lapidare Notiz „Schweigetag", ein Hinweis auf die gemeinsamen Stilleübungen. Auch gab es harte Meinungsverschiedenheiten in philosophischen Fragen, die auszutragen waren. Die sich verschärfende Geldentwertung der zwanziger Jahre zwang dann Weinhandls, sich nach einer eigenen Wohnung umzusehen, die eine billigere Haushaltsführung ermöglichte. Das bedeutete zwar nicht eine Auflösung der gewachsenen Gemeinsamkeit, wohl aber deren Lockerung. In Graf Dürckheims Erinnerung stellt sich die Kieler Zeit so dar:

Das „Quadrat" zog geschlossen nach Kiel, lebte dort in einer Wohngemeinschaft, hörte gemeinsam Vorlesungen bei Heinrich Scholz (Ethik), Hans Freyer (Plato). Ich schaltete dann von Philosophie auf Psychologie um, um die psychologischen Grundlagen der Wert-Philosophie kennenzulernen. Aber welche Enttäuschung! Die Psychologie hatte wenig mit der Reifung des Menschen oder gar mit dem neuen Menschenbild und seiner Begründung zu tun. Wohl war die Psychologie von Johannes Wittmann, Schüler von Martius, „an Ganzheit orientiert". Wittmann gründete damals die Methode des Ganzheitsunterrichtes. Aber das quantitative Prinzip spielte doch in der experimentellen Psychologie eine Rolle. Doch in welcher Weise kann, so fragte ich damals, personal Relevantes, Qualitatives, durch Quantitatives ausgedrückt werden?"[53]

Damit war das Grundproblem aller Wissenschaftlichkeit seit Newton aufgeworfen. Nur dann könne eine Beobachtung, eine Erkenntnis als wissenschaftlich fundiert anerkannt werden, wenn eine wahrgenommene Qualität quantifiziert und damit meßbar gemacht worden ist. Aber bedeutet dieses Verfahren nicht eine folgenschwere Reduktion der Wirklichkeit auf deren Meßdaten? Ganz zu schweigen von den ethischen Konsequenzen, die sich aus einer derartigen Einschätzung bzw. Verkennung von Mensch und Welt ergeben. Die verheerenden Folgen sind bekannt ... Als einer, der nach dem Verzicht auf das väterliche Erbe im Begriff war, sich auf die akademische Laufbahn vorzubereiten, zu promovieren und sich später auch zu habilitieren, geriet Dürckheim in eine gefährliche Zwickmühle. So protestierte er beispielsweise in einem Kieler Seminar, als der Dozent lehrte: Der Ton C „ist" 256 Schwingungen in der Sekunde. Dürckheim hielt dagegen, von einem „Sein" könne man streng genommen hier nicht sprechen. Jene 256 Schwingungen stellten vielmehr nur die physikalische Entsprechung zu der wahrgenommenen Tonqualität dar. Der Mensch höre Töne, nicht aber Wellen. Infolgedessen müsse man die beiden Betrachtungsweisen klar unterscheiden.

Für den geistigen Austausch zwischen den Freunden gab es in den Kieler Jahren somit reichlich Gesprächsstoff. Weinhandl, der schon im Dezember 1921 seine Habilitationsschrift „Zum Problem der Urteilsfähigkeit vorlegen konnte und sich damit den Weg zum außerordentlichen bzw. ordentlichen Professor für Philosophie (1927 bzw. 1935) bahnte, publizierte mancherlei. Darunter befanden sich die erwähnte kleine Schrift über Meister Eckhart und eine Auswahl mit Briefen des protestantischen Mystikers Gerhard Tersteegen. Später schlossen sich Studien über Goethe, Paracelsus und Jakob Böhme an, alles Gestalten, die auch für Graf Dürckheims Bestrebungen von Bedeutung sein konnten, wenngleich er nur an Eckhart als seinem Meister festhielt.

Die Beziehung zu Graf Dürckheim war für das Ehepaar Weinhandl aber auch in wirtschaftlicher Hinsicht von großer Bedeutung. Am Anfang seiner Karriere als Hochschullehrer war Ferdinand Weinhandl auf die Freigebigkeit seines Freundes angewiesen, zumal die fortschreitende Inflation zu Beginn der zwanziger Jahre auch viele junge Akademiker schwer traf. Die im Dürckheimschen Familienarchiv enthaltenen Briefe von Ferdinand und Margarete Weinhandl an Gräfin Charlotte Dürckheim zeigen, daß von Steingaden aus mancherlei Zuwendungen nach Kiel gingen.

Der Hochschullehrer

Die frühe Habilitation des Freundes Weinhandl mag auf Graf Dürckheims Vorhaben, seine akademischen Studien mit der Promotion zum Doktor der Philosophie abzuschließen, motivierend gewirkt haben. Vom Sommersemester 1922 an arbeitete er als Volontärassistent am Psychologischen Institut der Kieler Universität. Am 3. März 1923 promovierte er mit einer psychologischen Arbeit über „Erlebnisformen – Ansätze zu einer analytischen Situationspsychologie". Professor Felix Krueger, der später Dürckheim am Leipziger Psychologischen Institut als Assistent einstellen und sich auch für seine dortige Habilitation einsetzen sollte, bezeichnete die Dissertation rückschauend als eine „gedanken- und ergebnisreiche Arbeit", die die Kieler Fakultät als eine „ausgezeichnete wissenschaftliche Leistung" anerkannt habe. In den Nebenfächern Philosophie und Soziologie prüften die Professoren Heinrich Scholz bzw. Ferdinand Tönnies. Das Ergebnis der mündlichen Doktorprüfung lautete „sehr gut".

Nachdem diese Hürde genommen war, entschlossen sich die Eltern Dürckheim, die Eheschließung ihres Sohnes mit Enja von Hattingberg bekanntzugeben. Sehr leicht wird ihnen die Zustimmung nicht gefallen sein, auch wenn über die seit einigen Jahren zwischen Karlfried und Enja bestehende Beziehung keine Meinungsäußerung von seiten der Eltern oder der übrigen Verwandtschaft bekannt geworden ist. Was aber die Eheschließung betrifft, so hatte die aus altem Hochadel stammende Familie sich damit zu arrangieren, daß der älteste Sohn eine „Bürgerliche" zu heiraten gedachte, die acht Jahre älter war und zudem geschieden – immerhin drei Faktoren, die zu Beginn der Weimarer Republik, als man auf die Beachtung von Standesgepflogenheiten noch einen gewissen Wert legte, von Gewicht gewesen sein müssen. Die kirchliche Trauung fand am 3. Juni 1923 in der Herder-Kirche in Weimar statt. Die Hochzeitsfeier dürfte eines der letzten großen Feste gewesen sein, die die Dürckheims in ihrer Weimarer Villa inszeniert haben. Der Salon war gerade groß genug, um die stattliche Tafel mit allen Gästen zu fassen. Auch Ferdinand und Margarete Weinhandl zählten dazu. Daß sie eine wichtige Rolle beim Zustandekommen dieser Heirat gespielt haben, ist brieflichen Äußerungen zu entnehmen, in denen z. B. Margarete Weinhandl gegenüber Dürckheims Mutter Enjas „immer innigeres und stilleres Wesen, ihr immer selbstloseres Zurücktreten gegenüber den Anforderungen seiner (d. h. Karlfrieds) Arbeit" rühmt. Auch betont sie, daß sie heute kaum eine Frau wüßte, die wie Enja „zum opferfreudigen Weggefährten eines zu Großem Berufenen so geeignet wäre." An der Weimarer Festtafel sah man ferner neben der Münchner Schriftstellerin Elisabeth Schmidt-Pauly auch Schwägerin Magda von Hattingberg, die Pianistin, die als Rilkes Benvenuta in die Literaturgeschichte Eingang gefunden hat. Unter den Glückwunschadressen an die Eltern fand sich auch eine des ehemaligen Regimentskommandeurs Generalmajor Ritter von Epp.

Nach seiner Verehelichung blieb Graf Dürckheim noch zwei Semester als Volontärassistent am Psychologischen Institut in Kiel und war in dieser Zeit vor allem mit Denkpsychologie beschäftigt. Aus seiner gründlichen Aversion gegen Zahlen und Apparate im Rahmen der psychologischen Forschung aber machte er nie einen Hehl. Natürlich mußte er zugeben, daß es in der Psychologie, ähnlich wie in der Medizin und anderen Humanwissenschaften die Möglichkeit geben müsse, den Menschen zum Gegenstand des messenden und zählenden Verstandes zu machen, um damit auch diese Dimension der Wirklichkeit einzubeziehen. In seinen autobiographischen Aufzeichnungen stellt Dürckheim die Frage:

... was gewinnt der Student der Psychologie aus der zunehmenden Zahl quantifizierender Methoden für seine personale Selbsterkenntnis als Mensch und für seine Arbeit am anderen Menschen? Der Mensch im eigentlichen Sinn bleibt wie in der Ausbildung des Arztes, des Priesters und des Erziehers, so auch oft in der

Ausbildung des Psychologen mehr oder weniger „draußen". Und so sehe ich die Entwicklung der Psychologie an unseren Hochschulen, dort, wo die Tendenz sich immer mehr durchsetzt, die Psychologie der Naturwissenschaft einzuordnen, nicht ohne Sorge, bei aller Anerkennung der objektiven Bedeutung ihrer Forschungsergebnisse für die „Welt-Wissenschaft". Immer noch muß die Tiefenpsychologie um ihr Recht auf Existenz kämpfen, von einer initiatischen Seelenkunde ganz zu schweigen.[54]

Diese Gedanken sind offensichtlich nicht nur einer späten Einsicht entsprungen, denn Dürckheims Dissertation war hauptsächlich phänomenologisch angelegt und konnte damit die Apparate weitgehend entbehren; sie ging von dem aus, was sich als „Erlebnisform" zeigt – eine Linie, auf der sich auch die an die Dissertation thematisch unmittelbar anschließende Habilitationsschrift von 1929/30 „Erlebniswirklichkeit und ihr Verständnis" bewegt. Jene beiden letzten Kieler Semester nach Promotion und Eheschließung können für Karlfried Dürckheim nicht die reine Freude gewesen sein. Während Weinhandl zwei Jahrzehnte lang in Kiel blieb, wo er offensichtlich die fruchtbarste Zeit seines Schaffens erlebte, war der alsbaldige Abschied von dort für Dürckheim ausgemachte Sache: Entweder Übergang an eine andere Universität oder Rückzug in die Einsamkeit der Nordseeinsel Föhr oder eine Reise nach Italien, so lauteten die Alternativen. Um der Universität gleichsam eine Chance zu geben, fuhr er für kurze Zeit nach Marburg. Dort wollte er neben dem Neukantianer Paul Natorp die Philosophen Martin Heidegger und Nikolai Hartmann sowie die Religionswissenschaftler Friedrich Heiler und Rudolf Otto auf sich wirken lassen, bevor er sich endgültig entschied. Doch diese Leuchten deutscher Geisteswissenschaft vermochten den angehenden Hochschullehrer nicht zu halten. Seine Devise lautete: „Nichts wie weg von jeder Universität ins Freie! Eine Einladung zu einem Soziologenkongreß in Neapel entschied für Italien. Das war das Jahr 1925, ‚das heilige Jahr'."

Diese Italienreise, die übrigens schon im Sommer 1924 begann, war nicht die erste, die Dürckheim in das Land südlich der Alpen führte. Bereits vor Ausbruch des Ersten Weltkriegs, als Karlfried fünfzehn oder sechzehn war, hatte Charlotte Dürckheim dem Direktor des Weimarer Museums zugestimmt, unter dessen sachkundiger Begleitung im Sinne der klassischen Bildungsreisen junger adeliger Herren, ihren Ältesten Rom erkunden zu lassen. Darauf bezieht sich die Notiz: „Er führte mich als erstes auf das Kapitol zu dem einmaligen Blick hinunter auf das Forum Romanum, und zeigte mir dann Rom, vor allem nachts, wo die Fassaden der Häuser und Paläste besonders hervortraten. Damals gab es noch die kleinen Gaststätten, die Trattorias mit der Musik."[55] War jener erste Rom- und Italienbesuch schon mit Rücksicht auf die Schulpflicht knapper bemessen gewesen, so konnte sich Graf Dürckheim diesmal sehr viel mehr Zeit lassen. Auf dem Reiseplan standen zunächst Rom, die Inseln Ischia und Capri. Dann ging es weiter in den Süden nach Palermo. Allein in Süditalien hielt sich das junge Paar ungefähr ein halbes Jahr auf. Die Wissenschaft schien vergessen. Dafür genoß Graf Dürckheim die Ungebundenheit des Lebens im Süden, den Reichtum der Museen. Er hatte sein Malzeug mitgenommen und zeichnete Akt. Dazu kam die Philosophie, die Arbeit an Entwurf und Niederschrift einer Einheitsphilosophie:

Ich war völlig gefesselt von dem „Faktum" und dem Problem, das mich nicht losließ, einer alles umfassenden Einheit, die in sich gesetzlich geordnet, alles umfängt und Gestalt werden läßt. Es war die Form, in der in jener Zeit bei mir das Geheimnis des transzendenten Seins als Fülle, Gesetz und Einheit in das begriffliche Bewußtsein strebte.[56]

In anderem Zusammenhang merkte Dürckheim an: „Meine Einheitsvorstellung enthielt noch nicht die Polaritäten Licht – Dunkel, Männlich – Weiblich ..."[57] Diese Tatsache spielte offensichtlich auch noch keine Rolle, als er einige Jahre zuvor in München seine Erstbegegnung mit Laotses Tao-te-king hatte.

Um sich auf diese Weise ein Jahr lang in Italien der Kunst und der Philosophie hingeben zu können, ohne sich in der persönlichen Lebensführung einschränken zu müssen, bedurfte es eines finanzkräftigen Mäzens. Den besaß Karlfried Dürckheim – noch – in Gestalt seines Vaters, dem inzwischen Bruder Wolfheinrich zur Unterstützung und Nachfolge an die Seite getreten war. Nach erheblichen wirtschaftlichen Einbußen, über die Wilfried Dürckheim aufschlußreich berichtet hat, war die Inflation in Steingaden überstanden. Nach außen florierte das Gut weiterhin, das heißt, der landwirtschaftliche Betrieb wurde regelmäßig von Fachleuten, Professoren und Studenten besucht. Auch sparte die Deutsche Landwirtschaftsgesellschaft ebensowenig wie das Ministerium in München mit Preisen und Anerkennungsschreiben. Anläßlich seines 70. Geburtstags (1928) wurde Friedrich Graf Dürckheim in Anerkennung seiner Verdienste um die heimische Tierzucht und Milchwirtschaft mit der Großen Silbernen Staatsmedaille ausgezeichnet. Jedoch konnte all das, die fortgesetzten, vielseitigen gesellschaftlichen und sozialen Aktivitäten von Gräfin Charlotte eingeschlossen, nicht über die tatsächliche wirtschaftliche Lage des Gutes Steingaden hinwegtäuschen. Die Schuldenlast wuchs infolge von Fehlinvestitionen, aber auch mangels vertretbarer Kalkulation und Planung ungleich schneller als die durch das Unternehmen erwirtschafteten Erträge. Folgt man den Darstellungen von Bruder Wilfried, so wäre Karlfried Dürckheims Italienreise zu diesem Zeitpunkt längst nicht mehr finanzierbar gewesen.[58] Daß Karlfried und Enja nach einem Jahr der Muße nach Deutschland zurückkehrten, war also nicht etwa auf die Einsicht in die Notwendigkeit des Sparens zurückzuführen. Vielmehr erinnerte sich einer von Dürckheims einstigen Kieler Lehrern, der Philosoph Hans Freyer, seines jungen Kollegen, der der Universität seiner Meinung nach schon viel zu lange den Rücken gekehrt hatte.

Freyer war von Kiel an die Universität Leipzig übergewechselt und stand dem dortigen Psychologischen Institut vor. Er war es auch, der dem maßgeblichen Lehrstuhlinhaber, dem Psychologen Felix Krueger (1874–1948), die Einstellung Dürckheims ans Herz legte. So wurde dieser mit Wirkung vom 1. November 1925 zunächst Volontärassistent, zwei Jahre später durch das Ministerium bestätigt auf der planmäßigen Assiotentenstelle, um die sich zahlreiche andere Kandidaten beworben hatten. Diese Wahl lag nahe, da sich Dürckheims philosophische Bemühung um eine „Einheitsphilosophie" mit Felix Kruegers Konzept einer „Ganzheitspsychologie" vereinbaren ließ. Krueger gehörte als Nachfolger Wilhelm Wundts zu den ersten Psychologen, die (etwa ab 1900) die aristotelische Formel „Das Ganze ist vor den Teilen" für den psychologischen Ganzheitsgesichtspunkt ausdrücklich in Anspruch nahmen. Unterstützt von seinen Mitarbeitern – unter ihnen Otto Klemm, Friedrich Sander, Hans Volkelt, auch Rudolf Hippius, August Vetter, Albert Wellek und Johannes Rudert[59] brachte Krueger diesen Ansatz im Rahmen der sogenannten Leipziger Psychologenschule zur Geltung.[60] Auch wird u. a. Krueger das Verdienst zugeschrieben, im Zusammenhang der Entdeckung des „Erlebens" und des „Erlebnisses", das Gefühl bzw. das Fühlen in seiner Bedeutung für eine anthropologisch vertiefte Psychologie erkannt, eingehend erforscht und belegt zu haben."[61] Zielrichtung, Methodik und Ertrag dieses Forschungsansatzes kamen einerseits Dürckheims Grundanschauungen entgegen, andererseits waren sie geeignet, sein weiteres Forschen bis hin zur späteren Ausformung seiner Art von Therapie zu fördern. Immer wieder begegnet man in seinen späteren Schriften dieser hohen Einschätzung des Fühlens als Wahrnehmungsfunktion.

Dennoch betrat Dürckheim mit gemischten „Gefühlen" die Leipziger Alma mater, als er, aus Italien zurückgekehrt, dort seine akademische Karriere fortsetzte. Seine anfänglichen Eindrücke und die dann sehr positive Entwicklung seines Arbeitens an der Seite von Felix Krueger schildert Dürckheim so:

Als ich das Institut zum ersten Male betrat, wurde mir ängstlich zumute, als ich die vielen Apparate sah! Auf mein freimütiges Bekenntnis, ich wäre für „experimentelle" und „quantitative" Psychologie völlig ungeeignet, meinte Krueger lächelnd, wenn ich einmal die Vorlesungen der anderen Assistenten, Sander, Klemm und Volkelt, gehört hätte, würde es mit der Zeit für Einführungskurse am Institut schon reichen! Im übrigen aber könnte ich die nichtexperimentelle Seite der Psychologie entwickeln und betreuen. Heute ist mir bewußt, daß sich in diesen sieben Leipziger Jahren meine Arbeit gerade in der ständigen Reibung mit der experimentellen Psychologie bei gleichzeitig immer tieferem Eindringen in die Ganzheits- und Gestaltpsychologie von Krueger und Sander immer mehr profilierte. Untergründig war aber immer das mich bewegende Geheimnis am Werk. So war es mir auch bei meinen ersten Vorlesungen und Seminaren weniger um Wissensvermittlung zu tun, als um Anregung und Übertragung gewisser seelischer Grunderfahrungen, die mir wichtig erschienen... Nicht eine durch rationale, fixierbare Tatsachen begründbare Theorie schien mir damals schon der nervus rerum aller Wissenschaft vom Menschen zu sein, sondern mehr – bei aller Verpflichtung zu klaren Begriffen – ein Gefüge qualitativer Erfahrungen. In dieser Zeit entstanden auch die „Untersuchungen zum gelebten Raum".[62]

Das war 1929. In den Jahren seiner Assistententätigkeit, d. h. ab Sommersemester 1926, hielt Dürckheim verschiedene Übungen ab, zum Beispiel zur experimentellen Psychologie des Denkens, zur Psychologie der Gefühle, einen Einführungskurs in die experimentelle Psychologie, dann Übungen zur Psychologie des kindlichen Denkens, zur Sozialpsychologie sowie über Charakterologien der Gegenwart. Ein wesentliches Stück seiner Tätigkeit am Psychologischen Institut bildete die Leitung einer Reihe von Untersuchungen, die hauptsächlich er selbst angeregt hatte. Sie bewegten sich teils in denk- teils in sozialpsychologischer Richtung. Hinzu kam die Vorbereitung seiner Habilitationsarbeit in psychologischer wie in philosophischer Hinsicht.[63]

Und nicht allein das Dürckheim beschäftigende „Geheimnis" war für ihn in der angedeuteten Weise, wenn auch nur „untergründig", stets präsent. Es konstellierte sich auch menschlich-zwischenmenschliches Schicksal, denn im Herbst desselben Jahres 1929 tauchte die erst zwanzigjährige Studentin Maria Winterer in den Lehrveranstaltungen des Dr. Karlfried Graf von Dürckheim auf. Nach ihrer Leipziger Promotion zum Dr. phil. im Jahre 1932 heiratete sie Rudolf Hippius, den aus Estland kommenden Kollegen Dürckheims. Gleichzeitig wurde aber die freundschaftliche Beziehung zwischen den beiden Ehepartnern geknüpft. Maria Hippius wurde von dem umfassend angelegten und fundierten Psychologiestudium am Leipziger Institut nicht enttäuscht – im Gegensatz zu Dürckheim, ihrem späteren Lebensgefährten und – seit 1985 – Ehemann. Sie erinnert sich an Vorlesungen des Privatdozenten Graf Dürckheim, die auch im Sommer auf mittags zwei Uhr angesetzt waren, wenn man es in der Regel vermied, die Konzentrationsfähigkeit aller Beteiligten auf die Probe zu stellen. Die Teilnehmerin von damals schreibt:

„Der Hörsaal war von Anfang an überfüllt, und eine große Erwartungsspannung lag im Raum – ob es um Ästhetik, Philosophie, Sozial- oder Entwicklungspsychologie ging. Mehr als bei anderen Professoren spürten wir einen ‚geheimnisvollen Bezugspunkt' hinter dem Vortragenden und der Vortragsform. Gesucht war von den Studenten am Mittwochvormittag vor allem das ‚Psychologische Praktikum'. Da gab es aus dem Rahmen fallende Aufgaben zu lösen und Unerwartetes zu erfahren. So die Beschreibung der ‚Gestalt von Gerüchen', des ‚Ordnens von Gegenständen', des ‚Ablaufs von Denkprozessen', der ‚Psychologie des Lachens'. Ich erinnere mich vor allem an Dürckheims ‚Klopfversuche' zum psychologischen Erfassen des Problems ‚der subjektiven und der objektiven Zeit'. Im abgedunkelten Raum fanden sie statt. Sie versprachen zunächst Erholung im Vergleich zu den streng experimentell aufgebauten Anordnungen anderer Art. So wie die Aufgabe war – man ergab sich der Zeit und hatte innerlich viel Zeit. Zueinander gefunden vor allem die etwas tiefgründig-subversiven Elemente der Psychologiestudenten, eine Art Vorhut der Tiefenpsychologie. Einige waren durch Ehrig Wartegg, einen persönlichen Schüler Freuds, schon etwas ‚präpariert'. Zumindest waren sie Versuchspersonen für die Arbeiten seines später bekannt gewordenen Gestalttestes gewesen. Da wir damals durch den Biologen Hans Driesch und sein Interesse an spiritistischen Phänomenen auch ins ‚Okkulte' hinein ein Auge hatten, fehlte es uns nicht an Neigung zum Zulassen von Ungewöhnlichem. Ausgelöst durch die im Dunkeln erfolgenden Klopfzeichen in rhythmisch verschiedener Folge (die sich erlebnismäßig, wie Krueger das nannte, zu ‚Komplexqualitäten des Bewußtseinsganzen' zusammenschlossen), führte der Versuch bald unwillkürlich in die Tiefe. Die rationalen Konstanten raum-zeitlichen Erlebens gerieten gänzlich ins Wanken. Doch das Erstaunliche dabei war, daß man hier mit dem besten Gewissen der Welt etwas für wahr halten durfte, was sonst als unwirklich galt. Ich weiß noch, welchen Einbruch es in mir gab, als ich mir dessen bewußt wurde, nun legitim zu dürfen, was im Grund persönlicher Wunsch und auch das Vermögen war: Etwas subjektiv Relevantes auch als objektiv gültig einzustufen. Es gab keine Trennung mehr zwischen dem einen und dem anderen. Was zusammengehörte trotz funktioneller Verschiedenartigkeit, durfte legitim zu einander."[64]

Diesen Erinnerungen an die Leipziger Zeit fügt die spätere Mitarbeiterin, Lebensgefährtin und Mitgestalterin der Bildungsstätte in Rütte die Bemerkung hinzu, daß Dürckheim schon damals die subjektive Dimension der Wirklichkeit, des persönlichen Raumes und der persönlichen Zeit in ihrem Verhältnis zur „objektiven Wirklichkeit" ernstgenommen habe. Als Beleg dafür ist auf die erwähnte Arbeit „Untersuchungen zum gelebten Raum" zu verweisen.

Im Hinblick auf eine akademische Karriere bereitete Graf Dürckheim sich in Leipzig mit einer Arbeit aus seinem Forschungsgebiet auf die Habilitation vor. Auf diesem Weg zur Venia legendi, d.h. der Erlaubnis, an Hochschulen zu lehren, ergaben sich unerwartete Schwierigkeiten, die der Habilitant ohne die nachdrückliche Unterstützung durch zwei seiner Lehrer wohl kaum überwunden hätte. Das Problem erwuchs aus der unterschiedlichen Bewertung der von Dürckheim vorgelegten Arbeit durch zwei namhafte Gutachter. Da die Habilitationsschrift weder in mehreren Exemplaren vorliegt, noch im Druck erschienen ist, das Original jedoch während des Zweiten Weltkriegs in der Berliner Wohnung des Autors vernichtet wurde, kann hier nur der Vorgang als solcher kurz skizziert werden.[65]

Am 27. Juni 1929 leitet der Dekan der philosophisch-historischen Abteilung der Philosophischen Fakultät die unter dem

Titel „Erlebniswirklichkeit und ihr Verständnis. Systematische Untersuchungen I" eingereichte Arbeit seinen Leipziger Kollegen Felix Krueger, Theodor Litt und Hans Driesch zur Begutachtung zu. Als Erstgutachter hob Krueger die beträchtlichen Fortschritte hervor, die Dürckheim gegenüber seiner als ausgezeichnet bewerteten Kieler Dissertation von 1923 erzielt hatte:

„Der Verfasser hat inzwischen vier Jahre hindurch, auch lehrend, auf den verschiedensten Gebieten der Psychologie, insbesondere des Denkens, der Gefühle und der Gemeinschaft gearbeitet. Er hat sich mit allen wichtigeren Experimentalmethoden vertraut gemacht. Die neue umfangreiche Arbeit ist straffer gegliedert und begrifflich schärfer gefaßt. Sie fragt ausschließlich, aber in systematischer Absicht nach den Hauptformen psychischer Gerichtetheit ..." Zwar mußte Krueger einräumen, daß manches noch der „letzten Klarheit" ermangele. „Aber alles in allem zeugt die Arbeit von ungewöhnlicher sowohl logischer als psychologischer Begabung, von intellektueller und menschlicher Reinlichkeit. Der Verfasser hat gelernt, in Grundfragen der Psychologie methodisch zu denken und geordnet darzustellen. Weitere wertvolle Arbeiten, zunächst experimenteller Art, sind von ihm zu erwarten." Aus diesen Gründen, aber auch im Hinblick auf den „feingebildeten, scharfdenkenden Kopf mit angeborenem psychologischem Blick" beantragte Krueger, Graf Dürckheim zu den übrigen Habilitationsleistungen zuzulassen. Dieser, ihrer Meinung nach, allzu positiven Einschätzungen traten die Professoren Litt und Driesch mit je einem Gutachten entgegen, indem sie auf den sogenannten, damals in Leipzig üblichen „Genieparagraphen" verwiesen. Danach sollten nur solche Habilitanden akzeptiert werden, die mit „ganz außergewöhnlichen Leistungen" zu brillieren vermochten. Schon aus Gründen gleicher Behandlung dürfte man bei Dürckheim keine Ausnahme machen. Man müsse mehr begriffliche Klarheit fordern, als Dürckheim sie bekunde. Nicht alles, was zur These erhoben werde, sei faktisch durch Nachweise erhärtet, d.h. die strenge Wissenschaftlichkeit der Arbeit sei nicht in jedem Punkt gegeben, weshalb von einer außergewöhnlichen Leistung nicht gesprochen werden könne.

Nachdem die drei Gutachter in dieser Reihenfolge ihre Voten abgegeben hatte, meldete sich am 14. Dezember 1929 Hans Freyer mit einem vierten Gutachten zu Wort. Er hatte Graf Dürckheim nach Leipzig geholt und konnte darauf verweisen, den Habilitanden seit sieben Jahren aus eigenen Übungen und aus vielen wissenschaftlichen Gesprächen zu kennen. Seine Arbeit liege trotz der in allen drei Gutachten angemerkten Einschränkungen „erheblich über dem Durchschnitt". Wörtlich heißt es weiter: „Dürckheim verfügt über eine (soweit ich die psychologische Literatur kenne) ungewöhnliche Beobachtungsgabe, über einen spezifisch psychologischen Blick und über die ebenfalls sehr seltene Fähigkeit zu prägnanter Deskription. Da die Psychologie keine Begriffswissenschaft ist, stellt schon das ein sehr erhebliches Aktivum dar. Dazu kommt eine ausgesprochene denkerische Begabung, sowohl in Richtung auf psychologische Theorie wie in Richtung auf eine philosophische Phänomenologie. Im Vergleich zur deutschen, englischen und amerikanischen Sozialpsychologie, die ich von meinem Fach her genauer übersehe, finde ich bereits in der vorliegenden Arbeit wesentliche Fortschritte über das bisher Erkannte, finde aber vor allem darin hoffnungsvollste Ansätze zu weiterer Forschung."

Dieses Votum Hans Freyers verfehlte seine Wirkung offensichtlich nicht, zumal Erstgutachter Felix Krueger nochmals seine fachliche Autorität in die Waagschale legte. Am 16. Dezember, also unmittelbar an Freyer anschließend, reichte er ein Nachtragsgutachten ein, in dem er die vorgelegte Habilitationsschrift „in der Tat als eine außerordentliche wissenschaftliche Leistung" charakterisierte, die in Fragestellung, Methode und selbständig gewonnenen Ergebnissen den Durchschnitt der letzten etwa 30 Jahre weit überrage. Im übrigen seien die Bedenken der Gutachter Litt und Driesch eher philosophischer als psychologischer Natur. Und solange die Fakultät nicht Psychologie als besonderes Habilitationsfach neben der Philosophie anerkenne, müsse sie um der Forschung, des Unterrichts und des akademischen Nachwuchses willen Habilitationen zulassen, bei denen der Schwerpunkt – wie im vorliegenden Fall – entschieden in der wissenschaftlichen Psychologie liegt. „Es wäre undurchführbar, ja unbillig, zu verlangen, daß jeder jugendliche Habilitandus, der als Psychologe Ausgezeichnetes leistet und mit Sicherheit Bedeutendes verspricht, gleichermaßen auf verschiedenen Gebieten der Philosophie exzelliere oder gar den verschiedensten philosophischen Standpunkten sich anpasse." Und was schließlich die Gesamtpersönlichkeit des Bewerbers anlangt, so halte Graf Dürckheim „den allerstrengsten Maßstäben" stand.

Das endgültige Resultat ist bekannt: Die vom Dekan der philosophischen Fakultät der Universität Leipzig gezeichnete Urkunde vom 17. Februar 1930 bestätigt: „Herrn Dr. phil. Karlfried Graf von Dürckheim-Montmartin, geboren in München, ist am heutigen Tage die venia legendi für Philosophie erteilt worden."

So wichtig für den frischgebackenen Hochschullehrer diese offizielle Anerkennung seines akademischen Status war, die Umstände, unter denen sie erlangt wurde, aber auch die tiefsitzende Aversion Dürckheims gegen die schulmäßige Experimentalpsychologie waren kaum dazu angetan, die Leipziger Universitätskarriere wesentlich auszudehnen. Graf Dürckheim ging es offensichtlich nicht um Wissenschaft im streng schulmäßigen Sinn des Wortes. Nicht zufällig nimmt sie in seinem schriftstellerischen Schaffen einen vergleichsweise schmalen Raum ein. Sehr viel mehr lag ihm an Erwachsenenbildung im Sinne von Menschenführung, also an praktischpädagogischer Arbeit. Dazu bot sich ihm Gelegenheit durch Kurse an der Fichte-Volkshochschule in Leipzig, zum anderen seit 1930 durch regelmäßige Vorlesungen am Bauhaus, das mittlerweile seinen Sitz in Dessau hatte. Neu geknüpft worden war die Beziehung zum Bauhaus durch dessen Leiter Hannes Meyer und durch Mies von der Rohe. Es kam zur Wiederbegegnung mit Paul Klee und Wassily Kandinsky, die Dürckheim schon in seinem Weimarer Elternhaus kennengelernt hatte. Bezeichnenderweise bemerkt Dürckheim hierzu in seinen Erinnerungen: „Mehr als die Begegnung mit Mies van der Rohe und als die Wiederbegegnung mit Klee und Kandinsky bedeutete mir damals die Begegnung mit einer Studentenschaft, die einer rein materialistischen Vorstellung vom Menschen huldigte. Es war ein herrliches Ringen, bei dem ich lernte, daß das Anklingenlassen qualitativer Erlebnisse letztlich eine rein rationale Argumentation aus dem Feld schlägt."[66] Und gerüstet hierfür wurde Dürckheim durch das, was er nicht zum wenigsten bei Felix Krueger in Leipzig gelernt hatte:

Eine Erfahrung ist um so tiefer, als an ihr die Ganzheit des Menschen beteiligt ist; um so flacher, als sie nur einen Teil seines Menschseins anspricht. Eben weil aber die Ganzheit des Menschen in seinem in numinosen Qualitäten erfahrbaren Kern wurzelt, muß eine endgültige Erkenntnis Lehre und Führung des Menschen sich allem zuvor um die Erfahrung, Erkenntnis, Befreiung, Entfaltung und Profilierung dieses Kerns kümmern. Diese Grundvorstellung von der Arbeit am Menschen bestimmte auch meine Volkshochschularbeit.[67]

Zunächst sah es so aus, als könne der Professor Dürckheim den so markierten Weg folgerichtig fortsetzen. Altersmäßig stand er auf der Schwelle zur Lebensmitte. Aber es war noch nicht abzusehen, in welcher Weise ihn der rasch stärker werdende Nationalsozialismus gefährden und fordern würde. Die weiteren akademischen Stationen sind rasch aufgezählt: Seit dem 31. August 1931 ist Graf Dürckheim Professor an der Pädagogischen Akademie in Breslau. Nach deren Schließung stimmte Dürckheim der Berufung durch das Preußische Ministerium für Wissenschaft und Kunst an die Pädagogische Akademie (Hochschule für Lehrerbildung) in Kiel zu, die mit Wirkung vom 1. April 1932 erfolgte. Karlfried Dürckheim kehrte also dorthin zurück, wo er studiert und promoviert hatte und wo die Freunde Gretl und Ferdinand Weinhandl noch immer lebten. Mit Schreiben vom 7. November teilte Dürckheim der Philosophischen Fakultät in Leipzig seine Umhabilitierung „nach vollzogener Antrittsvorlesung am 3. November 1932" und den Erwerb der Venia legendi für Philosophie und Psychologie mit. Damit hatte der nunmehr Sechsunddreißigjährige eine akademische Position erreicht, in der er nur relativ kurz verbleiben und die, wie sich bald zeigte, seine letzte sein sollte. Noch konnte niemand voraussehen, welche Tätigkeiten der Kieler Professor unter den seit 1933 veränderten Vorzeichen im In- und Ausland noch ausüben würde – zwölf schicksalsbeladene Jahre hindurch!

Während Karlfried Dürckheim 1929/30 sein Habilitationsverfahren durchzustehen hatte – es war die Zeit der großen Weltwirtschaftskrise – spitzte die ökonomische Situation der Familie Dürckheim sich dramatisch zu. Der im Grunde längst aussichtslose Versuch, das väterliche Gut Steingaden zu halten, war gescheitert. Mitte Juni 1932 – der Sohn hatte gerade seine Professur in Breslau angetreten – mußten die Eltern Steingaden verlassen und eine gemietete Dreieinhalb-Zimmer-Wohnung beziehen. Viel mehr war dem inzwischen Siebzigjährigen, einst vermögenden Schloßherrn und Eigentümer einer aufwendigen Jugendstil-Villa nicht geblieben. Das Gut Steingaden war, infolge der absoluten Überschuldung (z.T. bedingt durch überhöhte, dazu unwirtschaftliche Investitionen und nicht finanzierbare Kredite), durch Pfändung und Zwangsversteigerung für die Familie Dürckheim verlorengegangen, und zwar unwiderruflich. Alle Bemühungen des jungen, nach nur zwei volkswirtschaftlichen Studiensemestern nach Steingaden gerufenen Bruders Wolfheinrich, wenigstens einen Rest an Eigentumssubstanz zu retten, hatten sich als erfolglos erwiesen. So erwartete man mit Blick auf die damaligen Notverordnungen des Staates vergebens einen Zahlungsaufschub bzw. eine Umschuldung. Dagegen drängten die Gläubigerbanken auf den Vollzug der totalen Enteignung, einschließlich Entzug des Wohnrechts für die gesamte Familie Dürckheim in Steingaden. Bruder Wilfried, der die Steingadener Verhältnisse auch in dieser Endphase der Auflösung beschrieben hat, geht in seinem Bericht auf die grundlegende Veränderung im Leben seiner Eltern ein:

„Während die (Gläubiger-)Bank in der Zeit der Zwangsverwaltung noch relativ entgegenkommend war, insbesondere was Naturalbezüge aus dem Betrieb neben einer gewissen Barzuweisung anbetraf, hörte das Entgegenkommen bis auf ein Mindestmaß an Höflichkeit auf. Die Eltern lebten nun nur noch von der, von ursprünglich 380 Reichsmark auf 280 Reichsmark durch Notverordnung gekürzten Majorspension meines Vaters und von den Einnahmen der Jagd, der Hühnerei, die etwa 200 Reichsmark im Monat brachten, und dem Lehrlingsgeld von zwei Hühnermaiden. Die Zuweisung an Heizmaterial war minimal, so daß die Eltern diesen bitterkalten Winter nur mit Mühe haben überstehen können. – Lästig waren die nun wieder eintretenden Pfändungen und Versteigerungen wegen alter unbezahlt gebliebener Rechnungen ... Plötzlich drängte die Zentralboden(-Kreditanstalt) relativ kurzfristig im Mai 1932 auf den Auszug sowohl der Eltern aus dem Schloß wie meines Bruders (Wolfheinrich) aus dem Fohlenhof. Meine Mutter schrieb daraufhin einen ebenso höflichen wie unmißverständlichen Brief an die Bank, unter Darstellung der ungeschminkten Lage. Das spätere Domizil sei zwar ausgesucht, aber es fehlten alle Mittel für Auflösung des Haushaltes, für das Verpacken des Mobiliars wie für die Umzugskosten. Die Bank stellte daraufhin für die Eltern 2000 Reichsmark und für meinen Bruder 1000 Reichsmark zur Verfügung, wenn Schloß und Fohlenhof bis zum 1. Juli 1932 geräumt seien ... Mitte Juni war es dann soweit."[68]

Wilfried Dürckheim vergißt auch nicht, seinen Eltern ein außerordentliches Maß an Seelengröße zu bescheinigen für die Art, mit der sie das erlittene Unglück auf sich nahmen und sich in ihren alten Tagen mit einem Leben in Bescheidenheit zufriedengaben. Das sollte sich später während des Zweiten Weltkriegs erweisen, als durch Luftangriffe die bis dahin noch erhalten gebliebenen Reste an Mobiliar und persönlichem Eigentum der mittlerweile verwitweten Charlotte Dürckheim vernichtet wurden. An Äußerungen ihrer alten Mutter erinnern sich die Nachkommen. Zu ihrem jüngsten Sohn Wilfried sagte sie: „Das Einzige, was mich wirklich bekümmert, kein Vermögen mehr zu haben, ist, daß ich anderen Menschen, die in Not sind, nun nicht mehr helfen kann." Und als sie dann bei einem Bombenangriff auch noch ihre Wohnung verloren hatte, ließ sie hören: „Ich war einmal ohne jedes eigne Verdienst sehr reich. Jetzt ist dies Köfferchen alles, was ich besitze. Jetzt bin ich mit dem Schicksal quitt. Ich schulde ihm nichts mehr. Ich habe jetzt ein befreites und gutes Gewissen."[69]

Als Charlotte Gräfin Dürckheim gegen Ende des Krieges diese Lebensbilanz zog, befand sich ihr Sohn Karlfried im fernen Japan, wo er festgehalten wurde, um – losgelöst von der Dürckheim-Familie – seine eigenen Schicksalsprüfungen zu bestehen. Doch ehe davon die Rede sein kann, ist auf die politischen Ereignisse der frühen dreißiger Jahre in Deutschland einzugehen und auch auf die Art, in der Dürckheim in sie verwickelt war.

Zur Zeit der „Machtergreifung"

Die Ernennung Adolf Hitlers zum Reichskanzler, mit der am 30. Januar 1933 die Machtergreifung der Nationalsozialisten begann, sowie die dann Zug um Zug folgenden gesetzgeberischen und politischen Maßnahmen zu deren konsequenter Durchsetzung und Befestigung sollten auch für Graf Dürckheim weitreichende Folgen haben. Hier zur Erinnerung nur einige wenige Daten und Fakten, durch die der zur Übernahme in den Staatsdienst anstehende Hochschullehrer besonders betroffen war:

Am 24. März 1933: Gesetz zur Behebung der Not von Volk und Staat, das als „Ermächtigungsgesetz" in die Geschichte einging. Danach konnten Reichsgesetze aufgehoben und durch Maßnahmen der Reichsregierung ersetzt werden.
Am 1. April: Boykott gegen Juden im gesamten Reichsgebiet, eine erste derartige Maßnahme, die jedoch zunächst hauptsächlich Kaufleute, Ärzte, Rechtsanwälte u. ä. erfaßte, die „Volljuden" waren.
Am 11. April: „Gesetz zur Wiederherstellung des Berufsbeamtentums", das alle „Nichtarier" ausschloß und auf Dürckheim voll anwendbar war.

Betrachtet man diese rasche Folge höchst bedenklicher Maßnahmen im Hinblick auf Karlfried Dürckheims persönliche Neigungen und Interessen, vor allem was seine Tätigkeit als Hochschullehrer angeht, so ist festzustellen: Der späte Nachfahre bedeutender jüdischer Bankiers war von den antisemitischen Rassegesetzen betroffen. Ob er sich dessen sogleich voll bewußt war, darf – wie bei so vielen Intellektuellen, Bürgerlich-Großbürgerlichen, Religiösen usw. – bezweifelt werden, obwohl es ja an Zeichen, die aber nur von einer politisch wachen Minderheit als solche erkannt und richtig gedeutet wurden, bereits im ersten Jahr nach der Machtergreifung wahrlich nicht gefehlt hat. Dabei sprachen die Fakten für sich: Wegen seiner jüdischen Großmutter, Antonie Springer, galt Dürckheim als „Nichtarier", der „aus rassischen Gründen" dem nationalsozialistischen Staat nicht als Beamter dienen durfte. Diesen angeblichen Makel konnte er auch dadurch nicht übertünchen, daß er – laut eigener Mitteilung – 1933 in die SA eintrat.[70] Rückschauend gibt er zu erkennen, das sei die Zeit gewesen, „in der ich am härtesten litt, immer nicht wissend, was wird aus mir". Eine verständliche Sorge, die viele damals befiel – war sie der einzige Grund? Oder gab es Übereinstimmung? Hierzu der Hochbetagte im Gespräch mit seinem Biographen: „Ein Nazi war ich nicht, aber auch kein Anti-Nazi."[71]

Bekanntlich wurde das Ermächtigungsgesetz mit den Stimmen aller bürgerlichen Parteien (gegen die Stimmen der Sozialdemokraten) durchgesetzt. Schon aufgrund seiner Herkunft und seiner bisherigen Erfahrungen neigte der „unpolitische" Dürckheim am ehesten Parteien der Rechten zu, ohne sich deswegen auf die Seite der Nationalsozialisten zu schlagen. Wie kam es dann doch dazu? Viele der allgemein bekannten Tatsachen machten es einem Akademiker wie ihm leicht, den neuen Staat als *seinen* Staat zu akzeptieren. So ging jener parlamentarisch herbeigeführten Ermächtigung der „Tag von Potsdam" (am 21. März 1933) voraus, an dem Hitler es verstand, in der traditionsreichen Garnisonskirche von Potsdam mit einer Verbeugung vor dem greisen Reichspräsidenten und ehemaligen Generalfeldmarschall Paul von Hindenburg die braune „nationale Erhebung" mit der soldatischen Tradition Preußen-Deutschlands zu verbinden – für den Weltkriegsoffizier Dürckheim zweifellos ein überaus respektabler Akt. Und wenn es im Mai desselben Jahres zur Verbrennung wissenschaftlicher und literarischer Werke als angeblich „zersetzend" und „entartet" kam, so konnte zwar der Vertreter einer auf Ganzheitserfassung ausgerichteten Philosophie und Psychologie darin eine gewisse Nähe zu eigenen Auffassungen sehen, die öffentliche

Bücherverbrennung aber selbst bei unkritischer Betrachtung kaum gutheißen. Und welchen Eindruck mag es schließlich bei dem katholisch getauften und protestantisch erzogenen Adeligen hinterlassen haben, daß der Vatikan mit der aufsteigenden Diktatur ein Konkordat abschloß und die größte evangelische Landeskirche seitens ihres preußischen Oberkirchenrates den sogenannten „Arierparagraphen" auf die getauften Juden unter ihren Gläubigen anwendete? Beides geschah ebenfalls 1933.

Dabei wollte Graf Dürckheim gar nicht um jeden Preis Hochschullehrer bleiben. Einerseits war ihm, obwohl er es offenbar verstand, Studenten zu begeistern, der akademische Betrieb im Grunde fremd, andererseits stand er der vorherrschenden Erkenntnistheorie und Wissenschaftsmethode in prinzipiellen Fragen skeptisch gegenüber. Ganzheitserfassung, die hohe Einschätzung des Gefühls, des Erlebnisses und der Intuition waren ihm wichtiger als eine quantifizierende, an Meßdaten sich orientierende Arbeitsweise. Sein ehemaliger Leipziger Lehrer der Psychologie, Felix Krueger, „wandte sich mit besonderer Deutlichkeit gegen die Versuche, von der Physik auf die Psychologie eine ihr fremde Idee der Exaktheit zu übertragen und das Seelische als eine Reihe summenhafter Verbindungen, verdichtet in allgemeine Assoziationsgesetzen, aufzufassen. Diese ‚exakte Psychologie', die sich etwas darauf zugute tat, ‚Psychologie ohne Seele' zu sein, war steril", so charakterisiert der in Innsbruck lehrende Philosoph Walter Del-Negro im Jahre 1942 die weltanschaulich gegensätzlichen Denkansätze seiner Zeit. „Die Psychologie ist Wissenschaft von der Ganzheit des Innenlebens. Mit dem Begriff der Ganzheit steht der der Gestalt, als der gegliederten Ganzheit, und der der Struktur, als der haltbaren Gliederung der Dauergeformtheit, in engstem Zusammenhange. Im Erlebnisganzen dominieren die Gefühle; das Gemüt, nicht der Intellekt, ist der zusammenhaltende Kern der Persönlichkeit. Die Gefühle sind das total Ganzheitliche, das in und an jedem Erlebnis vorzufinden ist ..."[72]

So berechtigt derartige Anschauungen als Korrektiv sein

mögen, so sehr waren und sind sie ideologisch mißbrauchbar; und aus diesem Grunde war bzw. ist das Ganzheitsdenken als solches desavouierbar. Während der Physiker Philipp Lenard, einer der wenigen im Dritten Reich zu Ansehen gelangten Nobelpreisträger, für eine „deutsche Physik" bzw. für eine „Physik der nordisch gearteten Menschen" eintrat, plädierte der Pädagoge Ernst Krieck für eine völkisch-politische Anthropologie als zentrierendes Kernstück der Wissenschaften. Denn „mit der Erkenntnis der rassischen und geschichtlichen Voraussetzungen schöpferischer Leistung in der Wissenschaft ist einer der Wege eröffnet zu einem neuen Welt- und Menschenbild, das unserem Werden und unserer Aufgabe gemäß ist, durch das alle einzelnen Wissenschaften miteinander wieder zur Einheit und Gemeinsamkeit des Sinnes, untereinander aber zu einer fruchtbaren Wechselwirkung kommen. Eine völkisch-politische Anthropologie im Mittelpunkt eines vom Leben her geschaffenen und gedeuteten Weltbildes gibt zugleich den Sammelpunkt ab für die zerstreuten Einzelwissenschaften, damit aus dem Chaos wissenschaftlicher Einzelerkenntnisse ein neuer Kosmos, ein neues System der Wissenschaften entsteht."[73] Diese Anthropologie solle an die Stelle der „bisherigen verbrauchten Philosophie" in den gemeinsamen Sinnmittelpunkt treten. Dürckheims langjähriger Freund Ferdinand Weinhandl bezog ebenfalls diese Position, indem er sich vor allem auf Meister Eckhart und Paracelsus, auf Jakob Böhme und auf Goethe als Metaphysiker berief. Weil er durch keine Stammbaumprobleme irritiert oder behindert war, stand seiner Verbeamtung und der Professur an der Universität Kiel nichts im Wege. Wie verschiedene Veröffentlichungen aus jenen Jahren zeigen, schwenkte er dann auch voll auf die vom NS-Staat geforderte Linie ein.

Man mag sich fragen, in welchem Maß dies geschehen sei und wie Dürckheims spätere Aussage: „Ein Nazi war ich nicht ..." zu bewerten sei. Bei Fragen wie dieser sind auch Einflüsse mitzuberücksichtigen, wie sie insbesondere durch die Lebensphilosophie sowie durch neuromantische Tendenzen in der Weltanschauung ausgeübt worden sind. Ihre Wurzeln reichen bis in die vorsokratische Philosophie zurück und gründen in der Überzeugung vom göttlichen Ursprung, zumindest von der Gottbezogenheit von Natur und Leben. Über Paracelsus und Böhme hat diese Anschauung durch die Romantik, namentlich über Rousseau, Hamann, Herder und Schelling, sodann über Schopenhauer nachhaltige Wiederbelebung erfahren. Nietzsche gab diesem Denkansatz die berüchtigte biologistische Note; der Jude Bergson und der antisemitisch tönende Klages, Wilhelm Dilthey und Oswald Spengler verliehen dieser Philosophie zeitgenössisches Profil: Das Erleben wird entdeckt. Dem statisch vorgestellten Sein steht ein dynamisches Werden gegenüber, der objektivierenden Denkform die subjektbetonende, der hypothetisierenden Methode eine phänomenologische. Ganzheitsdenken und Gestaltpsychologie, die Dürckheim gleichsam an der Quelle kennenlernen sollte, treten das geistige Erbe der Lebensphilosophie an. Das gesellschaftliche wie das politische Klima nach dem Ersten Weltkrieg bieten einen geradezu idealen Nährboden für ein Denken, das – wie angedeutet – der Zusammenschau und Ganzwerdung den Vorzug gibt vor analytisch-rationalen (bzw. rationalistischen) Bestrebungen. Angesichts antisemitischer Tendenzen konnte die „jüdische" Psychoanalyse geradezu als negatives Musterbeispiel dienen bzw. mißbraucht werden. Vor diesem Hintergrund schien der Nationalsozialismus vielen – übrigens auch im religiösen Bereich – die große Chance zu bieten, das in der Tradition der Lebensphilosophie veranlagte geistige Potential in gesellschaftliche Praxis umzusetzen, um den neuen Menschen zu sehen (Psychologie), den neuen Menschen zu formen (Pädagogik), den neuen Staat als Führungsmacht für die Durchsetzung dieser „nationalen Wiedergeburt" zu ermächtigen. „Es ist Zeitenwende", so verkündete der evangelische Theologe und Geistesgeschichtler, Hans Hofer, als er sein Weltanschauungsbuch 1933 im Stil der Zeit als „Volksausgabe" neu herausgab: „Die Zeit der Aufklärung mit ihren Idealen von Freiheit, Gleichheit, Demokratie, mit ihrem Rationalismus, ihrer Menschheitsverbrüderung, ihrer Überschätzung von Wissenschaft, Technik, Wirtschaft, Welthandel ist im Versinken. Eine neue Zeit zieht herauf, die das Gegenteil der Aufklärung will: nicht Freiheit, sondern Zucht, nicht Gleichheit, sondern Gliederung mit Über- und Unterordnung, nicht Demokratie, sondern Führertum, nicht Rationalismus, sondern Romantik, nicht utopische Menschheitsverbrüderung, sondern Volkstum, nicht zergliederndes Wissen, sondern unmittelbares, aus Gefühl und Herz dringendes Schauen ... Und wieder steht Deutschland in der vordersten Front des großen Kampfes, wie einst in der Reformation ..."74

So bedurfte es keiner Umwege, nicht einmal einer „Umkehr" nach rechts, um sich – zumal als Psychologe und Pädagoge – in die „Front" der „deutschen Erneuerung" einzufügen. Man war ja bereits eingegliedert, widrigenfalls wurde man „gleichgeschaltet", auch wenn man nicht Parteimitglied war.

Dürckheims Abschied von der Hochschule war indes aufgrund der genannten Tatbestände vorprogrammiert. Er vollzog sich Schritt für Schritt, und zwar nicht allein aus einer schicksalhaften Nötigung heraus. Es war auch Neigung im Spiel, starke Neigung, als Reichserziehungsminister Bernhard Rust (1883–1945), oberster Dienstherr des Dozenten für Psychologie an der Hochschule für Lehrerbildung in Kiel, Dürckheim Anfang Juni 1934 zu sich nach Berlin bestellte und die ebenso überraschende wie banale Frage stellte: „Sprechen Sie Englisch?" Darauf Graf Dürckheim: „Bis wann?" Antwort: „In sechs Wochen". Dürckheims militärisch knappes „Jawohl!" bedeutete die Zustimmung des Siebenunddreißigjährigen zu einer tiefgreifenden Wende im weiteren Lebensgang. Zwar dauerte die hauptamtliche Tätigkeit als Dozent in Kiel noch wenige Jahre fort, doch erhielt Dürckheims Tätigkeit eine völlig neue Zielrichtung. Zunächst stand eine pädagogisch-kulturpolitische Aufgabe im Vordergrund. Bernhard Rust, Reichserziehungsminister und zugleich preußischer Minister für Erziehung, Wissenschaft und Volksbildung, hatte Graf Dürckheim dazu ausersehen, das deutsche Reich bei einer internationalen Erziehungskonferenz zu vertreten, die von der New Education Fellowship in Kapstadt/Südafrika veranstaltet wurde. Aus diesem Grunde ging es unter anderem darum, das Schulenglisch innerhalb weniger Wochen aufzubessern, um für Referat und Diskussion einigermaßen vorbereitet zu sein. Zu diesem Zweck heuerte der Graf einen jungen Engländer als Lehrer an. Auf Anraten des Kieler Geographen Schmieder ließ er sich zudem den Auftrag für eine mehrwöchige Forschungsreise mit dem Thema „Das Deutschtum in Südafrika" erteilen. In der damaligen Südafrikanischen Union (Union of South Africa), einem Dominion des britischen Empire, lebten zu Beginn der dreißiger Jahre zwischen 35 000 und 40 000 Deutsche, bei einer Gesamtbevölkerung von 9,6 Millionen Einwohnern (1936). Davon zählten 2 100 Personen als Reichsdeutsche, unter ihnen 336 Mitglieder der NSDAP. Einige Organisationen im „Reich" kümmerten sich um die Belange der sogenannten Auslandsdeutschen, darunter der seit 1881 bestehende Volksbund für das Deutschtum im Ausland (VDA). Die NSDAP aktivierte ihrerseits eine Auslandsorganisation (AO).

Der Hinweis auf die NS-Bezüge ist hier notwendig, weil die Übernahme eines Auslandsauftrages während des Dritten Reiches, noch dazu wenn dabei internationale Repräsentationspflichten zu erfüllen waren, ohne eine relativ enge Zusammenarbeit mit Parteistellen praktisch gar nicht möglich war. Auch dann nicht, wenn der betreffende Repräsentant für sich einen geistigen Vorbehalt gemacht hätte, etwa nach dem Motto: Nach außen ein parteikonformer Volksgenosse mit „Heil Hitler!" und brauner Uniform, aber im Herzen ein „Unpolitischer", den das alles gar nicht interessiert ... Hinzu kommt, daß der Kieler Professor Graf Dürckheim als Dozent an einer „gleichgeschalteten" Pädagogischen Hochschule seinen Dienst nur in ständiger Fühlungnahme mit dem Nationalsozialistischen Deutschen Lehrerbund (NSLB) ausüben konnte, der im Inland wie im Ausland die Erziehungs- und Bildungsarbeit im Sinne der NSDAP koordinierte. In welch hohem Maße Dürckheim sich den Erwartungen seines Dienstherren wie der Partei anpassen konnte, läßt sich aus den reichlich erhaltenen Aufsätzen, Entwürfen und Manuskripten sowie aus zeitgenössischen Berichten über Dürckheims Auftritte bei Vorträgen und Tagungen ersehen. Wenn er den Auftrag des Reichsministers Rust, nach Südafrika zu fahren, annahm, dann bedeutete dies eine weitgehende Identifikation mit der NS-Kulturpolitik im Ausland. Der erwähnte Volksbund für das Deutschtum im Ausland war zwar viel älter als die von den NS-Machthabern und -„Sachwaltern" betriebene Agitationsarbeit. An den nationalsozialistischen Zielsetzungen bestand jedoch auch bei dieser Organisation kein Zweifel. Jedenfalls wachte man über deren unbedingte Loyalität zum Regime wie zur braunen Ideologie. Die deutschnationale Grundhaltung des Grafen und die durch das damals viel zitierte „Fronterlebnis" gegebene Gesinnung des ehemaligen Offiziers ließen bei ihm daher keinen Widerstandsgeist aufkommen. Eher gewinnt man den Eindruck, daß Graf Dürckheim zwischen „national" und „nationalsozialistisch" kaum unterschied, ein Verzicht auf Differenzierung, wie ihn auch die während des Krieges in Japan entstandenen Texte noch widerspiegeln.

Bedenkt man nun, welch hohen Stellenwert Dürckheims Initiatische Therapie dem Wesen der Wandlung im Prozeß der vollen Menschwerdung beilegt, so erscheint es legitim, darin das Leitmotiv dieses Lebens zu sehen und, soweit die Quellen es erlauben, die einzelnen Stationen und Faktoren in Karlfried Dürckheims Wandlungsprozeß sichtbar zu machen. Den dreißiger und frühen vierziger Jahren kommt dabei besonderes Gewicht zu; nicht nur weil dies die zwölf Jahre der NS-Herrschaft waren, sondern auch, weil sie überwiegend in Dürckheims drittes und viertes Lebensjahrzehnt fallen, die Zeit der Lebensmitte, in der Wandlung, wo sie nicht verweigert wird, konstelliert ist oder sich anbahnt.

Dürckheims bisher veröffentlichte persönliche Aufzeichnungen über diese Zeit, zum Beispiel in „Mein Weg zur Initiatischen Therapie"[75] erwecken den Eindruck, er sei als rassisch Diskriminierter lediglich ein Opfer des NS-Regimes gewesen. Hinsichtlich seiner Karriere als Hochschullehrer war er dies gewiß *auch*. Doch war er nicht nur ein Opfer, bei weitem nicht. Weshalb er die andere Seite seines Lebens und Tuns während der Zeit der braunen Diktatur so gut wie unerörtert läßt, sei dahingestellt. Aber wenn *Erlebnis und Wandlung* den Grundstoff dieser Lebensbeschreibung ausmachen, dann muß man den Anlaß zum Anderswerden, eben zur „Wandlung", biographisch zu erfassen suchen. Dann darf das Irren, das Versagen, selbst das Scheitern nicht ausgespart werden. Nur so läßt sich etwas von dem Resultat jenes Wandlungsgeschehens an sich und in seiner Beispielfunktion für andere auf dem initiatischen Weg begreiflich machen. Wie Dürckheim dieses große Thema umkreisend zum Ausdruck bringt, gibt es

das Wandlungserlebnis als Gnade und als Ausgangspunkt eines Heilsweges in einem allgemein menschlichen Sinn! So verständlich es auch ist, daß die Worte „Wandlung", „Gnade" und „Heil" im christlichen Raum nur im distinkten Sinn ihrer christlichen Bedeutung verstanden werden, so müssen wir doch davon Kenntnis nehmen, daß es solcherlei auch in einem weiteren Sinn gibt. Es gibt das alles auch in einer nicht im engeren Sinn christlichen, sondern in einer allgemeinen menschlichen Bedeutung: und zwar nicht nur für die nichtchristlichen Völker, sondern auch im Lebensraum des Christen! Es gibt echte Wandlung überall dort, wo es für den Menschen zur *Erfahrung eines übernatürlichen Seins* kommt, die den Sinn des Lebens um hundertachtzig Grad wendet und die Achse des Lebens aus der Mitte des *natürlichen* menschlichen Daseins in ein *übernatürliches* Sinnzentrum rückt.[76]

Was ist nun der geistig-weltanschauliche Ausgangspunkt, von dem aus Karlfried Graf Dürckheim als Hochschullehrer und als Vortragender in die frühen dreißiger Jahre hineintritt? In welchen Relationen sieht er in dieser Zeit den zu erziehenden Menschen? Welches Ziel bestimmt ihn dabei? – Als aufschlußreich erweist sich eine Reihe von Publikationen, vor allem wenn man sich seiner einstigen patriotischen Grundhaltung erinnert. Unter der Überschrift „Nationalerziehung und Lehrerbildung" formuliert Dürckheim 1932 Grundzüge seiner Bildungsauffassung:

Das Wesen eines Volkes ruht in der Eigenart seines art- und erdgebundenen Volkstums und in dem ihm eigenen Suchen nach Gott; es erfüllt sich im heroischen Gang seiner Geschichte, erscheint und verwirklicht sich in der Eigenart seiner Kultur und in den haltbaren Ordnungen seines Lebens. In dem Maße nur, als die Seele erfüllt und in der Richtung ihrer Kräfte geformt ist von der Gewalt sie übergreifender, weil urtümlich zu ihr gehöriger Bilder, fügen die von den Bildern her geformten Kräfte sich zu lebendiger Bildung. Und die deutsche Seele ist bereit zum hohen Bilde vom Reich der Deutschen.[77]

Dies zu wissen, fügt der Autor hinzu, tue insbesondere dem jungen Menschen der Gegenwart not. Damit seien die Faktoren genannt, die für seine Bildung maßgebend sein sollten.

Diese und ähnliche Äußerungen aus der Zeit vor Hitlers Machtergreifung weisen den Autor als einen Menschen aus, von dem man kaum kritische Distanz zur bereits in den zwanziger Jahren, gerade auch im Bildungsbereich, stark verbreiteten Volkstums-Ideologie erwarten konnte. Um so weniger kann daher verwundern, daß solche Auffassungen sich dann auch in Dürckheims Veröffentlichungen und sonstigen Äußerungen nach dem 30. Januar 1933 finden. So heißt es ein halbes Jahr danach, die „Vollendung der deutschen Revolution in der Universität" werde erst dann vollzogen sein, „wenn die ganze Universität im Dienst ihrer Ziele steht und wirkt". Von daher empfange sie den Charakter einer „politischen Universität". Ihr Ziel in Forschung und Lehre sei die „Erziehung zum politischen Menschen." Deutlicher noch: „Grundlage aller Erziehung bildet die Wehrerziehung", wie sie sich im bündischen Leben, im Wehrsport und in der SA darstelle.[78] Und im Deutschen Adelsblatt vom 29. April desselben Jahres über die nationale Aufgabe der Schule: „Die Schule ist ein Organ des Volkes und ein Instrument des Staates. Ihre Aufgabe ist Dienst in der Nation durch Bildung zum Volk und Erziehung zum Staat." Immer wieder begegnet man dem Gedanken, der Mensch müsse „den Bindungen des Blutes und der Erde" treu bleiben. Bildung müsse also bedeuten: „Bildung zur Nation", und Formprinzip sei der „Lebenswille der Nation". Im übrigen habe die deutsche Revolution bereits das Gesicht der Schule verändert, denn: „die sozialistisch-marxistische Lehrerschaft hat ausgespielt. Die Führung in den Lehrkörpern ist heute schon in den Händen der national Gesinnten." Dies traf im

Frühjahr 1933, als der Beitrag erschien, bereits weitgehend zu. Im übrigen enthält er in der Substanz nichts, was nicht auch der deutschnational und deutschvölkisch eingestellte Teil der Lehrer- und Hochschullehrerschaft bereits in der Weimarer Zeit vielfach geäußert und publiziert hatte. Jedoch beginnt sich bei Dürckheim – wie bei vielen Gleichgesinnten – der Unterschied zwischen der ihm von Jugend auf vertrauten vaterländisch-nationalen Einstellung, mit der er als Freiwilliger in den Ersten Weltkrieg gezogen war, und dem plump völkischen Vokabular der NS-Ideologie schon bald zu verwischen. Wesentlich für die Würdigung dieses Abschnittes in Dürckheims Lebensgang wird sein, ob und wieweit dies in der Folge auch auf inhaltliche Positionen zutreffen sollte.

Auch bei Versammlungen im akademischen wie auch im außerakademischen Raum ergriff Dürckheim in diesem Sinne das Wort, so zum Beispiel am 11. Juni 1933, wobei er laut Versammlungsbericht den Dienst im SA-Verband und im Lager als Beiträge zur Charakterbildung des Mannes bezeichnete. Und im amtlichen Organ des NS-Lehrerbundes Gau Schleswig-Holstein vom 18. November 1933 heißt es in dem von Dürckheim verfaßten Leitartikel „Von der Einheit des Lehrstandes im neuen Staat":

Das Grundgeschenk der nationalsozialistischen (sic!) Revolution: dies alle Berufe und Stände übergreifende Erlebnis des gemeinsamen Wesens, des gemeinsamen Schicksals, der gemeinsamen Not, der gemeinsamen Hoffnung, des gemeinsamen Führers, diese Grundergriffenheit des deutschen Menschen durch das, was ihn mit seinen Volksgenossen verbindet, *das* ist der lebendige Grund aller Einigungsbewegungen und -bestrebungen.[79]

Von daher ergebe sich dann auch ein „neues Wertbewußtsein", ein „neues Werkbewußtsein". All das ziele auf die „Wandlung des Bildungsbegriffes". Er sei gebunden an einen konkreten Wert, nämlich an das „auf Deutschland verpflichtete Gewissen". Bildung, zumal Lehrerbildung lasse sich demzufolge auf die knappe Formel eines einzigen Wortes bringen: „Deutschland". Alles scheint ungemein schlüssig zu sein ...

Was die Lektüre derartiger Texte aus der Feder Graf Dürckheime so beklemmend macht, das ist u. a. die Tatsache, daß ihm als „Nichtarier" der volle Status eines deutschen „Volksgenossen" in diesem NS-Reich ja gar nicht zugebilligt wurde, dessen Revolution er wie ungezählte andere Wohlmeinende, jedoch die Realitäten Verkennende emphatisch begrüßt hat! Die Einsicht in Zusammenhang und Konsequenz des Nationalsozialismus wie seiner eigenen Einstellung muß ihm, offensichtlich über mehrere Jahre hinweg, gefehlt haben. Selbst als sich in den folgenden Jahren für Dürckheim persönliche Konsequenzen abzuzeichnen beginnen, z.B. in Gestalt der Einschränkung seiner beruflichen Möglichkeiten, ist von einer inneren Kurskorrektur noch nichts zu spüren. Die „Wandlung" ließ noch lange auf sich warten. Aber eine neue, über die Grenzen des Reiches hinausweisende Perspektive hat sich ergeben. Auf einer großen Ostlandtagung des VDA im ostpreußischen Königsberg, auf der auch Erziehungsminister Rust, der oberste Dienstherr des Kieler Professors, spricht, hält Dürckheim am 8. Juni 1935 eine Rede, in der auch imperialistische Töne mitschwingen: „Das Übersee-Deutschtum erlebt heute wohl in stärkerem Maße als alle anderen deutschen Volksgruppen in der Welt, daß die Geburtsstunde des nationalsozialistischen Deutschland zugleich die Geburtsstunde des deutschen *Weltvolkes* (!) war."[80] Wohl sei man frei von imperialistischen Gelüsten, aber NS-Deutschland erwarte, daß die Volksdeutschen im Ausland „als loyale Bürger ihres Staates unverbrüchlich ihrem Volkstum die Treue" halten. Geboten sei daher der „Dienst am Kernland, am Reich"; es gehe um die Revolution „im Dienst der volksdeutschen Aufgabe in der Welt, besonders in Übersee".

Wenige Wochen vor dieser Rede hatte Graf Dürckheim seine Kieler Lehrtätigkeit mit einem ganz andersartigen Dienstauftrag vertauscht, der ihn nach Berlin, ins Zentrum der Macht, führte: Er war Mitarbeiter im „Büro Ribbentrop" geworden, einer halbamtlichen, jedoch der NSDAP unterstellten bzw. an ihr orientierten Organisation des späteren Reichsaußenministers Joachim von Ribbentrop. Vor allem kann Dürckheim auf jener Ostlandtagung des VDA bereits mit ersten Übersee-Erfahrungen aufwarten, gesammelt auf einer Agitations- und Studienreise nach Südafrika. Da handelt es sich um den bereits erwähnten Auftrag von Minister Rust, Deutschland auf der internationalen Erziehungstagung der New Education Fellowship in Südafrika zu vertreten. Der später von Graf Dürckheim erstellte Bericht über die gesamte Reise im Sommer und Herbst 1934 spricht von der „Erforschung der kulturpolitischen, insbesondere auch schulpolitischen Lage des Deutschtums in Südafrika, in Durchführung des von dem Herrn Reichs- und Preußischen Ministers für Erziehung, Wissenschaft und Volksbildung am 6. Juni 1934 erteilten Auftrags".[81]

Insgesamt nahm die Reise etwa ein halbes Jahr in Anspruch. Die Überfahrt, die bereits Ende Mai begann, erstreckte sich über etwa vier Wochen. Deshalb und vor allem, weil Dürckheim für seine Familie alles genau festhalten wollte, sind viele Seiten des z. T. minutiös geführten Tagebuchs mit Begebenheiten, Gesprächen, Eindrücken, auch Selbstreflexionen gefüllt, die großenteils nur am Rande des „Forschungsauftrags" liegen. Ausreise vom Hamburger Hafen aus, am 29. Mai 1934: „Die großen, schwarzen Schuppen am Petersen-Kai; die lange Reihe; es riecht nach Teer, nach Teer und See ..." Da ist auch schon ein erster zeittypischer Eindruck festgehalten. Bei der Gepäckabfertigung trifft er eine große jüdische Familie mit Großmutter, dem Ehepaar und dessen Söhnen: „Nach Südafrika auswandern", also Emigranten, die Deutschland fluchtartig verlassen. Und Dürckheims Kommentar im Tagebuch: „So – ha! Da ist Haß drin und Gefühl der Befreiung. Wieder ein neuer Giftherd gegen Deutschland draußen" Die eigene jüdische Großmutter scheint vergessen – oder: verdrängt? – zu sein. Tags darauf in Bremen. Hier und an mehreren anderen Häfen legt das Schiff an, wodurch die Dauer der Reise bedingt wird. Es ist Zeit für einen Besuch in der alten Hansestadt, dann in der Kabine Arbeit an der Kongreßfestschrift über das Thema „Gemeinschaft". Zwei Tage später ist Antwerpen erreicht. Diesmal schließt der „Landgang" eine Autofahrt über Meckeln und Löwen nach Brüssel mit Stadtbesichtigung ein.

Zwischenhinein die private Notiz am 3. Juni: „Heute vor elf Jahren! Der 3. Juni in Weimar. Enja – unser Tag! Glucklich alle, die auf elf Jahre so gemeinsamen Weges zurückschauen dürfen." Begeisterten Notizen über die Schiffsreise – „Herrliche Fahrt durch die Biskaya" – folgen eingehende Berichte über den Tagesablauf an Bord. Andererseits zeigt das Tagebuch aber auch, wie der Vertreter Deutschlands seine tägliche Vorbereitung auf die kulturell-wissenschaftliche Seite seines Auftrags begann: „Um halb acht sitze ich an meinem Schreibtisch und lese erst mal mindestens eine halbe Stunde im „Mein Kampf"; das gibt die Einstellung für den Tag ..." Ideologische Morgengymnastik im Hinblick auf Südafrika oder persönliches Bedürfnis? – aus heutiger Sicht jedenfalls kaum nachzuvollziehen.

Man erreicht Las Palmas und geht am 11. Juni an Land. Als Afrika in Sicht kommt, heißt es: „Das erste: Tiefe, Größe – eine neue Luft, ein anderer Geruch, ein ganz anderer Geruch, Landluft, aber ein besonderes Land. Bergzüge, darüber wie eine Gebirgskette eine Wolkenwand." Dürckheim hat auf dieser und auf späteren Reisen eifrig fotografiert, doch sind diese Bilddokumente, durch die der Text zu ergänzen wäre, im Bombenkrieg verlorengegangen. Dann die Notiz: „Die Schwarzen, das ist ein großer, unvergeßlicher Augenblick, als diese fremdartigen, aber wiederum in sich einheitlichen Wesen da sind." Endlich gewinnt der Leser dieser Aufzeichnungen den Eindruck, der Protokollant gebe sich dem, was sich da zeigt, ganz hin, unverstellt durch rassepolitische Voreingenommenheiten.

Am 25. Juni ist Walfischbay erreicht, die Stadt Swakopmund. Dürckheim, der sich ganz persönlich als Abgesandter des „neuen Deutschland" versteht, gibt dies seinen Reisebegleitern und Gastgebern auf vielerlei Weise zu erkennen, auch wenn Skepsis oder Ablehnung jenem „neuen Deutschland" gegenüber laut wird. Nach einem Gespräch mit einem solchen Skeptiker notiert er im Tagebuch: „... Als ich ihm vom neuen Menschen sprach, von dem, was wir unter einem Nationalsozialisten verstehen, von Volksgemeinschaft in der SA, von der Arbeit der Frauenschaft, – wurde er immer ruhiger ...

Es war ein hartes Ringen. Aber ich habe das Gefühl am Schluß, der Mann wird nicht mehr so leicht gegen den Nationalsozialismus schimpfen, geschweige denn etwas gegen ihn unternehmen."

Ende Juni ist Kapstadt erreicht. Die Kontakte mit dem Konsul, mit den örtlichen Parteigrößen und den Gastgebern gestalten sich überaus befriedigend. Am 23. Juli spricht der deutsche Professor über „Bindung und Freiheit im neuen Deutschland". Wieder steht der „neue Mensch" im Mittelpunkt, deutlich abgehoben gegen den bürgerlichen und individualistisch eingestellten Menschen. „Ich sage, was Gliedschaft ist, im echten Sinn. Es ergreift mich die Sache mehr und mehr." Sein Vortrag vor den Delegierten sei deshalb als so interessant empfunden worden, weil er gerade das Gegenteil dessen gesagt habe, was als Standpunkt der internationalen Fellowship gilt – keine Frage: die internationale bzw. internationalistische Position steht im Widerspruch zu nationalistischen Zielsetzungen in Erziehung und Menschenbildung. „Es ist eine große Zeit für mich und ich bringe viel mit", schreibt Karlfried Dürckheim aus Johannesburg an seine Frau Enja in Kiel. Vorträge, Interviews, Empfänge, Begegnungen aller Art wechseln ab. Für den Besucher aus dem Reich werden verschiedene Fahrten durchs Land arrangiert. Eingeplant ist auch ein Besuch im Nationalpark. Der einstige leidenschaftliche Jäger registriert den reichen Wildbestand: Löwen, Giraffen, Zebras. Fahrten durch den Busch, Blicke in Eingeborenen-Reservate. In Prätoria erfährt Dürckheim vom Tod des deutschen Reichspräsidenten Paul von Hindenburg, der am 2. August 1934 im Alter von knapp 87 Jahren starb. Die alsbald anberaumte Gedächtnisfeier ist für den reichsdeutschen Gast eine willkommene Gelegenheit zu einem weiteren Vortrag. Ganz im Stil der Zeit wird er mit dem Deutschland- und dem Horst-Wessel-Lied „Die Fahne hoch, die Reihen fest geschlossen" beendet. Das ist auch bei anderen Auftritten Dürckheims die Regel und wird von ihm eigens vermerkt. Überhaupt ist er beeindruckt, wie ihm das „Deutschtum im Ausland" hier in Südafrika immer wieder begegnet: „Die besten Leute hier sind die, die sich um die Partei gruppieren ..." Für erwähnenswert hält er auch, daß selbst Leute, die nur gebrochen Deutsch sprechen, sich mit „Heil Hitler!" begrüßen.

Wichtig werden für Dürckheim verschiedene Exkurse in die Wohngebiete der eingeborenen Zulus. Hingerissen notiert der Afrika-Fahrer am 28. August (Goethes Geburtstag):

Ein Märchenland in jeder Hinsicht! Die Landschaft ist von unbeschreiblicher Großartigkeit. Durch die Weite unberührter Natur, die einen allenthalben umgibt. Es ist ein Land der Berge. Die Halden werden eben grün. Tausend Wege, die das Wasser großer Regen sich bahnte, durchziehen, Adern gleich, die weiten Hänge. Sanfte, weiche Linien wechseln mit schroffen Kanten. Ab und zu liegt ein hoher Inselberg im Gelände, und immer wieder überrascht ein Blick in ein gewaltiges Tal, gewaltig wirkend wegen der Unberührtheit des Ganzen. Hier und dort schlängelt sich Buschwerk durch die Täler. Später gehen Stücke unzugänglichen Urwaldes bis an die Straße. Ab und zu fesselt ein gewaltiger Stein, ein einzelner Kakteenbaum oder eine große Pinie den Blick. Von Menschen ist oft lange nichts zu sehen. Doch ab und zu sieht man an den Hängen, kleinen Erdhaufen gleich oder Pilzen ähnelnd, die Hütten der Zulus, runde Hütten aus Stroh, rund allesamt und im Kraal vereinigt.

Ehe die „Forschungsreise" zu Ende geht, sind noch einige Auftritte und Vorträge, so am 9. September in Bloemfontain, zu absolvieren, jeweils abgeschlossen mit Deutschland-Hymne und Horst-Wessel-Lied als Ausdruck der Verbundenheit mit dem Reich. Auch ein Besuch in einem ehemaligen Konzentrationslager, das einst die Engländer im Burenkrieg errichtet hatten, ist noch eingeplant. Einige tausend Menschen sollen dort umgekommen sein – im Jahre 1934 eine Ungeheuerlichkeit, vor allem weil sie auf das Schuldkonto der Engländer geht ... Doch alles in allem überwiegt bei Dürckheim die Genugtuung über die ertragreiche Südafrika-Reise, die im Oktober 1934 zu Ende geht. Mit Genugtuung wird auch im Tagebuch festgehalten, wie die auslandsdeutschen Zuhörer den Vortragenden da und dort empfunden haben. Einer gesteht: „Ich wollte Ihnen nur sagen, daß ich heute zum ersten Mal begriffen habe, was der Nationalsozialismus will." Darauf Dürckheims Kommentar: „Es ist eigenartig, es ist vielleicht dieses Ausgehen und Beharren auf den Forderungen, die der Nationalsozialismus an den inneren Menschen stellt, das diese Menschen hier so ergreift." Macht dies Verständnis bzw. Mißverständnis nicht Dürckheims eigene Ergriffenheit und seine Begeisterungsfähigkeit aus in dieser, wie auch er meint, „großen Zeit"? Wie ein Schlußwort zum Ende der Südafrika-Reise mutet der Satz an, den Dürckheim nach einem seiner letzten Vortragsabende notiert: „So konnte ich ... das dankbare Gefühl haben, wieder einen kleinen Stein zum großen Bau gefügt zu haben ..."

In diesem Oktober ist Karlfried Graf Dürckheim 38 Jahre alt geworden. Noch läßt sich nicht absehen, welche Wege und Umwege ihm bevorstehen, bis er seines eigentlichen Weges bewußt wird.

In Ribbentrops Diensten

Die Reise nach Südafrika bedeutete für Graf Dürckheim eine Weichenstellung besonderer Art. Seine bisherige akademische Tätigkeit trat von da an weitgehend zurück. An ihre Stelle trat für den Kieler Professor für Philosophie und Psychologie eine Aufgabe, für die er durch seine Berichterstattung über die „Forschungsreise" besonders prädestiniert schien. Dieser Meinung war zumindest Rudolf Heß. Damit wurde die oberste Parteiführung auf den Grafen aufmerksam. Ihm, dem „Stellvertreter des Führers", wurde der Südafrika-Bericht vorgelegt. Als Geopolitiker aus der Schule des Münchner Professors Karl Haushofer kümmerte Heß sich seitens der NSDAP um die Belange des Deutschtums im Ausland. Zu dieser Zeit (1934/35) war die politische Unterordnung des gleichnamigen Volksbundes (VDA) noch nicht endgültig vollzogen.

Rudolf Heß hatte also an Dürckheims Bericht über die Südafrikareise, auf den später noch genauer einzugehen sein wird, Gefallen gefunden und daher Joachim von Ribbentrop auf den für einschlägige diplomatische Dienste verwendbaren Professor aufmerksam gemacht. Ribbentrop war zu diesem Zeitpunkt noch nicht bis zu den oberen Sprossen seiner Karriere gelangt. Er galt als Hitlers außenpolitischer Berater und wurde seit 1933 mit kleineren diplomatischen Aufträgen betraut. In einer gewissen Konkurrenz zum Auswärtigen Amt – erst 1938 wurde Ribbentrop Reichsaußenminister – unterhielt er im Auftrag der Partei die sogenannte „Dienststelle Ribbentrop" und verfügte über einen wachsenden Stab von Mitarbeitern. Diesen galt es durch Persönlichkeiten zu ergänzen, die einerseits über eine gewisse internationale Reputation verfügten, andererseits aber auch dem nationalsozialistischen Staat gegenüber loyal waren. Alles sprach für Graf Dürckheim: er schien in jeder Hinsicht „vorzeigbar". Die jüdische Großmutter konnte dem Ausland gegenüber, zunächst jedenfalls, sogar als zusätzliche Empfehlung gelten.

Am 17. April 1935 empfing Ribbentrop Graf Dürckheim und erläuterte ihm gewisse Gesichtspunkte der Außenpolitik Hitlers, vor allem weshalb er Leute brauche, die sich in den Dienst der „Freundschaft mit England" zu stellen bereit sind, die über eine gewisse Unabhängigkeit verfügen und „nichts werden wollen" (bei Dürckheim hätte es heißen müssen: aufgrund ihres Stammbaumes im „neuen Deutschland" nichts werden *können* ...).

Graf Dürckheim ging auf das Angebot Ribbentrops ein. Er fand die neue Arbeit offensichtlich viel attraktiver als die universitäre Lehrtätigkeit, wohl nicht zuletzt, weil sie mit vielfältigen Reisen und mit interessanten gesellschaftlichen Kontakten verbunden war. So zog er mit seiner Frau Enja nach Berlin, wo sie in der Nähe des Tiergartens eine Wohnung nahmen. Das Büro der Dienststelle des „außerordentlichen und bevollmächtigten Botschafters des deutschen Reiches" - so Ribbentrops damaliger Status, ehe er Botschafter in London, dann Reichsaußenminister wurde - war in der Wilhelmstraße Nr. 64. Es handelte sich (1934/35) um eine Behörde mit ca. 33 Mitarbeitern in neun Referaten. Dürckheim, der offiziell ab 1. Juni 1935 angestellt war, praktisch aber schon einen Monat zuvor mit der Arbeit in Berlin begann, erhielt ein Anfangssalär von 1000 Reichsmark monatlich, was damals dem Gehalt eines Regierungsbeamten in verantwortlicher Stellung entsprach. Er betreute das Referat England und Übersee, zuerst zusammen mit einem Kollegen, dann selbständig. Als die Dienststelle 1937 neu organisiert und auf rund 100 Mitarbeiter aufgestockt wurde, leitete er das Hauptreferat X selbständig und galt als England- bzw. als Übersee-Experte. Fragen, die das deutsche Volkstum im Ausland betrafen und dessen Gleichschaltung mit der NSDAP zum Ziele hatten, beschäftigten ihn in der neuen Tätigkeit von Anfang an. Schon seine Südafrika-Berichterstattung schien ihn in den Augen seiner Dienstherren für diese Aufgaben zu qualifizieren. Rudolf Heß hatte ihm gemäß einer Verfügung vom 16. Juli 1935 entspregehende Kompetenzen zugewiesen. Insofern unterstand er in dieser Funktion in der Dienststelle Ribbentrop auch dem Stellvertreter des Führers. In dieser Hinsicht war er zwei anderen Organisationseinheiten nebengeordnet, nämlich dem VDA unter der Referatsleitung von Hans Steinacher sowie der Auslandsorganisation (AO) der Partei unter Führung von Ernst Wilhelm Bohle, der den Rang eines Gauleiters der NSDAP bekleidete und 1937 zum Staatssekretär aufstieg.

So war Graf Dürckheim in der Dienststelle neben den England-Aufgaben mit solchen der deutschen Kolonialpolitik betraut, an denen Joachim von Ribbentrop schon im Blick auf seine persönlichen Karriere-Ziele selbst interessiert war. Hier erinnert man sich, wie Dürckheims Großvater, der weitgereiste preußische Gesandte Heinrich von Kusserow, sich einst um die Schaffung deutscher Kolonien für das kaiserliche Deutschland eingesetzt hatte! Erwähnenswert ist ferner, daß Graf Dürckheim im Zusammenhang seiner Auslandsaufgaben mit seinem früheren Regimentskommandanten Franz Ritter von Epp erneut in Kontakt kam. Epp, der inzwischen zum Reichsstatthalter des Führers in Bayern avanciert war, oblag es unter anderem, die verschiedenen kolonialpolitischen Aktivitäten im Sinne der Unterordnung unter die Zielsetzung der NSDAP voranzutreiben.[82] Graf Dürckheims Stellung war somit alles andere als die Brotarbeit eines „unpolitischen" Hochschullehrers. Im Auftrag Ribbentrops kontrollierte er, wie der Historiker Klaus Hildebrand bemerkt, alle kolonialen Publikationen in Literatur und Presse, und in seiner Untersuchung über die nationalsozialistische Außenpolitik stellt H. A. Jacobsen fest, Graf Dürckheim habe seit 1935 „zum engeren braintrust Ribbentrops" gehört.[83]

Nach dem Persönlichkeitsbild, das wir bisher von Karlfried Dürckheim gewonnen haben, darf angenommen werden, daß der Graf an der diplomatischen Arbeit keinen Gefallen gefunden hätte, wenn sie nicht für ihn auch menschlich befriedigend und reizvoll gewesen wäre. Es mußte sich um eine Tätigkeit handeln, die seinem starken Bedürfnis nach Begegnung mit Menschen sowie seinem Verlangen entsprach, mit aller

Eindrücklichkeit Neues zu erleben und auf diese Weise neue Erfahrungen zu machen. All das kam seinem – zumindest damals deutlich ausgeprägten – extravertierten Einstellungstyp in hohem Maße entgegen. So gibt es mancherlei Belege für seine Fähigkeit zu guten zwischenmenschlichen Beziehungen. Die Zusammenarbeit mit Ribbentrop bezeichnete er selbst als vertrauensvoll. Seine ihm untergebenen Mitarbeiter schätzten ihn: „Man konnte auch mal persönliche Dinge mit ihm besprechen. Er erwies sich als behutsam und fürsorglich seiner schwer erkrankten Frau gegenüber. Er war ein echter Gentleman", rühmt Cordula Jungkunz-Nobiling, die ihm als Dolmetscherin und Sekretärin zuarbeitete.[84] Gleich am Anfang seiner Tätigkeit in der Wilhelmstraße begleitete er Ribbentrop nach England. Als Sonderbotschafter fungierte dieser 1935 bei den deutsch-englischen Flottenverhandlungen. „Von dort zurückgekehrt wurde ich zum ersten Mal Hitler vorgestellt. Ich erinnere mich genau, es war zur Zeit einer ‚Meistersinger'-Aufführung in Hamburg. Und ich weiß noch, wie wir nach der Aufführung zum Abendessen gehen wollten. Aber Hitler ließ warten mit der Bestimmung: Das Abendessen beginnt erst, wenn die Primadonna zugegen ist."[85] – Noblesse eines Diktators.

Wie Graf Dürckheim berichtet, war er während seiner Tätigkeit in der Dienststelle Ribbentrop sehr oft in England, vielleicht zwanzigmal in den anderthalb Jahren:

Ich hatte den Auftrag zu berichten, was die Engländer über den Nationalsozialismus denken. Dabei lernte ich viele interessante Leute kennen, angefangen beim König – 1936 war es Eduard VIII. – Winston Churchill, der seinerzeit, also zwischen 1929 und 1939 ohne politisches Amt war, aber als einflußreich zu gelten hatte, Duff Cooper, der Zeitungsmagnat William Maxwell Beaverbrook, ebenfalls ein Konservativer, Inhaber des politisch wichtigen ‚Evening Standard'. Man hatte mir somit gute Adressen gegeben und mich mit Empfehlungen versehen. Ich verkehrte im angesehenen Athenäum-Club. Ein Freund hatte mich dort eingeführt. Ich wohnte im Club und aß dort. Das Leben in dem alten englischen Herren-Club war für mich sehr aufschlußreich, denn gerade dort lernte ich für meine Arbeit wichtige Leute kennen. Alle meine Telefonate machte ich ebenfalls von hier aus, damit die englische Geheimpolizei es leicht hatte, meine Schritte zu verfolgen, mich im übrigen aber in Ruhe ließ. Mein Auftrag war ja in keiner Weise verfänglich.[86]

Unnötig zu sagen, daß Dürckheim alle diese Beziehungen nicht nur benützte, um Informationen zu erhalten, die Stimmung der Engländer zu Hitler-Deutschland zu erkunden, sondern auch für dieses „neue Deutschland" Stimmung zu machen. Jedenfalls war Dürckheim schon aufgrund seiner Position in der Dienststelle eine Art profilierter V-Mann, dessen Berichte, die mündlichen wie die schriftlichen, in den Nachrichtenpool des Büros Ribbentrop, später in den des Außenamtes einmündeten und dort verarbeitet wurden.[87] Das gute Einvernehmen mit seinem Chef, der 1936 als Botschafter nach London ging, schien eine langfristige Tätigkeit dieser Art zu gewährleisten. Doch die Entwicklung sollte einen ganz anderen Verlauf nehmen. In der Berliner Dienststelle scheint es Usus gewesen zu sein, daß bei Neueinstellungen von Mitarbeitern die bereits vorhandenen ihre Bekannten je nach Eignung für diese Zwecke vorschlugen. Auch Dürckheim machte es so. Er beorderte einige seiner ehemaligen Schüler nach Berlin und verschaffte ihnen diverse Funktionen, zum Beispiel als Adjutanten in den Amtsstuben der Wilhelmstraße.

Doch da trat plötzlich eine Wende ein. In seiner Funktion als Englandexperte war Dürckheim überflüssig geworden, als sich die deutsche England-Politik 1936 umorientierte. Auch entsann man sich, daß der Graf, der sich hin und wieder in Parteiuniform zeigte, als Nichtarier zu gelten hatte. Angeblich soll Hermann Göring darauf aufmerksam gemacht haben. Wie auch immer, Joachim von Ribbentrop konnte Dürckheim nicht länger halten. Offiziell erlosch seine Mitarbeit in der Dienststelle am 31. Dezember 1937. Tatsächlich muß aber der Kontakt mit Ribbentrop weiterhin aufrecht erhalten worden sein, denn dieser gab zu erkennen, daß er den für außenpolitische und kulturdiplomatische Aufgaben so begabten Mann weiterhin beschäftigen wollte. Das geschah dann auch. Wenn Graf Dürckheim in seinen autobiographischen Aufzeichnungen die Tatsache kurz erwähnt, daß er um 1936 „politisch untragbar" geworden sei[88], weshalb er unter dem Motto „möglichst weit weg" einen neuen Auftrag bekommen sollte, so muß man auch die weltpolitische Konstellation mitberücksichtigen. Und zwar trat Japan zu eben diesem Zeitpunkt stärker ins Blickfeld der deutschen Außenpolitik. Im November 1936 schlossen sich Deutschland und Japan im sogenannten Antikominternpakt gegen den gemeinsamen ideologischen Gegner, die Sowjetunion, zusammen. Italien trat alsbald in dieses Bündnis ein. Die schon in Hitlers „Mein Kampf" projektierte „Eroberung neuen Lebensraums" wurde zu einem vordringlichen Ziel deutscher Außenpolitik erklärt. Weitgesteckte Expansionspläne verfolgte und verwirklichte auch das kaiserliche Japan. Wie man aufgrund des sogenannten Hoßbach-Protokolls von der Führerkonferenz im November 1937 weiß, enthüllte Hitler jetzt auch seine kriegerischen Eroberungsvorhaben. Und in diesem weiteren historischen Kontext ist Dürckheims neuer Dienstauftrag zu sehen. Er sollte darin bestehen, die geistigen Grundlagen der japanischen Erziehung zu erforschen. Ähnlich wie schon in Südafrika dürfte es sich auch hierbei nicht um einen reinen „Forschungsauftrag" gehandelt haben. Jedenfalls sollte Dürckheims Leben und Tun in Japan bis Kriegsende von dem 1940 zwischen Deutschland, Italien und Japan abgeschlossenen sogenannten „Dreimächtepakt" überschattet sein, der den Zweck verfolgte, die (kriegerischen) Operationen zur „Neuordnung in Europa und Ostasien" wechselseitig zu unterstützen. Dazu brauchte man „nützliche" Propagandisten vor Ort.

Was nun Japan angeht, so war sein Expansionsdrang, von den dreißiger Jahren aus betrachtet, seit einem halben Jahrhundert deutlich zu verfolgen. Korea war dem Kaiserreich einverleibt. Der russisch-japanische Krieg (1904/05) hatte große Teile der Mandschurei unter japanischen Einfluß gebracht; durch deren Besetzung Anfang der dreißiger Jahre wurde er noch verstärkt und ausgedehnt. Der chinesisch-japanische Krieg (ab Sommer 1937) leitete – jedenfalls für Ostasien – den Zweiten Weltkrieg ein. Japan gelang es, die für China wichtigen Hafen-

Städte an der Ostküste zu erobern sowie beträchtliche Teile des östlichen China unter seine Kontrolle zu bringen. Es erhob den Anspruch auf die Vormacht über das „Reich der Mitte" in militärischer, wirtschaftlicher und auch kultureller Hinsicht. Das entsprach den Hegemonie-Bestrebungen im Fernen Osten. Die „neue Ordnung Ostasiens" (Japan's New Order in the East), die Japans Ministerpräsident Konoye im Dezember 1938 als Leitlinie der japanischen Außenpolitik proklamierte, hatte damit nicht allein einen „realpolitischen" Inhalt. Sie entsprach in Ostasien mit Einschluß der südostasiatischen Inselstaaten dem, was Hitler-Deutschland für den Westen anstrebte. Graf Dürckheims erste Japan-Reise fiel damit in eine entscheidende Phase des chinesisch-japanischen Krieges, nämlich in jene, in der die Truppen des Tenno – seit 1926 regierte Kaiser Hirohito – auf dem chinesischen Festland rasch an Boden gewannen, ohne freilich die (National-)Chinesen unter Tschiang Kai-schek und die ihm zeitweilig angeschlossenen chinesischen Kommunisten ausschalten zu können.

Erstmals in Japan

Im Sommer 1938, zwischen dem „Anschluß" Österreichs an das Deutsche Reich und der sogenannten „Sudetenkrise", bei der Europa kurze Zeit am Rande des Krieges stehen sollte, wird Graf Dürckheim erneut zu einer Auslandsmission entsandt, diesmal nach Japan. Dies geschah nicht nur, weil er, nach Erlaß der massiv antijüdischen „Nürnberger Gesetze" vom September 1935, als Nichtarier „politisch untragbar" geworden war, sondern auch aufgrund des schon erwähnten Berichts über seine Südafrikareise „Erfahrungen in der Auslandsarbeit im Dienste der deutschen Erziehung", mit dem er sich seinen Dienstherren, dem Reichsaußenminister von Ribbentrop und dem Erziehungsminister Rust, für einen solchen Auftrag empfohlen hatte.[89] Das Manuskript ist zwar nicht datiert, es muß aber vor Mitte 1938 geschrieben worden sein, denn der Autor zieht darin eine Bilanz seiner bisherigen Aktivitäten. Dabei erfährt man, daß er nicht nur über die erwähnten Südafrika- und England-Erfahrungen verfügt, sondern als Mitarbeiter der Dienststelle Ribbentrop „unter anderem" (!) auch Frankreich, Italien, Belgien und Dänemark bereist hat. Und so lautet das Ergebnis:

Aufgrund dieser Erfahrung gewann ich die Überzeugung, daß Deutschland in der Gesamtheit der nach Millionen zählenden Volksgenossen aus dem Reich, die jährlich mit Ausländern in Berührung kommen, ein Instrument besäße, das außerordentliche Dienste im Kampf um seine Weltstellung leisten könnte, wenn diese Volksgenossen für die besonderen Aufgaben, die ihnen jeglicher Verkehr mit Ausländern tatsächlich stellt, auch nur einigermaßen vorbereitet und einheitlich erzogen wären.

Propaganda für das nationalsozialistische Deutschland durch die Deutschen im Ausland? – Dürckheim wurde klar, „daß alle, die in Deutschland als Erzieher tätig sind, vor allem selbst erfüllt sein müßten von den großen Problemen und Aufgaben, denen Deutschland als werdende Weltmacht gegenubersteht." Und von daher (!) begründet er die Notwendigkeit einer Erziehung der Auslandsdeutschen „im Rahmen der nationalsozialistischen Gesamterziehung". In eben diese Betrachtungsweise bringt der Autor der Denkschrift seine eigenen Erfahrungen auf diesem Gebiet ein. Im Prolog heißt es: „Deutschland ist wieder Weltmacht geworden. Deutschland steht heute vor der Aufgabe, seine Stellung in der Welt und ihre Grundlagen in der Heimat so auszubauen, daß sie nie wieder erschüttert werden kann." In diesem Zusammenhang weist der Weltkriegsoffizier auch auf die militärische Stärke des NS-Reiches hin. Ein gesonderter Abschnitt der Denkschrift, der sich in allgemein deutschnationalen Formulierungen mit dem neuen historischen Bewußtsein der Deutschen befaßt, beeindruckt weniger durch seinen Inhalt als durch seine Überschrift: „Das nationalsozialistische Deutschland als Erfüllung deutscher Geschichte", mit der sich der Verfasser in einer Linie mit der damals bis in den Schulunterricht hinein offiziell vertretenen Sicht befand. So verfehlte die Denkschrift ihre Wirkung nicht: Graf Dürckheim hatte sich als in der Welt vorzeigbar ausgewiesen und erhielt den Auftrag zu seiner ersten Japan-Reise.

Auch sieht man wieder, wie stark Dürckheim in diesen Jahren von nationalen Wertvorstellungen erfüllt ist, die sich von denen der Nationalsozialisten kaum unterscheiden, wobei allerdings zu berücksichtigen ist, daß diese Denkschrift aus der Zeit stammt, als er in der Dienststelle Ribbentrop „politisch untragbar" geworden war, und offensichtlich zu dem Zweck gefertigt wurde, eine neue Auslandsverwendung zu ermöglichen. Andererseits kennzeichnet ein Dokument wie dieses im Blick auf die für Dürckheim vom Lebensalter her anstehende Wandlung auch sein persönliches Problem, dessen er sich zu dieser Zeit aber noch nicht bewußt war. Schließlich aber kann in dieser Fixierung auf das Nationale bzw. Nationalistische die vorerst noch unbewußte Voraussetzung für den Prozeß der Selbstwerdung gesehen werden: So wie der „Karlfried durch den Dürckheim hindurch" mußte, so das Selbst durch das Dickicht der nationalistischen Ideologie.

Auch über diese Japan-Reise sind wir durch ein Tagebuch, geführt vom 7. Juni 1938 bis zum 4. März 1939, genau im Bilde: „Um 7.39 verläßt der Zug mit dem Sonderwagen des Norddeutschen Lloyd Bremen. Die letzte Etappe zu Land. Herrliche Sonne. Der Ginster blüht. Blühender Ginster war immer ein gutes Zeichen in meinem Leben. Tausend Gedanken, Bilder, gehen durch meinen Kopf, aus der Vergangenheit und Phantasie der Zukunft. Ein Vertreter vom Norddeutschen Lloyd erscheint und teilt mir mit, daß mir eine große Kabine zur Verfügung steht. Das ist gut zu wissen." Dürckheim begibt sich an Bord der „Potsdam".[90]

Ähnlich wie bei der Südafrika-Reise sind mancherlei Landgänge eingeplant. Der Zwei-Tage-Aufenthalt in Antwerpen wird diesmal für einen Abstecher nach Paris genutzt, wo er bisher erst einmal war. Auf der Tagesordnung stehen die Comédie Française und das Casino de Paris. An Gibraltar vorbei nimmt die „Potsdam" Kurs auf Genua, ein nicht unbeträchtlicher Umweg. Am 15. Juni vermeldet das Tagebuch: „Wie das Crescendo einer symphonischen Dichtung schwellen die Stimmen des Meeres, des Himmels und der Berge, wunderbar ineinanderklingend an und gipfeln schließlich wie in einer märchenhaften Apotheose, an die Götter des Lichtes im Wunderbilde des Hafens von Genua. Majestätisch nähert sich das große Schiff, majestätisch grüßen die traumhaften Gebilde der mit den Bergen verwachsenen alten Stadt."

Dürckheim mußte seine Frau Enja alleine zurücklassen. Eine heimtückische Krankheit hat sich angesagt, Krebs ... In welchem Zustand mag sie sich ein halbes Jahr später befinden, wenn er zurückkehrt? – Nach der Meerenge von Messina steuert das Schiff am 19. Juni die afrikanische Küste bei Port Said an. Der Morgenlandfahrer meint den Geruch von Steppe, Rauch und Sand wahrzunehmen. Der Fahrt durch den Suez-Kanal kann er wenige Sympathien abgewinnen, bei 37 Grad Hitze; dann Tropennächte, die wenig Ruhe gönnen. Nächster Landgang auf Ceylon: „Was mich immer am meisten fesselt:

die Menschen", notiert der Psychologe. „Wie oft wünsche ich mir dann eine Tarnkappe und die Fähigkeit, ungesehen zwischen ihnen hindurchzugehen, neben ihnen zu stehen und ihnen lange, lange ins Gesicht zu sehen ..." Weil auf dem Schiff von Krankheitsfällen einzelner Passagiere die Rede ist, läßt sich Dürckheim erst jetzt gegen Typhus und Cholera impfen. Die nächsten Stationen sind Singapur am 1. Juli, dann Manila und am 10. Juli die britische Kronkolonie Hongkong.

In Schanghai befindet sich der Reisende bereits im japanischen Einflußgebiet, das von vielen zu dieser Zeit bereits als Bestandteil des „großjapanischen Reiches" verstanden wurde. Fünf Tage später ist Tokio erreicht. Und weil der „politisch untragbar" Gewordene eben *nicht* das Los eines Emigranten teilt, kann er mit freundschaftlicher Aufnahme rechnen, an erster Stelle durch die offiziellen Kollegen und Kontaktpersonen: Angehörige der Botschaft, Mitglieder der Auslandsorganisation der NSDAP, vor allem des NS-Lehrerbundes in Japan, unter ihnen dessen Leiter, Dr. Donat. Sie alle sind dem Neuankömmling bei der Erfüllung seiner Mission behilflich.

Wie einem seiner Tätigkeitsberichte an den Reichsaußenminister Joachim von Ribbentrop zu entnehmen ist[91], hat Graf Dürckheim einen vom Unterrichtsministerium erteilten Forschungsauftrag zu erfüllen, wobei zwei Gesichtspunkte zu berücksichtigen sind: Zum einen geht es darum, die Entwicklung der japanischen Nationalerziehung darzustellen, und zwar unter Einbezug der sozialen Frage. Zum anderen sollen die kulturpolitischen Möglichkeiten Deutschlands in Japan und innerhalb des (damaligen) großflächigen japanischen Einflußgebietes auf dem asiatischen Kontinent erkundet werden. Allein diese Aufgabenstellung machte eine umfangreiche Reisetätigkeit innerhalb des Inselreichs bis hinauf zur Nordinsel Hokkaido erforderlich, sodann eine Reihe mehrwöchiger Exkursionen auf das seinerzeit unter japanischem Einfluß stehende Festland, nach Korea, Mandshuko, Nordchina mit den Städten Peking und Tiensin. Von daher ergibt sich aber auch die in Dürckheims Aufzeichnungen reichlich belegte Anlehnung an die NS-Parteistellen, deren Funktionäre den Gast aus dem „Reich" auf seinen Reisen begleiten und, wo immer es geht, ihm den Weg bahnen, z. B. zu japanischen Bildungseinrichtungen und Behörden.

Ausgangspunkt ist zuerst Tokio, dann aber Karuizawa, wohin ihn seine Begleiter Ende Juli ausquartieren, eine Ortschaft unweit der Hauptstadt, gegen eintausend Meter hoch gelegen und damit in den heißen Sommertagen ein viel angenehmerer Aufenthaltsort als das laute, verkehrsreiche, unter drückender Hitze leidende Tokio. Dürckheims erster Eindruck: „Karuizawa ist eine ganz kleine Stadt oder mehr ein Dorf, vor allem mehr ein Luftkurort. Wir fahren (im Auto) durch die Machi, die Hauptstraße entlang, die nur aus kleinen offenen Läden besteht. Es sieht fabelhaft bunt aus, alles: die Seidenstoffe, die Kinderspielsachen, die Fischläden. Auf den Straßen sind viele Europäer."

Dürckheim bezieht im europäisch geführten Manpei-Hotel ein Zimmer. Zum ersten Mal sieht er von da aus eine jener Landschaften, für die Japan berühmt ist. Sein Blick geht über unendlich scheinende Wälder auf Berge, hinter denen sich weitere Berge auftürmen. Doch auch hier im erholsamen Karuizawa ist der „Forschungsreisende" in die Pflicht genommen. Hier tagt mit einer gewissen Regelmäßigkeit alljährlich die Landesgruppe Japan des NS-Lehrerbundes, vor der am 23. August auch Graf Dürckheim vorträgt. Nach seinem eigenen Bericht darüber gab er eine allgemeine Darstellung nationalsozialistischer Erziehungsgrundsätze und -formen, um sich dann der in Japan damals vor allem aus Kreisen der Hochschulen gestellten „Frage nach der Freiheit" im NS-Deutschland zuzuwenden; dabei habe er „den Unterschied zwischen nationalsozialistischer und liberalistischer Auffassung vom Wesen der Freiheit" gekennzeichnet.[92]

Bereits während dieser ersten Japan-Reise hat Graf Dürckheim in minutiöser Weise Tagebuch geführt. Zwischen Reisebeschreibung und Landschaftsschilderungen erzählt er seine Eindrücke von Menschen und Situationen. Für seine ersten Leser – seine Frau, seine Eltern und Geschwister – macht er mit den Eigentümlichkeiten des japanischen Alltagslebens bekannt, mit dem Leben der Menschen im öffentlichen und im privaten Bereich, und zwar bis hin zu ausführlichen Schilderungen der Badegepflogenheiten an den heißen Quellen und in den nicht minder heißen Bädern im Haus, etwa im Hotel.

Einen besonderen Reiz übt das japanische Kabuki-Theater auf Dürckheim aus, das in der starken Stilisierung und in der ausgeprägten Akzentuierung des Optischen durch Ausstattung, Kostümierung und Bewegung eher der Oper ähnelt als dem Sprechtheater der westlichen Welt, obwohl die Musik eine untergeordnete Rolle spielt.[93] Der deutsche Botschafter samt Anhang sind zugegen, als man den Maler Yokoyama Taikau besucht. Die Begegnung verläuft in den Formen eines recht genau festgelegten Rituals. Im Tagebuch sind viele Einzelheiten des Empfangszeremoniells festgehalten:

Nachdem die Gäste alle in einem Vorraum versammelt sind, geht es in ein Festzimmer, einen 36-Matten-Raum. (Die Zimmer werden in Japan nach Tatami-Matten gemessen, die einen Meter breit und zwei Meter lang sind) ... Wir sitzen im offenen Viereck. Vor dem Kokemono (einem Blumenkunstwerk) der Botschafter und die Botschafterin, und ganz am Ende der Gastgeber, eine wunderbare Erscheinung im schwarzen Kimono. Kaum haben wir die Plätze eingenommen, erscheinen fünfzehn Geishas, eine Erscheinung lieblicher als die andere, und bringen in kleinen Körbchen jedem Gast das feuchte, heiße Handtuch, mit dem er sich Gesicht und Hände erfrischen kann. – Und wie dieser erste Auftritt sind alle folgenden festgelegt: in der Weise des Hereinkommens, des Gehens, Hinknieens, Aufstehens etc. Ehe das Mahl beginnt, kniet der Hausherr neben seinem Kissen nieder, so verlangt es die Sitte, und hält eine Rede der Begrüßung. Auf diese anwortet der Botschafter.

Das Essen wird aufgetragen, das heißt: wie immer (auf) kleinen Tischchen. Die Anordnung der kleinen Schüsseln wie der Speisen ist immer ein kleines Kunstwerk. Vor jedem Gast kniet eine Geisha nieder, sagt „Dozo" (bitte)!; man hält ihr das Sake-Schälchen hin ... Dann werden die Stäbchen aus der verschlossenen Hülse genommen und das Essen beginnt. Nach einer Weile kommen immer wieder neue kleine Speisen. Es ist ein hübsches Bild, die reizenden Geishas in ihren hohen Frisuren und herrlichen bunten Kimonos, wie sie so in drei Reihen vor den Gästen knien. Nur wenig lockert es sich auf, sie wechseln die Plätze immerzu.

Dann werden gedruckte Büchlein verteilt, in denen die drei Tänze stehen, die sogleich getanzt werden sollen ...

Der Tagebuchschreiber unterbricht an dieser Stelle seine Aufzeichnungen mit dem Einschub: „Während ich dies schreibe, im großen Bad-Hotel von Atami, wackelt auf einmal der Boden – ein kleines Erdbeben; mein erstes hier. Seltsames Land!" Und weiter geht die Schilderung vom Empfang im Haus des Künstlers:

Die Tische werden hinausgetragen. Die Herrin des Hauses klatscht in die Hände; der Tanz beginnt. Am anderen Ende des Raumes ist der große goldene Schirm aufgestellt und nun zieht das Orchester ein: zehn Mädchen mit Shamisan, jenem Drei-Saiten-Instrument, das mit einem Elfenbeindreieck geschlagen und gezupft wird, eine Flöte, vorne vier Trommeln, zwei mit Stäben, zwei mit der flachen Hand (geschlagen)."

Graf Dürckheim versäumt es nicht, auch die einzelnen Tanzszenen ausführlich zu schildern, um seiner Familie daheim ein möglichst eindrückliches Bild zu vermitteln. Nachdem der Gastgeber seine Gäste um die Ehre gebeten hat, aus seinem Glas trinken zu dürfen, ist es endlich so weit, daß der Künstler seine Werke zeigt und die Art seiner Darstellung erläutert. Das reich entfaltete Zeremoniell, das vorausgegangen war, scheint die Aufgabe gehabt zu haben, das Schaffen des Malers in den Schatten zu stellen. Höflichkeits- und Demutsgeste in einem. Als schließlich Reis aufgetragen wird, wissen die Gäste, daß das Ende des Festes naht: „... Um sechs Uhr hat das Fest begonnen, um drei Uhr brechen wir auf. – Was war das nun? Geselligkeit, Theater, Tanz? Alles in einem."

Schon nach wenigen Wochen dieses ersten Japanaufenthaltes hat Dürckheim ein überaus vielgestaltiges Programm abzuwickeln. Es führt ihn in die verschiedensten Landesteile und Städte, nach der Reise nach Hokkaido im August mit dem Besuch von Sapporo und Asahigawa sowie nach dem wochenlangen Exkurs aufs chinesische Festland im November dann zurück in die Städte Tokio, Toba, Ise, Nara und Kioto und schließlich, gegen Jahresende, in die Industriezentren von Kobe, Osaka und Hemeji:

Überall ergab sich die Gelegenheit zu eingehenden Rücksprachen mit den Gouverneuren der Provinzen, der führenden Männer des Erziehungswesens sowie mit Persönlichkeiten des militärischen und öffentlichen Dienstes, insbesondere auch mit Vertretern der japanischen Religionsgesellschaften (Buddhisten und Shintoisten).

Und überall findet der Gast aus Deutschland eine „außerordentlich entgegenkommende Aufnahme", die über das erwartete Maß hinausgeht. Wie der Besucher eigens vermerkt, hat er nicht nur die verschiedenen Erziehungseinrichtungen in Augenschein genommen – Kindergärten, Volks-, Mittel-, Handels- und Hochschulen sowie Kadettenanstalten, industrielle und weltanschaulich geprägte Bildungsstätten, etwa die des Shujo-Dan mit Arbeitsdienst- und Siedlungslagern sowie Fechtschulen. Immer wieder nutzt er die sich bietenden Gelegenheiten, „das noch im argen liegende Verständnis Japans vom neuen Deutschland zu vertiefen". Es ist die Zeit, in der sich die fernöstliche Großmacht noch nicht eindeutig genug zum nationalsozialistischen Deutschland bekennt. Und wie Graf Dürckheim hierüber denkt, ist verschiedenen Zeitschriftenaufsätzen zu entnehmen, die er z. B. 1939/40 aufgrund seiner Japan-Reise verfaßt hat. In Japan selbst sind es die Vorträge, die er unter der Überschrift „Erziehung und Wissenschaft im neuen Deutschland" gehalten hat, u. a. in Tokio, Kioto und Kejio.

In den Manuskripten aus der ersten Zeit ist gelegentlich auch schon von Zen die Rede, unter anderem unter Bezugnahme auf D. T. Suzukis kurz zuvor erschienenem Buch „Influence of Zen-Buddhism on Japanese culture".[94] Dürckheim bemerkt hierzu:

Zen ist allem zuvor eine Religion des Willens und der Willenskraft, als Philosophie dem Intellekt und dem diskursiven Denken zutiefst abgeneigt, dagegen vertrauend auf die Intuition als dem direkten und unmittelbaren Weg zur Wahrheit.

Aus dieser Charakterisierung spricht Dürckheims eigene tief eingewurzelte Sympathie für eine nicht- bzw. überrationale Erkenntnisweise. Nach den Tagebuchaufzeichnungen zu schließen, ist seine erste nähere Bekanntschaft mit Zen zwischen dem 20. und 24. November 1938 in der alten Tempelstadt Kioto erfolgt. Er begegnet dem Blumenmeister Adashi; er erfährt mehr vom Tanz und vor allem dringt er tiefer in die rituellen Geheimnisse der Teezeremonie ein. In diesen Formen des Zen meint er etwas Gemeinsames zu entdecken:

Das sich ganz nach innen Zusammennehmen des Japaners in einer Weise, die ihn nach außen ertüchtigt. Als wenn er ein Senkblei in sich trüge, das ihn immer wieder ganz und gar, unabhängig von der Welt, ganz mit den Tiefen verbindet, an die nichts mehr herankommt. Fast unheimlich wirkt die absolute Unbeweglichkeit des (Praktikers).

Hier, wo er Einblicke bekommt in große Töpfereien, in Brokat verarbeitende Webereien, in Emaille- und Lackwarenfabriken, lernt er auch, in einem Teehaus, den Kunsttanz kennen, eingeführt jeweils durch einen Ortskundigen. Und soviel kann er bereits jetzt sagen: „Ihren größten, edelsten und am weitesten reichenden Ausdruck hat diese *Kultur der inneren Vertikale* im Zen-Buddhismus." Für die Erstbegegnung mit dem Zen sollte ihm ein Schüler Suzukis wichtig werden: „Mein treuer Begleiter, Herr Yanasigawa war – welch glücklicher Zufall, Sekretär von Suzuki." Yanasigawa führte Dürckheim in ein Zen-Kloster. Ein besonderes Erlebnis stellte tags darauf die Begegnung mit einer Zen-Meisterin dar, die ihm die Teilnahme an einer Teezeremonie gestattete. Dergleichen hatte er bisher nur in einer veräußerlichten Form kennengelernt. Wieder enthalten Dürckheims japanische Tagebücher eine aufschlußreiche Schilderung des Vorgangs:

Die Meisterin des Tee-Weges (Chado) ist eine etwa fünfzigjährige Frau, so schätzt Dürckheim:

Das Gesicht ist *ein* sprechender Ausdruck harter Zucht und tiefer Verinnerlichung. Die Augen sprühen Leben. Und wenn sie spricht, geschieht es mit einer klaren, frischen Stimme. Sie empfängt mich an der Türe ihres Hauses und wir werden gleich in das Teezimmer geführt. Es wird noch ein Mönch erwartet. Es sind schon da: eine Frau, die bei ihr die Tee-Zeremonie lernt, eine Nichte von ihr. Die ganze formelle Zeremonie findet in einem noch kleineren Viereinhalb-Matten-Raum statt ...

Nun hat alles erst seine tiefere Bedeutung: jeder Gegenstand und jede Bewegung. Die Priesterin kommt und bringt zunächst die Holzkohlen. Wir werden aufgefordert, zur Herdstelle zu kommen. Schon glühen drei runde Stücke.

„Sehen Sie die Farben? – die weiße Asche, die schwarze Kohle und die Glut – Vergangenheit, Gegenwart und Zukunft! Und was ich nun hinzufüge, das ist wie ein Kopf, das (jenes) der Leib, die Arme, die Beine. Es geht der Mensch selbst durch die Glut."

Sorgfältig streicht sie mit einer großen Feder die Aschestäubchen aus dem Holzrahmen rund um die Asche. Dann nimmt sie aus einem kleinen Tongefäß einige runde Kugeln und legt sie in die Glut, aus der nun ein starker Duft aufsteigt. Ich lerne, daß es die Sitte verlangt, daß der Gast bittet, das kleine Gefäß betrachten zu dürfen und zu fragen, woher es kommt, wie es in den Besitz der Gastgeberin gelangt ist etc. ...

Wir gehen zu unseren Plätzen zurück. Die Priesterin verläßt den Raum und kommt nach einer Weile mit den eigentlichen Teegefäßen zurück. Und nun beginnt die eigentliche Zubereitung des Tees.

Es ist eindrucksvoll, wie jede Bewegung, die jetzt folgt, genau festgelegt zu sein scheint: wie die Dose geöffnet wird, worin der grüne Pulvertee ist; wie der Deckel des Teekessels abgehoben und auf den vorbereiteten Halter aufgelegt wird; wie der Pinsel gehandhabt wird; wie das Tuch entfaltet wird, mit dem die Schale noch einmal nachgerieben wird; wie der zarte Bambuslöffel gehoben und in die Teedose versenkt wird; wie der Schöpflöffel, mit dem das Wasser aus dem Kessel geschöpft wird, gehalten und benutzt wird; wie dann der Tee in der Schale mit dem Pinsel geschlagen und dann gewirbelt wird etc. etc. – Und es ist schließlich wirklich ein feierlicher Anblick, als dann die Nichte die erste Schale fertigen Tees entgegennimmt, um sie mir zu bringen.

Doch erst muß ich noch etwas von dem Süßen essen, das vor mir liegt, auf einem Stück weißen Papiers, das der Gast selbst mitbringen muß. Es ist eine marzipanartige Masse, dazu auf einem besonderen Teller einige Zuckerblätter in der Form und Farbe des roten Ahorns, dem Lieblingsbaum des japanischen Herbstes.

Das Mädchen bringt den Tee, aber nicht so einfach zu mir herüber, sondern in genau festgelegten Schritten geht sie erst so, daß sie mir senkrecht gegenübersteht, kommt dann auch mich zu und trägt die Schale, als sei es ein Weihgefäß, hoch zwischen den Händen, kniet vor mir nieder, stellt die Schale vor mir auf den Boden und verneigt sich bis zur Erde. Sodann habe ich mich erst vor ihr, dann vor der Priesterin zu verneigen, die Schale mit den beiden Händen zu heben, in die linke Handfläche zu stellen und, indem ich sie bewundere, langsam mit der rechten Hand zu drehen.

Dann bewundere ich die Farbenharmonie zwischen Tee und Schale und atme erst den Duft des Tees ein. Dann erst führe ich sie mit beiden Händen an den Mund und schlürfe, ein wenig hörbar, den ersten Schluck, setze ab und leere sie dann in vorgeschriebener Anzahl von Schlücken ganz. Dann setze ich die Schale wieder ab und stelle sie vor mich hin, ich verneige mich. Das Mädchen verneigt sich, hebt das Gefäß hoch und geht auf dem gleichen Weg wieder zurück.

Und die gleiche Zeremonie erfolgt dann mit allen anderen Gästen. Dazu wird auch ein stilles Gespräch geführt. (Es gibt noch eine feierlichere Form mit ganz dickem Tee, wo nicht gesprochen werden darf und wo die Schale unmittelbar von Gast zu Gast gereicht wird.) Die Gespräche müssen leicht, ernst und harmonisch sein. Auf die Harmonie der Atmosphäre kommt es an. Sie könnte auch gestört werden dadurch, daß das Summen des Kessels nachließe. Aber die Priesterin sagt, sie freue sich, daß alles so gut heute liefe, und hebt besonders auch die Stetigkeit des Feuers und des Weitersummens hervor. Zwischendurch gibt sie noch einmal eine Erklärung, um im nächsten Augenblick wieder ganz versunken ihre Kultgegenstände zu handhaben.

Ich habe am Ende das Gefühl, sehr viel weniger zu wissen als zuvor, und ahne etwas von der Bedeutung des Schrittes, den mancher mächtige Mann Japans machte, als er die Amtsgeschäfte niederlegte, um sich ausschließlich dem Teekult zu widmen. Ich weiß nun erst so viel, daß es sich um alles andere als um eine ästhetische Handlung handelt ... Das Entscheidende ist der Geist, der in der Atmosphäre lebendig sein muß. Er muß schwingen im Raum, und jeder muß dem Wesentlichen nahe und zugleich in Einheit mit dem anderen da sein. Es ist das Ganze wie ein Mikrokosmos, der ganz zu sich gekommen ist ... Das Schöne im Natürlichen, Ungemachten, wie es sich hier zeigt, ist mehr als nur schön, weil es ganz lebendig und stark ist und völlig ungekünstelt.

Der Eindruck dieser Erstbegegnung mit Zen in der Gestalt von „Chado" hätte bei Dürckheim kaum stärker, kaum nachhaltiger sein können. Als er am Vortag im „Park des goldenen Pavillons" gewesen war, hatte ihn sein Begleiter Yanasigawa auf einige Blätter aufmerksam gemacht, die rot und leuchtend unter einem Baum lagen. "Sehen Sie", sagte er, das ist schön für unsere Begriffe. Es sind nur einige Blätter, so wie sie vom Baum gefallen sind. Aber so lieben wir es; wenn man sie wegräumte, würde etwas fehlen. Das wirklich Schöne ist nur im Natürlichen, so als habe die Natur ihre Werke geschaffen, wenn sie auch selbst an dieser Vollendung ihrer Natürlichkeit in der Regel verhindert ist."

Die Stunde mit der Tee-Meisterin neigt sich ihrem Ende zu. Man reicht dem Gast ein Buch mit der Bitte, etwas hineinzuschreiben. "Das ist schwer", meinte Dürckheim, "was soll ich schreiben? Ich schreibe dann hin, was mir gerade durch den Sinn geht:

,Lebendiger Geist
vollendete Form
der Mensch wie er sein soll:
lebendige Norm'

Im Nu sind vier weitere Blätter da, lange schmale Streifen festen Goldpapiers, und ich muß für jeden der Teilnehmer noch einmal (den Spruch) schreiben. Es kommen Geschenke für mich. Man wird ja nie ein japanisches Haus verlassen, ohne ein Geschenk mit nach Hause zu nehmen: Die Priesterin bringt mir einen Bambuslöffel, wie sie ihn zum Tee verwendet hat, lang und schmal in einem Holzkistchen, das umständlich eingepackt wird und mit dem rotweißen Papierband, das ,Geschenk' bedeutet, zusammengebunden. Mit dem Pinsel schreibt sie meinen Namen und ihren Namen darauf; dazu kommt noch ein von ihr geschriebener Streifen ... Alsdann kommen die bunten Zuckerblätter in eine Schachtel. Das Ganze wird in ein buntes Tuch gewickelt ...

Die Frauen geben mir ihre Visitenkarten, wie Briefmarken, so klein. Dann geben mir alle das Geleit durch den langen dunklen Garten; sie leuchten mir mit einem Lampion den Weg. Mit tiefen Verbeugungen verabschieden wir uns, mit zehnmal wiederholten gegenseitigen Danksagungen ..." – Dürckheims Kommentar:

Die Teezeremonie wirkte um so stärker in mir nach, als ich unmittelbar davor in der berühmten Fecht- und Ringschule war und von dort zur Priesterin ging. Und beides zusammen mit der Erfahrung vom Zen-Kloster am Abend vorher bewirkte eine ungewöhnliche Einheit formender Kräfte.

Anfang 1939 kehrt Graf Dürckheim nach Deutschland zurück. Die Agitations- und Forschungsreise ist beendet. Die Auftraggeber können zufrieden sein, zumal Dürckheim nicht allein als Repräsentant des „neuen Deutschland" tätig gewesen ist, sondern auch aufschlußreiche Berichte, insbesondere über die kulturpolitische Lage im Fernen Osten, in Wort und Bild vorzulegen hat. Wo immer es möglich war, machte er mit seiner Leica Aufnahmen. So kann er nach seiner Rückkehr eine Reihe von Lichtbildervorträgen halten, beispielsweise am 3. Mai 1939 vor der Deutsch-Japanischen Gesellschaft im Harnack-Haus in Berlin-Dahlem. Doch gesteht er aus diesem Anlaß: „Wenn man sechs Monate in Japan war, hat man nicht das Gefühl, Japan zu kennen..." An seinem Interesse, bei nächster Gelegenheit noch intensiver in die japanische Lebens- und Geistesart einzudringen, läßt Dürckheim keinen Zweifel aufkommen. Das zeigen – neben den internen Berichten an seine Auftraggeber im Außen- und Erziehungsministerium – vor allem seine Aufsätze in verschiedenen Zeitschriften. Die Texte geben seine Einschätzung Japans und der japanischen Kultur in ihrer Beziehung zu Deutschland wieder, etwa in „Berlin – Rom – Tokio", jener großformatigen sehr aufwendig ausgestatteten Monatsschrift, die unter der Schirmherrschaft von Reichsaußenminister Joachim von Ribbentrop eigens zur Vertiefung der kulturellen Beziehungen der Völker des „Weltpolitischen Dreiecks Berlin-Rom-Tokio" in deutscher und italienischer Sprache herausgebracht wurde. Bereits in der dritten Nummer vom 15. Juli 1939 findet man Graf Dürckheim als Mitarbeiter. Über die nationalistische Shujo-Dan-Bewegung schreibt er:

Japan besinnt sich heute auf sich selbst. Es weiß, daß es seinen Ahnen treu bleiben müsse... Wer heute durch Japan reist, erfährt es auf Schritt und Tritt, daß die Freundschaft mit dem nationalsozialistischen Deutschland und dem faschistischen Italien dem japanischen Volk, insbesondere für die Kräfte, die seine Zukunft tragen, mehr bedeutet als eine machtpolitische Verbindung für den Augenblick. Es ist der Geist, der Japan mit uns verbindet, jener Geist, der, geboren aus der völkischen Substanz und dem Lebenswillen der Nation, dort wie bei uns das Fremde bekämpft und das Eigene entfaltet ... Der Krieg, „der große Lehrmeister des Volkes", hat diesen Willen Japans zu sich selbst aufs höchste gesteigert.

Dürckheim verweist auf den Staatskultus, auf den Samurai-Geist und, als Bewegung zur Einigung des Geistes, auf die von Monzo Haunuma begründete Shujo-Dan-Bewegung, die sich am Shinto orientiere.

Diese und ähnliche Veröffentlichungen zeigen, daß Graf Dürckheim nach seiner Japanreise verschiedentlich und wahrscheinlich überzeugt die Auffassung vertreten hat, eine politisch-militärische „Neuordnung" Ostasiens unter Japans Führung sei notwendig, und bei dem lange vor Ausbruch des Zweiten Weltkriegs inszenierten japanisch-chinesischen Okkupationskrieg handle es sich um einen „Ordnungskrieg".

Wer Graf Dürckheims Lebensgang bis hierher verfolgt hat, wer womöglich seine Schriften nach 1950 kennt und von seiner seither in Rütte und von dort aus geleisteten Arbeit weiß, der wird im Blick auf die auch nach dem ersten Japanaufenthalt noch unveränderte Befangenheit in nationalistischen und völkischen Idealen die Frage stellen: Was alles mußte noch geschehen, bis die grundlegende innere Kehre vollzogen werden konnte?

Die zweite Japan-Mission:
Begegnung mit Zen

Die Rückkehr aus dem Fernen Osten sollte für Karlfried Graf Dürckheim nur eine Art Zwischenspiel darstellen. Ausschlaggebend dürfte dabei die familiäre Situation gewesen sein. Enjas Krebs-Erkrankung war in ein kritisches Stadium eingetreten. Eine Operation durch Professor Ferdinand Sauerbruch hatte nicht die erhoffte Besserung gebracht. Auch der Gesundheitszustand des Vaters verschlechterte sich zusehends. Die Eltern hatten nach der Auflösung des Haushaltes in Steingaden und dem Wegzug von dort nur für kurze Zeit in Breslau eine Bleibe gefunden, dann waren sie nach Berlin übersiedelt, wo sie – nach Lage der Dinge – in sehr bescheidenen Verhältnissen lebten. Mutter Charlotte, vor allem aber die erwachsenen Kinder mit ihren eigenen Familien, waren infolge der antisemitischen „Nürnberger Gesetze" von 1935 stark benachteiligt. Jedenfalls erschien eine Position im öffentlichen Dienst so gut wie unerreichbar.

Da brach am 1. September 1939 der Zweite Weltkrieg aus. Der gerade siebenunddreißigjährige Bruder Wilfried meldete sich freiwillig an die Front, als wollte er endlich mit seinem Bruder Karlfried, dem Kriegsfreiwilligen von 1914, gleichziehen: „... weil ich für den Zweiten Weltkrieg nicht zu alt sein wollte, da ich für den Ersten Weltkrieg zu jung gewesen war", lautete seine Begründung.[95] Das erste Kriegsjahr endete für die Familie Dürckheim mit zwei Todesfällen: Am 9. November 1939 verstarb Enja Gräfin Dürckheim, erst 51 Jahre alt. Der 81jährige Vater, Friedrich Graf Dürckheim, verschied am Morgen des 10. Dezember. Beide wurden zunächst auf dem Wilmersdorfer Waldfriedhof in Berlin beigesetzt. Eine Überführung in die Familiengruft der Sankt Johanneskapelle in Steingaden war während des Krieges ausgeschlossen. Das konnte erst Mitte der siebziger Jahre – nach langen, durch Wilfried Graf Dürckheim mit den Berliner Behörden geführten Verhandlungen – nachgeholt werden.

Für Graf Dürckheim und seine Auftraggeber in den Ministerien stand fest, daß er nochmals nach Japan fahren sollte, diesmal nicht, um als politisch unerwünschte Person „möglichst weit weg" zu sein. Vielmehr hatte sich im Laufe der letzten Jahre immer wieder gezeigt, wie man in Nazi-Deutschland einen Mann mit dieser Vergangenheit und diesem diplomatischen Geschick „in der Welt" einsetzen kann ...

Am 24. Januar 1940 sitzt er, von Riga kommend, wo er den deutschen Gesandten von Kotze aufgesucht hat, im Zug nach Moskau. Ein Blick durchs Fenster: „Die Landschaft ist ganz in nebeligen Schnee gehüllt, so ist das Leben verhüllt. Die ganze Reiselektüre ist plombiert. So muß ich ohne Bücher meditieren, geht auch ..." Und im Brief an die Mutter:

Wenn du diese Zeilen bekommst, bist du schon in Loschwitz ... Vor zwanzig Jahren fing dort mein „Friedensleben" an. Ich erinnere mich noch, wie ich lange auf der Terrasse stand im Garten und nachts in die Sterne schaute und in die Lichter von Dresden und mir immer klarer wurde, daß ich mich zu den Dingen hingezogen fühlte, die *über* den Zeiten stehen, aber noch nicht wußte, wie sich diese Sehnsucht würde verwirklichen lassen ..."[96]

Das Ziel der Reise ist klar: Japan. Die sehr viel weniger bequeme Zugreise wird gewählt, weil Krieg ist. Im übrigen besteht seit dem 28. September der ominöse deutsch-sowjetische Grenz- und Freundschaftsvertrag. Drei Tage Aufenthalt in Moskau. Dürckheim, dessen Warnungen vor dem Bolschewismus aus der Zeit nach dem Ersten Weltkrieg in Erinnerung sind, notiert:

Vieles ist imponierend, so aus alter Zeit wie aus der Gegenwart. Alles ist nebeneinander: die Proletariermassen und das russische klassische Ballett in der großen Oper, die Rotarmisten und die Gebete des alten Priesters im Kerzenschimmer der altrussischen Kirche, die modernen Hochhäuser von gewaltigem Ausmaß aus Beton und die alten Türme des Kreml und die kleinen Holzhäuser mit den geschnitzten Läden. Dominierend ist natürlich die neue Zeit, der Rhythmus der arbeitenden Massen.

Weiter geht die Reise mit der Transsibirischen Eisenbahn, am Baikalsee entlang. Dürckheim wird von seiner Sekretärin Ursula Witt begleitet, eine Bibliothekarin, die zuvor in der Preußischen Staatsbibliothek Berlin und in London tätig gewesen ist. Er selbst ist vor allem mit dem Erlernen des Japanischen beschäftigt. Am 13. Februar sitzt er im Fuji-Expreß, eine D-Zug-Stunde von Tokio entfernt: „Die Reise war sehr gut, auch in Rußland. Aber doch ist es ein schönes Gefühl, wenn man japanischen Reichsboden betritt: diese Ordnung, die Sauberkeit und auch die Lebensfreude in den Gesichtern, trotz der schweren Zeit!" – Wie wir dem ersten Brief vom 21. Februar 1940 aus Tokio entnehmen, findet der kontaktfreudige Kulturdiplomat aus Deutschland rasch Anschluß an seine „alten Freunde". Die wichtigsten Beziehungen sind hergestellt, und so kann die Arbeit alsbald beginnen, die Reisetätigkeit, die verschiedenen Formen des Dialogs.

Atami am 3. März 1940: „Ich wohne in einem ganz neuen japanischen Hotel, sitze wieder auf dem Boden, rechts von mir summt der Teekessel, wie immer auf den rot glühenden Kohlen. Das ist auch die einzige Heizung. Draußen rauscht das Meer. Auf den Bergen liegt noch Schnee und vor mir glitzern jetzt Hunderte kleiner Lichter auf, die Berghänge hinauf, zwischen denen man tagsüber die Dampfwolken der heißen Quellen steigen sieht. Wenn es kalt wird, geht man ins heiße Bad."

Und wenn Graf Dürckheim nicht gerade reist oder eingeladen ist, übt er selbst die Pflichten eines Gastgebers aus, eifrig unterstützt von Helma Ott, mit der ihn eine über zwanzigjährige Freundschaft verbindet. In Tokio bekommt er schon Mitte März ein „eigen Häusel", wie er es nennt, nur eine halbe Stunde von der deutschen Botschaft entfernt und vor allem nicht so laut wie im bisherigen Hotelzimmer, wo man ständig laut sprechen mußte, um vom Verkehrslärm der Hauptstadt nicht übertönt zu werden.

Dürckheim versucht, möglichst tief ins Wesen des japanischen Menschen einzutauchen:

Viel Freude macht mir die Sprache. Fast jeden Morgen kommt auf eine Stunde ein Student oder Fräulein Ueno, die mir schon im vergangenen Jahr geholfen hat ... Vorgestern war ich zum ersten Mal wieder im Kabuki-Theater ... Ich bin auch im Kulturausschuß zur Durchführung des japanisch-deutschen Kulturabkommens.

Weiter notiert der Tagebuchschreiber: „Die Tage fliegen nur so dahin zwischen allerhand Arbeiten und Begegnungen; und besonders jetzt, wo einen die gewaltigen Nachrichten aus Norwegen in Atem halten ..." Gemeint ist Hitlers Überfall auf Norwegen im Frühjahr 1940. „Es ist wirklich erhebend, was da aus der Nordsee gemeldet wird. Und diese Genialität, Entschlußkraft, Schnelligkeit, das macht hier den stärksten Eindruck." So gibt es stets neuen Gesprächsstoff bei den vielen Kontakten mit japanischen Gästen und Gastgebern. Und im „Häusel"? – da sorgt Ursula Witt für Atmosphäre, durch stilvolle Blumenarrangements. Ein Koch und die beiden „Amas" (Mädchen) kochen japanisch oder europäisch, „wie ich es wünsche, und alles klappt", fügt Dürckheim befriedigt hinzu. Zu tun ist auch publizistisch mancherlei, zuerst ein Aufsatz für eine der großenZeitschriften Japans mit einer Auflage von über 150 000 über Deutschland und den westlichen Geist.

Inzwischen jagen sich die Sondermeldungen der deutschen Wehrmacht, deren Niederschlag auch Japan erreicht. Der Westfeldzug gegen Frankreich und die Benelux-Staaten ist in vollem Gang. Da meldet sich in Karlfried Dürckheim der Freiwillige des Ersten Weltkriegs zu Wort: „Es ist mir ja so unsagbar schwer, nicht an der Front zu sein!" Doch er tröstet sich damit, „daß ich schließlich auch hier etwas tue, was einen Sinn hat ... Dann stürzt man sich auf die Morgenzeitung, leider ein von amerikanischen Juden herausgegebenes Blatt, der „Advertiser", aber das einzige englisch geschriebene Morgenblatt. Ich kenne ja eine Reihe von den ‚Brüdern', die in England dran sind, auch Churchill, diesen – na, ich will mich mäßigen. Aber jedenfalls so ein Mann kann *nie* siegen!" Der Japan-Reisende teilt die leidenschaftliche Parteinahme der allermeisten Deutschen im „Reich"; für ihn ist die „Churchill-Clique" ganz einfach „verbrecherisch" und die in Japan ebenfalls verbreiteten Nachrichten des Gegners hält er schlicht für „Lügenmeldungen". Und während er weitere Aufsätze für japanische Blätter entwirft und ein Buchprojekt für einen japanischen Verlag ins Auge faßt, zwischendurch die Bemerkung: „Manchmal kommt es mir mehr als seltsam vor, mich in der Zeit, in der die Kanonen sprechen, mit so zeitlosen Fragen beschäftigen zu müssen, und doch ... Wenn ich schon nicht an der Front sein kann, will ich dankbar sein, mich mit den ewig aktuellen Fragen des Volkes beschäftigen zu dürfen."

Neben solchen aktuellen Fragen wollen grundsätzliche, philosophische Probleme bedacht sein. Dürckheim bezieht sich (am 15. September 1940) auf seine Habilitationsschrift von 1930, die sich seiner Meinung nach unversehens für Japaner als interessant erweise. „Ich schrieb damals so etwas wie eine Darstellung derjenigen Denkformen, deren man sich bedienen muß, wenn man es nicht wie die Naturwissenschaftler, das heißt die Physiker, mit toten Dingen zu tun hat, sondern mit Lebendigem ..., andernfalls man zu falschen Schlüssen kommt." Für einige Wochen im Herbst dieses ersten Japan-Jahres widmet er sich von neuem seinen psychologischen Fragestellungen. Es ist, als wolle den deutschen Kulturdiplomaten sein eigenes Lebensthema einholen: „Ich habe in diesen Tagen bemerkt, daß ich im Grunde doch am meisten Philosoph und Pädagoge oder zum anderen Teil auch ‚Weltverbesserer' (unheilbar!) bin." Darf man in solch kurzen Andeutungen bereits erste Hinweise auf die spätere Aufgabe erblicken? Die Notiz trägt das Datum vom 6. Oktober 1940. Drei Wochen danach hat er in der Universitätsstadt Sendai einen philosophischen Vortrag zu halten. Bei dieser Gelegenheit besucht er einen alten Zen-Tempel in Mathsushima, wo er vom Abt persönlich begrüßt wird. Der Besucher hält das Ereignis kurz fest:

Es war sehr feierlich. Wir – das heißt die Besucher bzw. ich mit meinem „Gefolge" (Dolmetscher, Sekretärin, sonstige Begleiter) knieten auf einer Seite des Saales. Dann kam er, weit entfernt gegenüber auf seinem Thronplatz kniend. Ich mußte dann zu ihm und es begann ein Gespräch über Zen und Meister Eckhart, – wunderbar, nach den ersten Höflichkeiten, ganz in die Tiefe gehen. – Was lehrt Meister Eckhart? fragte er ganz plötzlich, als ich angedeutet hatte, ich glaubte, es gebe von ihm einen Zugang zu Zen. Als ich antwortete: Durch Selbstüberwindung, die Unabhängigkeit von Tod und Leben und durch die Freiheit zum Dienst – da sagte er: Ja, so ist es in der Tat, etwas Ähnliches wie im Zen, dessen Meditation den Menschen lehre, sein kleines Selbst im großen, die ganze Wirklichkeit umfassenden Selbst aufgehen zu lassen, von woher dann zu allen Dingen ein neues Verhältnis komme.

Dürckheim kann seine innere Bewegung nicht verleugnen. Er fährt fort: „Dieses Gespräch war wirklich ein schönes Geburtstagsgeschenk ..." Denn in diesem Augenblick fällt ihm spontan ein, daß er an diesem Tag seinen Geburtstag begehe; er ist 44 Jahre alt geworden.

Es gibt eine Menge zu tun: Besprechungen, Berichte, Aufsätze, Vorträge, dazu den Kopf voller Pläne, die er seinem Tagebuch anvertraut. Aber es fehle die Zeit, alles zu verwirklichen. Seine Sekretärin, Ursula Witt, muß er endlich mal in Urlaub schicken: „Es war schon nahe daran, daß sie ebenso erledigt war, wie meine früheren Sekretärinnen in Berlin! Zwei andere halfen schon halbtags aus, aber das langt nicht mehr." Wertvolle Dienste leistet als Dolmetscher und Reisebegleiter der Japaner Fumio Hashimoto, „ein ganz vortrefflicher Begleiter, er erheitert immer meine Seele".[77] Schließlich hängt von ihm entscheidend ab, wie Dürckheims Vorträge bei den Zuhörern ankommen.

19. November 1940: „Gestern Vortrag in der Goethe-Gesellschaft hier (in Kioto) über Lebensphilosophie. Man kann in dieser verträumten Stadt kaum verstehen, daß Krieg ist in der Welt." Nun haben aber die reichsdeutschen Auftraggeber dafür gesorgt, daß ihr Sendbote in Japan sich nicht zu früh seinem eigentlichen Lebensthema zuwendet. So gilt es beispielsweise in Kanazawa, einer Stadt im Nordwesten, auf einer großen Kundgebung vor etwa eintausend Menschen über den Drei-Mächte-Pakt und dessen Sinn sowie über die Bedeutung des heutigen Deutschland zu sprechen. Dürckheim scheint wieder in die Rolle des Propaganda-Redners zu fallen. Die ihm zuhörende Menschenmenge begeistert ihn: „Und Satz für Satz sagte ich, was mir von Herzen kam, immer wieder von stürmischer Freude (der Zuhörer) unterbrochen. Hashimoto, von mir

angesteckt, übersetzte Satz für Satz mit gleichem Schwung ... Wunderbar, dieses Sprechenkönnen und Fühlendürfen, daß es die anderen, die so ganz anderen erreicht! Das geht auch, ohne daß man die Sprache kann ..." Aber woher weiß der deutsche Professor, daß er die Reaktionen seiner Zuhörer richtig deutet? Dürckheims Japanisch-Kenntnisse blieben begrenzt.

Eine der Fragen, die in der Diskussion immer wieder eine Rolle spielt, ist die des Verhältnisses zur modernen Technik, die dem traditionellen Geist und – wie Dürckheim (1940) meint – dem Lebensstil des Japaners widerspreche. Immer stärker tritt die Auseinandersetzung mit Shinto, vor allem aber mit dem Buddhismus in den Mittelpunkt seines Interesses. Aber noch eine Zeitlang sind persönliches Interesse und offizieller Auftrag gemischt. Einerseits hat er für die philosophische Zeitschrift „Riso" über „NS-Kultur und Kulturpolitik" zu schreiben, mit den in der japanischen Sektion des NS-Lehrerbundes zusammengeschlossenen Lehrern zu korrespondieren und die atemberaubenden militärischen Siege der „Großdeutschen" Wehrmacht zu kommentieren. Daneben aber die Notiz vom 16. Dezember 1940:

Ich werde jetzt, soviel ich irgendwie Zeit erübrigen kann, besonders die gerade hier lebende Seite des Buddhismus studieren. Wir haben ja in Europa einen völlig irrigen Begriff von Buddhismus ... als einer passiven, den Menschen von der Wirklichkeit in die Meditation abziehenden Lehre. – Gestern bekam ich plötzlich einen Gruß von meiner alten Teefreundin aus Kioto, jener Zen-Priesterin, bei der ich die ersten Weihen der Tee-Zeremonie erhielt.

Und schon beginnen sich die Fäden für Dürckheims intensivere Beschäftigung mit dem Zen-Buddhismus zu knüpfen. Auf einer seiner Reisen hat er einen jungen japanischen Professor kennengelernt. Dieser besucht ihn dann und erzählt ihm von seinem Meister, bei dem er die Kunst des Bogenschießens (Kyu-do, Weg des Bogens) und des Schreibens (Sho-do, Weg des Schreibens) geübt habe. Und das ist das Motiv seines Besuches: „Ich bin zu Ihnen gekommen, damit Sie ihn (den Meister) kennenlernen. Er ist gerade einige Tage hier in Tokio."

Graf Dürckheim zögert nicht, dieses für ihn bedeutungsvolle Angebot anzunehmen. Im Tagebuch sind die ersten Begegnungen mit dem Zen-Meister festgehalten:

Und so besuchte ich eines Morgens um acht Uhr diesen Meister in seinem Hotel; wirklich eine wunderbare Gestalt. Es ist etwas Fabelhaftes um diese Menschen! Ich war in der Frühe zwei Stunden bei ihm, und so groß ist die ordnende Wirkung, die von diesem Mann ausging, daß ich mich am Abend, nach einem reichlich bewegtem Tag noch hinsetzte und eine ganze Abhandlung schrieb ... Nach einigen Tagen kam er dann zu mir, ebenfalls in der Frühe, einzige Zeit, die ich noch frei hatte ... Diese ersten Gespräche sind natürlich immer eher tastend. Das Übersetzen von Satz zu Satz erschwert auch die Unterhaltung, und doch sind solche Begegnungen sehr lohnend.

Verfolgt man Dürckheims Aufzeichnungen weiter, dann ist – von Ende 1940 an – ein Übergang von der Erfüllung seiner amtlichen Funktionen zum Wesentlichen hin, das sein Interesse geweckt hat, nicht zu verkennen, zum Beispiel auch im Brief vom 10./20. Januar 1941. Er lebt mittlerweile ein ganzes Jahr in Japan. Und da kommt er darauf, daß man in der Begegnung mit dem Japanertum drei Schichten unterscheiden müsse: Die erste Schicht umfaßt den Alltagsjapaner, der seinen Arbeiten und Geschäften nachgeht; die zweite meint das traditionelle Japanertum, das sich im Shinto, dem Kaiserkult usw. ausdrückt; schließlich die dritte Schicht, die Dürckheim vorerst wenigstens andeutend zu umschreiben vermag. Sie liegt dort, „wo ein Wesen sich selbst wirklich vollendet, da verwirklicht es in seiner Weise das Göttliche. Und das ist es auch, was uns dieser Selbstvollendung gegenüber berührt. Am direktesten wird das natürlich dem Menschlichen gegenüber fühlbar." Überlegungen wie diese hindern aber den Tagebuch- bzw. Briefschreiber zu diesem Zeitpunkt noch nicht, die innere Distanz zum Nationalsozialismus und zu einer nationalsozialistisch getönten Kulturauffassung deutlich werden zu lassen. Noch existieren für ihn beide „Welten" nebeneinander, ohne in Konflikt zu geraten. Noch scheint er nicht zu ahnen, daß er sich zwischen den völkischen Idealen und dem spirituellen

Leben würde entscheiden müssen. Was ihm vom Zen her zukommt, wird eher als Zugewinn angesehen. Immerhin ist unter dem 11. Februar 1941 die Feststellung vermerkt:

Inzwischen habe ich mir mein Leben um eine wichtige Sache *bereichert*, indem ich nämlich angefangen habe, Bogen zu schießen, – in meinem „gewaltigen Park" (!) von zweieinhalb Metern (Entfernung) auf ein großes Strohbündel.

Graf Dürckheim erinnert sich, einmal einen Zeitschriftenartikel von Eugen Herrigel, über die ritterliche Kunst, gelesen zu haben. Herrigel, zu diesem Zeitpunkt Professor für Philosophie an der Universität Erlangen, hatte bereits 1921 in Heidelberg einen ersten Kontakt mit Zen gewonnen. Sein Interesse wurde durch den an der Heidelberger Universität weilenden Shuej Ohasama[98] geweckt. Während seiner fast sechsjährigen Lehrtätigkeit an der Tohoku Universität in Sendai in den zwanziger Jahren erlangte er als einer der ersten Europäer die Meisterschaft in der Kunst des Bogenschießens, seine Frau Gusty L. Herrigel übrigens gleichzeitig in der des Blumenstellens (Ka-do, Weg der Blumen)[99]. Herrigels inzwischen weit verbreitetes Buch „Zen in der Kunst des Bogenschießens"[100] wurde erst nach dem Zweiten Weltkrieg veröffentlicht. Immerhin genügte Graf Dürckheim die Kenntnis des Zeitschriftenaufsatzes als erster Hinweis, denn er schreibt in seinem Brief: „Mein Lehrer ist der Meister vom Meister von Herrigel. Das war natürlich, was mich veranlaßte, die Sache anzufangen. Ich weiß, daß ich auf diese Weise Dinge über Japan lerne und auch für mich profitiere, die man nirgends aus Büchern oder auf andere Weise erfahren kann." Noch scheint es Dürckheim um Information „über" Zen zu gehen – oder sind diese Zeilen mehr auf die Leser in der Heimat berechnet?

Die Wochen und Monate sind in jeder Hinsicht ausgefüllt. Eine ständige Zweitsekretärin neben Fräulein Witt wird in Dienst genommen. Trotz des allgemeinen, kriegsbedingten Benzinmangels stellen die Behörden Dürckheim einen eigenen Wagen zur Verfügung, ein deutliches Zeichen dafür, wie hoch sie sein Tun auch im Interesse Japans einschätzen. Der Strom der Besucher im Haus des deutschen Kulturdiplomaten reißt nicht ab: „Heute – am 5. März 1941 – besuchte mich der Oberbürgermeister von Nigata ... Davor hatte ich einen Herrn vom Vorstand der Gesellschaft für Völkerkunde Ostasiens, in deren Vorstand ich auch bin, zu Tisch. Übermorgen kommt der Herausgeber der Zeitschrift ‚Riso', ein bekannter Philosoph, Professor Oe, zu mir; er will philosophisch diskutieren. Morgen bin ich bei Frau Araki zum Essen ... Und morgen früh kommt der Leiter des Japanisch-Deutschen Kulturinstituts zu mir, um wegen eines Vortrags zu verhandeln, den ich nächstens dort halten soll. Heute früh war der Kulturattaché der Botschaft bei mir zum Frühstück ... Gestern abend war Herr Sahl bei mir zum Abendessen ... Vorgestern war zum Mittagessen ein kleines Gremium von Japanern und Deutschen, die besonders an Kunst interessiert sind – na, so so geht es immer weiter." Ist es da verwunderlich, wenn die Hausangestellten kein besonderes Mitgefühl entwickeln, als ihr „Herr" (Danasan) für ein paar Tage an Grippe erkrankt ist und endlich mal auf die üblichen Arbeitsanweisungen verzichten muß? Von seinen „Hausgeistern" in der Küche kann er der besorgt fragenden Mutter berichten: „Die kochen nach wie vor viel zu gut!" Und das mitten im Krieg, da die Lebensmittelrationierungen nicht nur in Deutschland immer strenger werden! Zwischendurch über das Bogenschießen:

Viel Ruhekräfte gibt das Bogenschießen. Montag früh war der Meister wieder da und kommt auch morgen vormittag wieder. Das sind immer sehr lange philosophische Gespräche über das, was unserer Zeit nottut und was es mit dem Bogenschießen auf sich hat. Dann wird höchstens zwanzig Minuten (geübt), das heißt, es werden sechs bis acht Pfeile geschossen ... Ganz seltsame Sache, ganz etwas anderes als man sich in Deutschland darunter vorstellen kann. Darüber werde ich später mal was veröffentlichen ...

(Am 19. März 1941:) Das Bogenschießen macht Fortschritte und bringt mich jeden Tag mindestens dreißig Minuten an die frische Luft, zugleich eine wunderbar konzentrierende und beruhigende Übung!

Mehr als vier Jahrzehnte später, als der etwa Siebenundachtzigjährige Karl Schnelting vom Zweiten Deutschen Fernsehen in Mainz ein ausführliches Interview gewährte, berichtete Dürckheim davon, wie es der Übung von etwa drei Jahren bedurft habe, bis er die Technik des „zielfreien" Schießens mit dem Bogen einigermaßen erlernt hatte. Und dies sei sein Einstieg in die besondere Form des Zen gewesen, bei der es nicht auf die zu erwartende Treffsicherheit ankommt. Graf Dürckheim erinnerte sich in diesem Zusammenhang:

Ich weiß noch, wie ich einmal in Anwesenheit des Meisters schoß und der Pfeil von selber wegging; „ich" hatte nicht geschossen. „Es" hatte geschossen! Der Meister hat das gesehen, nahm mir den Bogen aus der Hand und mich in seinen Arm – was ja sehr selten ist in Japan! – und sagte: „Das war's!" Er lud mich zu sich nach Hause zum Tee. – So hat mir das Bogenschießen unendlich viel gebracht. Denn die Beherrschung einer solchen traditionellen japanischen Technik hat ja den Sinn, *nicht* eine vollendete Leistung in sportlicher Hinsicht, sondern sie bedeutet: einen Schritt vorantun auf dem inneren Weg ...

Das perfekte Können müsse allerdings auch hier erlernt werden. Es hat eine beinahe „ewige" Wiederholung der erforderlichen Haltungen und Bewegungen zur Voraussetzung und verlangt große Geduld und Hingabe des ganzen Menschen. Das zentrale Anliegen des Zen sei daher die „Einswerdung des Menschen mit dem Wesen", wie Dürckheim es später genannt hat.

Doch wieder zurück in die vierziger Jahre: Binnen zwei Monaten ist Graf Dürckheims in Japan veröffentlichtes Büchlein über „Volkstum und Weltanschauung", Auflage 3000 Stück, vergriffen. Der Autor äußert sich befriedigt, als die Rezensenten hervorheben, „daß dies Buch das wahre Gesicht des nationalsozialistischen Deutschland restlos aufzeige ..." Es ist als Lob gemeint! Eben dieses „Gesicht" gilt es auch in einer Reihe von Vorträgen landauf, landab den Japanern, den germanophilen zumindest, zu präsentieren: in Osaka, Kumamoto, Nagasaki und Fukuoka. Gereist wird im April im japanischen Nord-Süd-Expreß. Daß Hitlers Geburtstag von einem Beauftragten der Reichsregierung nicht ausgelassen werden darf, versteht sich von selbst. Dürckheim zu seinem Auftritt an dieseit 20. April im Deutsch-Japanischen Kulturinstitut in Kumamoto: „Zwei Stunden Vortrag über den deutschen Geist, am Geburtstag des Führers, das ist schön!"

Im Widerstreit mit derlei Feststellungen dann wieder Erinnerungen an das, was Dürckheim mehr und mehr zu interessieren begonnen hat, so am 25. August 1941 von Karuizawa aus:

Ich war eine ganze Woche Hausgast meines Bogenmeisters in Osaka, gelegentlich seines Sommerkurses, zu dem etwa dreißig Schüler zusammengekommen waren. – Meine Forschungsarbeit geht weiter und bewegte sich in der letzten Zeit besonders in Richtung der religiösen Grundlagen der japanischen Kraft, also um Shinto und Buddhismus ... Je mehr man über alle Erklärungsversuche an die Sache selber herankommt, desto mehr findet man sich vor letzten Urgegebenheiten überhaupt – in gleichem Maße fallen dann die Unverbindlichkeiten aus sprachlichen, historischen oder völkischen Gründen weg.

Also auch die „völkischen" Faktoren! Die Aussage signalisiert, in welche Richtung sich Dürckheims Denken mehr und mehr bewegt. Die Diskrepanz zu dem, was bisher in seinen propagandistischen Vorträgen im Vordergrund gestanden hat, ist nicht zu verkennen. Doch daß der Prozeß einer Wandlung nur verhältnismäßig langsam voranschreitet, dafür sorgen auch die – vorerst noch anhaltenden – Siegesmeldungen aus dem „Reich". Der Feldzug gegen die Sowjetunion befindet sich in vollem Gang. Seitdem ist die Verbindung zur Heimat, zur Dürckheim-Familie, erheblich gestört. Ein Brief, der von einer Festlandreise berichtet, die Graf Dürckheim Anfang Oktober 1941 in Begleitung seiner Sekretärin Ursula Witt unternommen hat, kommt erst am 25. Januar 1943 in Berlin an, also mit eineinvierteljährlicher Verspätung! Das gilt auch für die Folgezeit. Mal geht ein Telegramm durch, mal ein über Kurzwelle ausgestrahlter Radiogruß, selten ein Brief. Die Isolation ist nahezu perfekt. Von seiner Reise nach Peking, Nanking und Shanghai ist immerhin zu berichten: „Überall sind alte Bekannte und Freunde, die mir helfen werden, in der kurzen Zeit möglichst viel von Land und Leuten zu lernen. Dabei soll mich weniger die aktuelle Politik als das Gefüge der bleibenden geistigen Kräfte beschäftigen."

Diese Gedanken bewegen ihn auch nach der Rückkehr weiter, und zwar künftig vor allem von Karuizawa aus, dem kleinen Bergstädtchen nahe bei Tokio, das er schon von seinem ersten Japan-Aufenthalt her kennt. Hier hat er sich im Sommer 1942 ein – für Dürckheims Vorstellungen – „kleines Häuschen" gemietet, das in der Regel von Helma Ott und Ursula Witt besorgt wird. Eine zweiwöchige Reise nach Kioto, an den Biwasee, sowie nach Nara und Kobe hat er gerade hinter sich. Unter dem 15. Juni 1942 notiert er:

Ich komme mehr und mehr davon ab, von der Ähnlichkeit des deutschen und japanischen Wesens zu sprechen. Es gibt zwar gewisse Gemeinsamkeiten, ... aber das Zuviel-Reden erzeugt auf die Dauer einen inneren *Widerspruch* (!) ... und (man lernt) die Fruchtbarkeit der Freundschaft in der Möglichkeit zur *Ergänzung* zu sehen, vor allem auf geistigem Gebiet ... Ich merke, daß, wo ich aus dieser Haltung heraus spreche oder schreibe, das Interesse und die Zustimmung besonders groß und ehrlich ist. So lernt man mancherlei mit der Zeit dazu. Ich werde mir auch *allmählich* immer klarer, was die Dinge sind, an denen wir Deutsche besonderes Interesse haben und immer mehr haben werden.

Das sind zweifellos wichtige Sätze. Sie muten wie eine Art Zwischenbilanz an. Das Widersprüchliche in der bisherigen Arbeit und Lebensweise wird zumindest partiell eingestanden. Bewältigt ist aber der Widerspruch noch lange nicht. Denn das hätte für ihn bedeutet, sich von seinen nationalsozialistischen Auftraggebern und Dienstherrn faktisch zu distanzieren, wenn nicht in den politischen Widerstand zu gehen, der sich ungefähr zur gleichen Zeit in Deutschland formierte bzw. in ein entscheidendes Stadium seiner Entwicklung eintrat. Noch hat aber die bisherige Denkweise bei Dürckheim die Oberhand. Der ehemalige Frontoffizier macht sich ein schlechtes Gewissen wegen seiner „friedlichen Arbeit" im fernen Japan: „Natürlich hat jeder auf seinem Platz das Seine zu tun und zu leisten, aber es ist schon scheußlich für einen gesunden Mann, nicht dort zu stehen, wo es schießt. Das ist natürlich primitiv, aber es ändert nicht, daß man so empfindet." An der Aufrichtigkeit dieses Geständnisses ist sicher nicht zu zweifeln. Noch hält Dürckheim auch an der gängigen Ideologie von der Vormachtstellung Japans fest, so wenn er am 15. Juni 1942 schreibt:

... Japan im Besitz von ganz Südostasien! Das ist einfach gewaltig! Niemand wird und kann das den Japanern streitig machen. Es ist ihr historisches und geopolitisches Recht. Und wir freuen uns über die Schläge, die sie unseren Feinden erteilt haben. Im weiteren Zusammenhang ist die Rede vom „nötigen Lebensraum" und von der Japan „im Osten zustehenden Stellung".

Das Nebeneinander geopolitisch gefärbter Vorstellungen und des Versuchs, zum Spirituellen, zum Übernationalen, Transpersonalen, zum tragenden Grund vorzustoßen, hält an. Anfang Mai spricht Graf Dürckheim in der Universität von Hiroshima zum Thema „Zur Philosophie der menschlichen Reife". Bemerkenswerterweise entfaltete er sein Thema am Beispiel des Bogenschießens. Er weist darauf hin, daß es dabei gar nicht auf die Treffsicherheit ankomme, als vielmehr auf die innere Haltung und auf die innere Entwicklung des Menschen: „Man kann auch sagen: Der Mensch reift in der unablässigen Übung. Und je reifer er wird, um so mehr wird auch die gute Leistung einst ganz von selbst, wie die Frucht von der reifen Ähre, abfallen." Dürckheim schließt mit dem Hinweis auf Meister Eckhart, der vom gewöhnlichen, vom ungeübten Menschen schreibe, von dem noch ganz im Dasein befangenen, „ungelassenen" Menschen, und andererseits von dem, der zu seinem tiefsten Grund gelangt sei: „Dieser tiefste Grund, das wahre Selbst des Menschen, ist der göttliche Grund; was uns im bloßen Dasein festhält, das Ich." So sucht der Professor aus Deutschland seine japanischen Zuhörer mit einer geistigen Tradition bekannt zu machen, die bisher in Dürckheims Vorträgen kaum eine Rolle gespielt hat, jedenfalls keine richtungsweisende. Dabei kann hier unerörtert bleiben, inwieweit das dabei entfaltete Eckhart-Bild eine gewisse Authentizität beanspruchen kann. Bedeutsam ist aber zweifellos Dürckheims in Japan wiederholt vorgetragener Hinweis auf diesen Hauptvertreter der deutschen Mystik. In seinem Bericht über diesen Vortrag in Hiroshima heißt es weiter:

Mit derselben Schärfe, mit der Eckhart uns zuruft, unsere Ich-Befangenheit im bloßen Dasein aufzuheben und uns völlig hineinfallen zu lassen in den unendlichen Abgrund des göttlichen Lebens, mit derselben Schärfe befiehlt er uns, wo immer wir das Erlebnis der göttlichen Einheit haben, aus diesem heraus nun als Verwandelter das ganze Dasein zu ergreifen und in ihm gottgemäß zu wirken. Sind wir wahrhaft Verwandelte, dann können wir gar nicht anders, als bestimmt von der göttlichen Mitte her zu wirken, so wie der Stein, der zur Erde drückt, gar nicht anders kann, als zur Mitte hin zu drücken. Und eben so sollen wir werden ... Doch frage ich Sie: Sind wir nicht von Natur wie der Stein, der zur Mitte hin will? Und kommt es nicht darauf an, daß wir es ergreifen? Und was hindert uns, daß wir es tun?

Ein weiteres Indiz für die in Japan begonnene innere Wende stellt eine kleine Schrift mit dem Titel „Meister Eckehart" dar.[101] Das im Jahre 1942 geschriebene Manuskript von 85 Seiten Umfang ist Mitte November 1943 im Verlag Riso in japanischer Sprache erschienen. Ein Kapitel ist „Eckehart und Zen" gewidmet. Auf die hin und wieder gestellte Frage nach dem Verhältnis von Meister Eckharts Mystik zu Zen sei er zwar geneigt zu sagen: sie haben vieles gemeinsam. Wenn er aber dann versuche, sich darüber Rechenschaft zu geben, worin dieses Gemeinsame im einzelnen bestehe, müsse er gestehen: „Bei genauem Hinsehen kann ich nichts finden ... Ich fühle: Sie (Eckhart und Zen) meinen vielleicht beide das gleiche. Was ist das nur? Vielleicht ist es hier wie dort die gleiche kristallklare Luft, wie sie um den Gipfel eines hohen Berges an einem klaren Herbstmorgen ist. Hier wie dort ist einem so frei ums Herz. Man steht auf ganz festem Grund und wird emporgehoben über alle Dinge, und ist doch mitten darin, und die Welt liegt durchsichtig und klar vor Augen, als sehe man ihr auf den Grund. So ist es bei Eckehart und so ist es bei Zen."

Auf dieser gedanklichen Spur bewegt sich Dürckheim weiter, wie andere zwischen 1943 und 1945 entstandene Texte zeigen, etwa das Manuskript „Der Geist der europäischen Kultur – Ein Beitrag zur Geophilosophie" (1943).[102] Danach könne

„Lebensganzheit im tiefsten Sinne" nur begreifen und bewähren, wer die Bindung an das bloße raumzeitliche Dasein aufgegeben hat und damit alle auf Durchsetzung egoistischer Interessen und Strebungen eingestellte Ichhaftigkeit. Das sei unter einer religiösen Perspektive zu sehen.

„Religiös" bedeutet hier freilich nicht die Richtung auf Einzelerlösung, sondern darüber hinaus die Richtung auf Verwirklichung des einen göttlichen Lebens und Wesensgrundes *in* den Lebensgestalten unseres Daseins. Wo wir zu dieser Existenzform durchgedrungen sind, erscheint vorerst unser Volk als die uns zur Daseinsentfaltung aufgegebene Erscheinungsform des göttlichen Weltgrundes. Dann aber ist uns auch die Erde aufgegeben als eine natürliche organische Lebensganzheit von Gliedern, und darin als „Völkererde" die umfassendste geschichtliche Entfaltungsform des göttlichen Wesensgrundes. Deutschland und Japan begegnen sich nicht nur in der Fähigkeit, diesen Tatbestand zu begreifen, sondern auch in der Ergriffenheit von dieser religiösen Sinnrichtung des Lebens und in der Kraft zur Erfüllung der in ihr enthaltenen Aufgabe zur wesensgemäßen Gestaltung der Erde.

Auch bemüht Dürckheim sich immer noch um eine Verschmelzung einer überkonfessionellen Religiosität mit völkischen, ja selbst mit nationalistischen Wertvorstellungen. Da ist zum Beispiel von der Sinngebung des gegenwärtigen Krieges die Rede. Er ziele hin auf eine neue Ordnung der Erde. Der Verfasser geht sogar noch so weit, das „Führerprinzip" der Nazis für seine Geophilosophie als dominierenden Faktor für die zukünftige Weltgestaltung in Anspruch zu nehmen, indem er fortfährt: „Den Taten des Krieges muß aber das Werk des Friedens folgen, der Vernichtung des Feindes, der Aufbau der neuen Ordnung. Erst wenn auch dies gelingt, haben unsere Völker den Nachweis erbracht, daß sie *Führer*völker sind. Aber gerade diese Kraft zum Aufbau ist, so scheint mir, unseren Völkern gemeinsam. Mitten im Kriege hat schon die Arbeit der Neuordnung begonnen." Aber was für eine Neuordnung wäre das geworden?

Ein nicht datierter, aber offensichtlich in diesen Ideenzusammenhang gehörender weiterer Aufsatz über „die geistesgeschichtlichen Grundlagen des neuen Europa" verweist ausdrücklich auf „das faschistische wie das nationalsozialistische Führerprinzip." Es gehe darum, in dem zu schaffenden Europa ein bestimmtes „Lebensbild" zu schützen, ein Auftrag, „der von niemandem besser übernommen werden kann als von den *Führer*völkern Deutschland und Italien, denn sie haben die in diesem Lebensbild wirkenden Kräfte zu den bewegenden und sinngebenden Kräften ihrer eigenvölkischen Neuordnung gemacht."

So haben sich noch eine Reihe anderer Manuskripte mit ähnlicher Themenstellung erhalten, die Graf Dürckheim während der letzten Jahre seines Japanaufenthaltes verfaßt hat. Anfang 1945 arbeitet er an einem „Buch vom Mensch-Sein". Und im März desselben Jahres, als der Zusammenbruch des Hitler-Reiches und damit des Nationalsozialismus unmittelbar bevorsteht, liest man in seinem Aufsatz „Quelle und Form": „Wo das Volk, sich seiner überraumzeitlichen Quelle bewußt, bereit ist zu jeder Selbstüberwindung, die die jeweilige Daseinsform von ihm fordert, steigt es durch Siege und Niederlagen stetig von Stufe zu Stufe."

Von Siegen im „raumzeitlichen" Bereich kann in diesem Augenblick längst nicht mehr die Rede sein, auch nicht, was die Familie Dürckheims angeht. Bei den Luftangriffen der letzten Kriegsjahre werden die Wohnung und die restliche Habe zerstört. Die in ihren Siebzigern stehende Mutter, Charlotte Gräfin Dürckheim, verliert auf diese Weise auch noch ihre kleine Berliner Wohnung mit dem ganzen Mobiliar. Die einstige Herrin von Schloß Bassenheim und Rittergut Steingaden besitzt jetzt nicht mehr, als was sie am Leibe trägt und in einem kleinen Handköfferchen aus dem Luftschutzkeller herausbringt. Und Karlfried Dürckheim, dessen Wohnung in Tokio durch Bombenangriff zerstört worden ist, schreibt gegen Kriegsende einem japanischen Freund: „Alles, was ich selbst in Deutschland besaß, ist restlos verbrannt ... Es wäre eine Lüge zu sagen, daß diese Nachricht mich ganz kalt gelassen hätte. Meine ganze Bibliothek, altes Familiengut, tausend persönliche Erinnerungen und meine Manuskripte – alles ist endgültig dahin!" – Und doch trägt Dürckheim das Erlittene mit Gelassenheit, indem er hinzufügt: „Das unermeßliche Leiden, das heute in Deutschland ist, wird das deutsche Volk um eine Stufe höher bringen und noch mehr zu sich selbst, und tiefere Lebenseinstellungen gebären ..."

Wann mag Graf Dürckheim selbst die entscheidende Lebenswende vollzogen haben? Die aufgeführten Lebenszeugnisse sprechen für einen sehr langsam sich vollziehenden Prozeß der Wandlung. Von einem spontan einsetzenden „Durchbruch" kann kaum die Rede sein. Und wo er – in einem nicht datierten Brief an einen japanischen Freund – diese Vokabel benützt, da tut er es im Blick auf die Zukunft, also in deutlicher Abkehr von seiner bisherigen Tätigkeit im Dienste jener Auftraggeber, die ihn am 20. April 1944 mit dem Kriegsverdienstkreuz zweiter Klasse dekoriert haben.[103] In jenem Brief heißt es:

Wenn ich an die führende Schicht der kommenden Zeit denke, so geht es vielleicht um so etwas wie politisches, das heißt völkisches und doch zugleich *übervölkisches Satori*, das heißt um den *geistigen Durchbruch* zur letzten Wirklichkeit, – wobei aber das suchende Subjekt dieses Durchbruchs nicht der Einzelne, sondern ein im Einzelnen zum Bewußtsein kommendes größeres Selbst ist.

Die Bedeutung des in diesem Votum Gesagten ist im langwierigen Erkenntnis- und Reifungsprozeß Dürckheims sicher nicht zu unterschätzen. Mit einem Mal scheint sich der von ideologischen Nebeln verhangene Horizont zu öffnen. Denn das im Einzelnen zum Bewußtsein kommende „größere Selbst" läßt etwas ahnen von den Grundelementen der Dürckheimschen Anthropologie, die als Basis seiner Initiatischen Therapie zu gelten hat. Zu denken ist in diesem Zusammenhang auch an C. G. Jungs „Selbst" als eine dem bewußten Ich übergeordnete Größe. „Es umfaßt nicht nur die bewußte, sondern auch die unbewußte Psyche und ist daher sozusagen eine Persönlichkeit, die wir auch sind."[104] Und mehr als das – Dürckheims Äquivalent ist das „Wesen", durch das der Mensch in jeweils individueller Weise am Sein teilhat, nämlich am „überraumzeitlichen Großen Leben. Das ‚Wesen' ist die Weise, in der der unendliche Ursprung des Menschen in seiner ichbedingten Endlichkeit anwesend ist. Das Wesen ist die Weise, in der das Sein in einem Menschen danach drängt, in bestimmter Gestalt offenbar zu werden in der Welt."[105]

Doch ehe die Gestaltwerdung des Wesens als das „wahre Selbst" legitimerweise bezeugt werden kann, sind Feuerproben zu bestehen, die ebenfalls individuell geartet sind. Ohne sie wäre Dürckheims Japan-Erfahrung unvollständig. Zum „übervölkischen Satori" gehören Leid und Enttäuschung ...

In japanischer Gefangenschaft

Inzwischen spricht der Krieg seine unmißverständliche Sprache, auch in Ostasien. Die Träume des „Geophilosophen" erweisen sich als das, was sie im Ansatz gewesen sind. Die Großoffensiven der Amerikaner unter General McArthur und Admiral Nimitz verdrängten die Japaner nicht allein aus dem südwestlichen und mittleren Pazifik, sondern die Angreifer landeten Anfang 1945 auf den japanischen Inseln Iwojima (am 19. Februar) und Okinawa, von wo aus sie verlustreiche Bombenangriffe auf die japanischen Hauptinseln starten konnten. Die „Ordnungsmacht" im Fernen Osten wird militärisch ebenso ausgeschaltet wie die beiden „Führervölker" Italien und Deutschland, das im Mai 1945 kapituliert. Zwar kämpft Japan noch wenige Monate weiter. Dann aber führen die Atombomben-Abwürfe auf Hiroshima am 6. und auf Nagasaki am 8. August den sofortigen Zusammenbruch herbei. Am 8. September rücken amerikanische Truppen in Tokio ein. Die Kapitulation aller japanischen Truppen ist am 24. Oktober abgeschlossen.

Für Graf Dürckheim ist damit eine völlig neue Situation gegeben. Er wird am 16. Oktober verhaftet. Da seine Tokioer Wohnung durch Bomben zerstört ist, dürfte die Gefangennahme in Karuizawa erfolgt sein. Die Amerikaner bringen ihn ins Sugamo-Gefängnis nach Tokio. Die Empfangsbescheinigung für die bei Inhaftierung abgenommenen Gegenstände[106] trägt das Datum vom 25. Oktober 1945. Weil sich einige Briefe und Dokumente aus der Haftzeit erhalten haben[107], sind wir über Dürckheims Situation einigermaßen informiert. Darunter befindet sich ein Brief vom 4. Februar 1946 an Ursula Witt, die das Haus in Karuizawa, Nr. 1564, hütet und sich unter anderem um Rückerstattung der ihr und Graf Dürckheim gehörigen, von den Finanzbehörden des US-Hauptquartiers in Tokio konfiszierten Geldbeträge bemüht. Dürckheim bekennt sich in diesem Brief zu seiner tiefen Niedergeschlagenheit, die die ersten drei Monate der Haft in ihm ausgelöst haben. Und doch versucht er dem nichtjuristischen „Prozeß", auf den er sich gefaßt macht, mit Ruhe entgegenzusehen. Er spricht von

(einer Schicksalsfügung), die mir durch Gott bestimmt ist, und als eine Chance, spirituell nach innen und vorwärts zu kommen. Im Grund meiner Seele, wage ich zu sagen, herrscht große Stille. Je länger es dauert, desto mehr weiß ich, daß nichts in meinem innersten Selbst mich berühren kann ... Aber das ist nur eine Seite der Medaille. Ich bin ein menschliches Wesen, und solange ich im Gefängnis meines Körpers bin, leide ich ... Je länger ich hier bin, verspüre ich eine zunehmende Depression, und zwar eine sehr ernste. Es ist nicht die gewöhnliche Niedergeschlagenheit, die kommt und geht. Meine liegt tiefer ...

Anfangs war Dürckheim zuversichtlich gewesen. Als andere Mitgefangene ihrem Unmut über die Tatsache der Inhaftierung aus politischen Gründen Luft machten, beschwichtigte er sie mit dem Hinweis, jeder müsse seinen Weg gehen, auch werde jeder im Sinne der Wahrheitsfindung eine faire Behandlung erfahren. Er habe sich aber mit dieser Zuversicht geirrt, heißt es in dem Brief. Verglichen mit der ursprünglichen Zusage, es werde sich nur um wenige Tage der Prüfung handeln, sieht sich Dürckheim betrogen. Im übrigen spricht er von demütigenden Befragungen. Die den Amerikanern vorliegenden Texte, ein 33 Seiten umfassendes Statement von ihm und eine Stelle aus dem Tagebuch zu (Dürckheims Bewertung des Jahres) 1933 lassen Widersprüche erkennen. Man bezichtigt ihn der Verlogenheit (a complete liar). Die Möglichkeit einer Aufklärung wird ihm nicht eingeräumt. Aber, so ist hier hinzuzufügen, hätte ihm eine solche Aufklärung zu seinen Gunsten mit all den von ihm allein in Japan produzierten Texten und Vorträgen gelingen können?

Als Folgen der mit all dem verbundenen Aufregungen stellen sich Herzattacken und Krämpfe ein. Die angewandten Methoden der Wahrheitsfindung hält er bei hartgesottenen Kriminellen für angemessen, nicht aber bei ihm. Jetzt fühlt er sich völlig hilflos, gequält, ja dem Zusammenbruch nahe:

Trotz meiner spirituellen Einstellung, auf die ich mich zurückziehe, so oft ich kann ... bin ich doch auch ein normaler Mensch und kann das nicht viel länger aushalten. Und ich bin überhaupt nicht sicher der Reaktion am Tag, wenn ich draußen bin. Ich will Dich (Ursula Witt) nicht ängstigen, aber ich muß es einmal loswerden.

Bedenkt man, wie Dürckheims Lage eines allseits hofierten, auch in schwerer Kriegszeit mit vielerlei Vorteilen bedachten Diplomaten jäh umschlug in die eines Gefangenen, dem man nicht einmal Glauben schenkt, dann ist die im Brief ausgedrückte Empörung wohl verständlich. Er klagt über Schlaflosigkeit und Erschöpfung, sagt andererseits aber, er habe eine Methode, „wieder und wieder zur Ruhe zu kommen". Doch sie will sich nicht in der gewünschten Weise bewähren. Wie wenig der deutsche Graf, dem doch amerikanische Zeitschriften mit Berichten über die KZ-Greuel zugänglich sind, die Realitäten einzuschätzen vermag, verrät der Satz: „Wenn sie mich in ein Konzentrationslager geworfen hätten und mich (wie) jeden Nazi ein Jahr hart arbeiten lassen, so würde mir das nichts ausmachen ..."

Ungeduldig zählt Dürckheim die Tage seiner Inhaftierung; inzwischen sind es mehr als einhundert. Er hofft, daß seine Untersuchungsbeamten zu einer akzeptablen Befragungsmethode zurückkehren. Und dafür gibt es auch einen Hoffnungsschimmer. Im Postskript des langen, wohl während einiger Tage niedergeschriebenen Briefes heißt es: „Neulich besuchte General Thorpe von CIC das Gefängnis. Nun bin ich zuversichtlich, daß meine Sache in äußerster Fairnes behandelt wird." Aber so rasch ändert sich Dürckheims Situation nicht. Von Menschen, die unter den Nazis Schweres erlitten haben und die ihren Haß loswerden wollen – es dürfte sich um Juden handeln – wird der Graf als „Nazi-Propagandist" beschimpft. Wie soll er sich solcher Vorwürfe erwehren? Ein späterer Brief an Ursula Witt vom 5. April 1946 schlägt wiederum Töne der Hoffnungslosigkeit an: „Die Lage wird immer unerträglicher – schlechteste Atmosphäre. Wir versuchen uns gegenseitig davon abzuhalten verrückt zu werden. Das Gelächter wird mehr und mehr hysterisch, wenn einer den anderen mit einem Witz aufzuheitern versucht ..." Die psychischen Reserven, mit denen sich der einzelne unter Kontrolle zu halten versucht, nehmen zusehends ab. Es ist erstaunlich, daß Briefe mit diesen Äußerungen die Zensur der Gefängnisleitung durchlaufen haben. Freilich besteht kaum Anlaß für die Gefangenen, sich über schlechte Behandlung und mangelhafte Verpflegung zu beschweren. Selbst Besuche sind gestattet; so hat Ursula Witt ihren Chef wiederholt im Gefängnis gesprochen.

Was Dürckheim besonders aufregt, das ist eine Meldung der US-Zeitschrift „Stars and Stripes" vom 28. März 1946. Darin wird „Count Dürckheim" als „acquaintance of Goebbels and Rosenberg, director of the Nazi-Propaganda throughout the orient" diffamiert. Der Beschuldigte kontert: „Nie in meinem Leben sprach ich ein Wort mit Goebbels, nie mit Rosenberg. Es gab nie eine Verbindung mit ihren Büros oder ihrer Arbeit – so, und nun dieses Statement! ... Meine Geduld ist am Ende."

Schließlich ergreift der Gefangene die Initiative und wendet sich mit einem Schreiben an die der Gefängnisleitung vorgesetzte Behörde. In diesem Brief vom 30. Mai legt er dar, worin sein Auftrag eigentlich bestanden habe: Seit 1938 sei er für das deutsche Unterrichtsministerium tätig gewesen, um die freundschaftlichen Beziehungen zu akademischen Kreisen in Japan zu fördern. Er habe Vergleiche zwischen westlicher und östlicher Spiritualität angestellt, ferner darüber publiziert. Speziell habe er sich betätigt in Meditation, Atemübung, Malen, Bogenschießen und Teezeremonie. Dies sei unter besonderer Berücksichtigung von Shinto und Buddhismus geschehen. Besonderen Wert legt der Schreiber dieses Beschwerdebriefes darauf, daß die Resultate seines Schaffens in Japan nicht verlorengehen sollten. Deshalb bietet er der amerikanischen Behörde seine Dienste an, sofern Interesse besteht, die Erträge seiner Arbeit zusammenzufassen, bevor die erhoffte Repatriierung nach Deutschland erfolgen kann. – Man sieht, das diplomatische Geschick hat den Grafen nicht verlassen. Hätte aber die Anklagebehörde Dürckheims allein in Japan veröffentlichte Texte sowie die Berichte über seine Aktivitäten genauer geprüft, so wäre deutlich geworden, unter welchem Vorzeichen bzw. mit welcher ideologischen Zielsetzung seine Japan-Mission zwischen 1938 und 1945 tatsächlich verlaufen war!

Anderen Zeugnissen aus der Haftzeit, etwa von Frühjahr 1946 an, ist zu entnehmen, daß seine gesundheitliche Situation sich wesentlich verbessert hat. Er ist nun in der Lage, in seiner Zelle literarisch zu arbeiten. Es entstehen Gedichte, ein Sermon, allerlei Aufzeichnungen, darunter der Entwurf für ein Buch, das betitelt sein soll: „Das Evangelium des Lebens". Vorgesehen sind die Kapitel: Vom göttlichen Leben, von der Seele, von der Vergänglichkeit, vom Geist, vom inneren Reich. – Es gibt auch allerlei Abwechslungen, die die Zeit verkürzen, zum Beispiel kleinere Hausarbeiten, Schachspiel, Lektüre. Die Briefe an Ursula Witt sind jetzt in einem merklich veränderten Ton abgefaßt. Wenn eine Klage mitgeteilt wird, dann ist sie eher privater Natur; etwa der Verlust des Steins aus dem Siegelring während des Küchendienstes. Und was seine Lektüre angeht, so empfiehlt er daraufhin seiner Freundin: „Magnificent Obsession" von Loyd Douglas und „The Fountain" von Charles Morgan, den Roman, der mancherlei Anknüpfungspunkte aufweist, weil er von einem britischen Offizier des Ersten Weltkriegs handelt, der interniert ist und die Zeit nutzt, um ein Werk über das kontemplative Leben von neuem zu beginnen bzw. fortzusetzen. Dürckheim erinnert sich seines Bogenmeisters Umeji: „Ich bin froh, diese Kunst erlernt zu haben, auch wenn ich nie mehr fähig sein sollte, diese zu praktizieren ..." Dann der bemerkenswerte Hinweis für Ursula Witt: „Wenn Du gelegentlich ein Buch über moderne Psychiatrie in die Hand bekommst, wäre ich dafür dankbar ... ich brauche es, um *meine zukünftige Arbeit* vorzubereiten."

Diese kurze Notiz stellt klar, daß Graf Dürckheim spätestens im Mai 1946 entschlossen ist, sich über Therapien zu informieren, so ungewiß das Wo und Wie einer damit zusammenhängenden „zukünftigen Arbeit" zu dieser Zeit noch sein mag. Er kann ja nicht wissen, welche Verhältnisse er bei Rückkehr in das darniederliegende Nachkriegsdeutschland vorfinden wird.

Die Verbindungen, die sich zu diesem Zeitpunkt zwischen Japan und Deutschland herstellen lassen, sind überaus dürftig. Um so bedeutungsvoller die erste Nachricht, die das Japanische Rote Kreuz am 7. August 1946 per Telegramm aus München ins Sugamo-Gefängnis übermittelt: „Mutter und Geschwister wohlauf in Steingaden." Dürckheim läßt seinerseits eine Botschaft über das Internationale Rote Kreuz in die Heimat gelangen, und zwar über Enjas Freundin Elisabeth von Schmidt-Pauly, „c/o Kardinal Faulhaber in München". Darin heißt es: „Mit anderen acht Monate in Haft, Anklage unbekannt, Anwalt abgelehnt, keine Verteidigungsmöglichkeit ... Bitte versuche zu helfen." Von dort ist aber verständlicherweise keinerlei Hilfe möglich.

Dürckheim wendet sich indessen auch an den Gefängniskommandanten Colonel F. W. Grary, den er darauf hinweist, seit elf Monaten inhaftiert und als Kriegsverbrecher beschuldigt zu sein, obwohl die offizielle Definition von „war-crime" (Kriegsverbrechen) auf ihn gar nicht zutreffe. Er beruft sich auf die grundlegenden Menschenrechte. Nicht ein einziges Mal habe er bisher Gelegenheit gehabt, sich zu verteidigen. Abschließend fragt er, wie es sich eigentlich verhalte, daß andere, die tatsächlich eine Nazi-Vergangenheit hatten, längst auf freiem Fuß seien, während er ohne Grund immer noch festgehalten werde.

Offensichtlich haben Dürckheims Argumente ihre Wirkung nicht verfehlt. In einer Kurzbotschaft, die Mitte Oktober über das Rote Kreuz nach Deutschland gelangt, erwartet er die baldige Repatriierung. Eine der letzten Nachrichten erhält seine Mutter in Steingaden am 6. Dezember 1946: „Wohlbehütet; Roman, Gedichtband, philosophische Aufsätze geschrieben. Erhoffe baldige Vereinigung mit Euch. Zukunftsgläubig: Dein alter Karlfried."

Noch einige Monate vergehen. Im Mai 1947 betritt Karlfried Graf Dürckheim nach mehr als sechsjähriger Abwesenheit wieder deutschen Boden. Aufgrund eines vom amerikanischen „Repatriation Center" in Ludwigsburg ausgestellten Papiers ist er nach Steingaden entlassen worden. Jahrzehnte später (1986) gefragt, wie er rückblickend die ungefähr sechzehn Monate seiner Gefangenschaft im Sugama-Gefängnis einschätze, antwortete Graf Dürckheim:

Das war für mich dennoch eine sehr fruchtbare Zeit. Die ersten Wochen hatte ich fast jede Nacht einen Traum, darunter solche Träume, die Elemente meiner zukünftigen Arbeit vorausnahmen. In der Zelle umgab mich eine große Stille. Ich konnte für mich arbeiten. So begann ich einen Roman zu schreiben. Meine Zellennachbarn warteten immer schon auf die Fortsetzung. Wertvoll war diese Zeit der Gefangenschaft für mich eben deshalb, weil ich das Exerzitium des Za-Zen hatte und stundenlang still sitzen konnte.[108]

So steht die Bedeutung, die Zen für Graf Dürckheim während seines Japan-Aufenthaltes, vor allem gegen dessen Ende, erlangt hat, außer Frage, ebensowenig das Erlebnis der Haft, wenngleich für ihn das „Leben aus Zen" erst nach seiner Rückkehr nach Europa zum bestimmenden Faktor geworden ist. In dem Buch „Im Zeichen der Großen Erfahrung", einer seiner ersten Veröffentlichungen aus den fünfziger Jahren, ist das Erlebte so verarbeitet, daß das Gefängnis und der Gefangene zum Gleichnis für das „im Selbstgehäuse gefangene Wesen" wird:

Auch das, was der Mensch in längerer Gefängniszeit fühlt, das Schwanken zwischen Reizbarkeit und Abstumpfung, zwischen Explosivität und verzehrender Aushöhlung, zwischen Geladenheit mit Auflehnung gegen die ihn mißhandelnde Welt und Atemnot im Gefühl verzweiflungsvoller Beengtheit und Abgeschnürtheit von allen anderen, entspricht ganz der Lage des Wesens gegenüber dem es überlagernden Selbst. Der Mensch wird durch die Abgeschnürtheit vom Wesen von Tag zu Tag mehr mit Krisenstoffen geladen. Er steht auch unter dem Druck der großen Verschuldung, in lässiger Selbstsicherheit oder naiver Selbstgefälligkeit, gegen sein Inbild verstoßen zu haben. Und er sehnt sich aus der Tiefe heraus nach Erlösung aus der ihn fesselnden Abhängigkeit vom Ja oder Nein der Welt.[109]

Aber wie Dürckheim zeigt, birgt eine solche Situation des Ausgeliefertseins und der Verlorenheit auch eine große Chance. Man kann eben darin der „anderen Seite" der Wirklichkeit gewahr werden, der Tiefendimension des Menschseins, der „Geborgenheit in der Tiefe", obgleich die realen Umstände alles andere als vertrauenerweckend sind. Auf die Frage, wie das Mißverhältnis zwischen der Wirklichkeit des „raumzeitlichen Daseins" und dem „überraumzeitlichen Wesen" zu meistern sei, antwortet Graf Dürckheim mit einigen Ratschlägen. Es gelte

vor allem hellhörig und aufmerksam (zu) werden für die Stimmen der Tiefe, mit denen, mitten im Dasein, das Gesetz des Seins den Menschen sich vernehmen läßt ... Durchlässig zu werden für seine verwandelnde Strömung. Feinspüriger zu werden für alle Schatten und Lichter, die Töne und Bilder, die Hemmungen und Impulse, in denen sein Wesen sich meldet. Vor allem aber hinhören, antworten und treu bleiben, wo einem Menschen in einer Grenzsituation des Lebens die Gnade einer Seinserfahrung zuteil wird ...[110]

Aber was ist aus jenem Teil seiner Erfahrungen geworden, durch den Graf Dürckheim immerhin ein Jahrzehnt seines Lebens den nationalsozialistischen Machthabern zur Verfügung gestanden hat: „weit weg" und „kein Nazi, aber auch kein Anti-Nazi"?

Die Antwort darauf gibt seine nachfolgende Wirksamkeit, sein Lebenswerk. Auffällig ist fortan gewiß die betonte Zurückhaltung zu irgendwelchen politisch deutbaren Stellungnahmen in seinem Reden und Tun. Die Frage ist aber, ob nicht auch der seinserfahrene Mensch Zeitgenosse ist, ein Mensch, der sich im großen gesellschaftlichen Prozeß nicht vorenthalten darf.

Neuorientierung und Rückkehr

Graf Dürckheims Rückkehr nach Deutschland bedeutete nur in einem sehr bedingten Sinn eine Heimkehr. Zu groß waren die Veränderungen, die er nach mehr als siebenjähriger Abwesenheit in dem zerstörten, durch ungeheure Menschenopfer gezeichneten geteilten Nachkriegsdeutschland vorfand. Ein Zuhause im üblichen Wortsinn gab es für den knapp Einundfünfzigjährigen nicht. Seine ehemalige Berliner Wohnung lag in den Trümmerregionen der in jeder Hinsicht abgewirtschafteten „Reichshauptstadt". Die einstigen Dienstherren hatten, wie das gesamte Regime, ein unrühmliches Ende genommen: Erziehungsminister Bernhard Rust durch Selbstmord im Mai 1945, Außenminister Joachim von Ribbentrop, im Rahmen des Nürnberger Prozesses gegen die Hauptkriegsverbrecher zum Tode verurteilt und am 16. Oktober 1946 hingerichtet. Freunde wie Wilhelm Ahlmann und Albrecht Haushofer waren Opfer des Widerstandes gegen Hitler geworden.

Auch die familiären Verhältnisse waren alles andere als erfreulich. Zwar hatten die Geschwister überlebt. Aber sie waren – unmittelbar nach Kriegsende – nicht in der Lage, ihre alte Mutter mit dem Nötigsten zu versorgen. So fand Karlfried Dürckheim seine inzwischen 78jährige Mutter als eine von Leid und Enttäuschung gezeichnete Frau vor. In dürftigsten Verhältnissen lebte sie bei dem Steingadener Glaser Huber. Nachdem sie bei Berliner Bombenangriffen 1943 ihre Wohnung, kurz darauf durch Brand auch die daraus gerettete restliche Habe verloren hatte, war sie mit anderen Verwandten in Schlesien untergekommen, doch nur vorübergehend. Denn bei Herannahen der Ostfront kam es im Winter 1944/45 angesichts des russischen Vormarsches zu der berüchtigten Flucht von Millionen. Die Greisin hatte eine gefahrvolle zehntägige Flucht zu bestehen. Wohl erreichte sie im März 1945 das „heimische" Steingaden. Die Hoffnung auf eine freundschaftliche oder wenigstens freundliche Aufnahme sollte sich aber als ein großer Trugschluß erweisen. Da Charlotte Dürckheim nicht als die allzeit hilfsbereite, großzügig beschenkende „Frau Gräfin", als die sie bekannt gewesen war, nach Steingaden zurückkam, sondern als eine völlig mittellose, dazu hilfsbedürftige Flüchtlingsfrau, eine von ungezählten Heimatlosen, begegneten ihr die Steingadener mit abweisender Haltung. Was hätte sie härter treffen können? In einem ihrer Berichte gesteht sie: „Eine große Bitterkeit stieg doch in mir auf, wenn mir in Erinnerung kam, was alles Fritz (d.h. ihr Mann) und besonders auch ich in all den 37 Jahren, die ich in Steingaden gelebt habe, für die Steingadener geleistet, und ihnen an Gutem, Nützlichen und Vorteilhaftem getan hatte – nicht einmal ein Zimmer bemühten sie sich mir zu verschaffen – und in der weiteren Zeit bestätigte sich das Verhalten der gesamten Bevölkerung, bis auf eine Handvoll Ausnahmen, wie undankbar und unchristlich sie allen Flüchtlingen gegenüber, und uns insbesondere, sich verhielten!"[111]

Wenigstens 1949, anläßlich ihres in Steingaden festlich begangenen 80. Geburtstags, erinnerte man sich dankbar an Charlotte Dürckheims Wohltaten. Diese Erinnerung hat sich, wie Heimatpfleger Sigfrid Hofmann beteuert, erhalten: „Die Leute sprechen heute noch mit Hochachtung von der Grafenfamilie."[112] Bei Hofmanns bzw. bei dem Tierarzt Eberle konnte der aus Japan zurückgekehrte Karlfried Dürckheim logieren, wenn er gelegentlich zum Besuch der Mutter nach Steingaden kam. Denn eine Schlafstelle hatte die gräfliche Untermieterin ihrem Sohn ja nicht zu bieten. Dürckheim selbst, der jahrzehntelang eine andere Art des Reisens, vor allem mit mehr Komfort, gewohnt war, gehörte jetzt ebenfalls zu den zahllosen Menschen im Nachkriegsdeutschland mit häufig wechselndem Wohnsitz. Soweit möglich, halfen Verwandte, etwa der im niedersächsischen Adelebsen (Kreis Northeim) als Gutsverwalter angestellte Bruder Wilfried, der in der Zeit der rationierten Lebensmittel die Angehörigen, so gut es ging, versorgte. Für Graf Dürckheim stand einerseits fest, daß er beruflich und wirtschaftlich am Nullpunkt anzufangen hätte, andererseits fühlte er sich gedrängt, die Japan-Erfahrung als einen geistigen Impuls in irgendeiner Weise fruchtbar zu machen. Das Wo und Wie dieser Neuorientierung war aber zunächst noch ungewiß. Eine Fortsetzung der akademischen Karriere zog er nicht ernsthaft in Erwägung. Ebenso entschieden hatte er nach seiner Rückkehr aus dem Ersten Weltkrieg die Offizierslaufbahn und die Übernahme des väterlichen Gutshofs abgelehnt.

Die entscheidende Begegnung jener Jahre ereignete sich auf dem Bahnhof von Kaufbeuren: dort traf er Maria Hippius-Winterer, die einstige Studentin in Leipzig und Freundin des Ehepaars Dürckheim, wieder. Doch ehe von ihr, von ihrer Odyssee und Existenzgründung nach dem Krieg die Rede sein soll, ist zu erwähnen, welche Kontakte Dürckheim in München knüpft. Hier fand er Anschluß an psychotherapeutische Kreise, unter ihnen das Ehepaar Edgar Herzog und Johanna Herzog-Dürck sowie Leonhard Seif, ein Freund Alfred Adlers. Bei Seif begann Dürckheim zur Vorbereitung der in Aussicht genommenen psychotherapeutischen Tätigkeit eine Lehranalyse. Gustav Richard Heyer, der ähnlich wie das Ehepaar Dürck von C.G. Jung herkam, wurde der Lehranalytiker von Maria Hippius. Damit waren für die spätere gemeinsame Arbeit mit Menschen wichtige Weichen gestellt. Zweifellos hätten die seit 1933 in Ascona am Lago Maggiore stattfindenden Eranos-Tagungen eine menschlich wichtige Plattform geboten. Doch Maria Hippius gab zu bedenken: „Wir waren beide so arm, daß wir an derlei Fahrten nicht denken konnten. Meine Lehranalyse war das Äußerste, was mir finanziell möglich war."[113]

Zu den wichtigsten Begegnungen innerhalb der Münchner Zirkel gehörte diejenige mit Ursula von Mangoldt. Als ebenfalls „jüdisch versippt" hatte die Nichte Walther Rathenaus, Ehefrau des Wirtschaftspolitikers Hans-Karl von Mangoldt, auf dem Schilcherhof bei Weilheim in Oberbayern schon in den dreißiger Jahren eine Bleibe gefunden. Die promovierte evangelische Theologin betrieb von hier aus den kleinen, auf die Behandlung west-östlicher Themen spezialisierten Otto-Wilhelm Barth Verlag, den sie nach dem Tod ihres Mannes zusammen mit Wolf von Fritsch leitete. Ursula von Mangoldt lag viel daran, die Voraussetzungen für einen Dialog zwischen westlichem Geist und östlich-fernöstlicher Spiritualität und Religion bereits zu einer Zeit vorzubereiten, als erst Wenige von der Wichtigkeit dieser Aufgabe überzeugt waren. Über viele Jahre hinweg organisierte Frau von Mangoldt Vorträge und Tagungen zu einschlägigen Themen. Daher ergab es sich, daß Dürckheim wiederholt eingeladen wurde. „Ulla war die erste Hand, die sich Karlfried entgegenstreckte. Sie forderte ihn auf: ‚Schreiben Sie ein Buch für meinen Verlag!' ... Für ihn war das ein ausgesprochenes Glück, diese Möglichkeit zu publizieren. Wir wußten damals ja gar nicht, wie es weitergehen soll."[114]

So wurde Ursula von Mangoldt Dürckheims erste Verlegerin, zunächst mit den beiden Titeln „Japan und die Kultur der Stille" (1949) und „Im Zeichen der Großen Erfahrung" (1951). Eine zusätzliche Note bekam diese Begegnung und Zusammenarbeit durch die Tatsache, daß Ursula von Mangoldt sich auf eine bestimmte Art der Handlesekunst (Chirologie) verstand, die sie nach und nach in einigen Büchern vorgestellt hat.[115] Wie wir durch Graf Dürckheim wissen, geht der Plan zur Abfassung eines gemeinsam erarbeiteten Werks – „Der Mensch im Spiegel der Hand" (1954) – auf eine der ersten Begegnungen im Jahre 1948 zurück: „Zu jener Zeit wußte ich noch nichts von Chirologie. Mit der Skepsis, die dem Wissenschaftler eigen ist, gab ich im Laufe des Gesprächs meine Hand zur Deutung (U. von Mangoldt) hin ... und war nicht wenig überrascht über die Treffsicherheit der Aussagen, die sich keineswegs nur auf oberflächliche Eigenschaften bezogen. Eigentümlichkeiten des *Wesens*, Spannungen im *Charakter*, *Begabungen* und Züge vergangener *Entwicklung* und die derzeitige Situation auf dem *inneren Weg* schienen mit völliger Eindeutigkeit zutage zu liegen. Kein Wunder, daß ich zu fragen begann ..."[116] Und eben dieses Fragen leitete eine über einige Jahre sich erstreckende Zusammenarbeit ein, die zum Ziel hatte, in Verbindung mit der praktischen Handlesekunde eine anthropologische Grundlegung zu entwickeln.[117] Dabei ist „anthropologisch" in des Wortes engerem Sinn gemeint, weil der Versuch einer Wesensdeutung aus den Formen und Gravuren der Innenhand nicht eine naturwissenschaftliche, sondern eine das Wesen des Menschen respektierende, also eine „menschenwissenschaftliche" Betrachtung verlangt. Von daher gesehen stellt dieses, in Dürckheims „Anfangszeit" begonnene Buch einen Niederschlag seiner Bemühungen um die Gewinnung einer ganzheitlichen Menschenkunde dar, wobei Ganzheitlichkeit das Gefüge und Zusammenspiel des Seelisch-Geistigen mit dem Leiblichen meint. Im übrigen liegt es nahe, die Signaturenlehre der Alten zum Vergleich heranzuziehen, so groß der bewußtseinsgeschichtliche Schritt auch sein mag, der dabei – etwa von Paracelsus herkommend – zu tun wäre. Die freundschaftliche Beziehung wurde noch dadurch begünstigt, daß der Schilcherhof (als damaliger Sitz des O.W. Barth Verlags) relativ nahe bei Steingaden lag, wo Dürckheim hin und wieder die Familien-Grabstätte aufsuchte. Im übrigen erinnert sich die greise Verlegerin: „Ich weiß, daß Dürckheim bei uns auf dem Hof einige Tage wohnte und wir dann das Handbuch („Der Mensch im Spiegel der Hand") schrieben. Er gab mir die logischen Zusammenhänge, ich kannte die Praxis, und in der Psychologie trafen wir uns. Wir haben ihn oft gesehen – seitdem wir in Säckingen leben[118], aber kaum. Unsere Differenz liegt darin, daß er vom ‚Großen Leben' und ich von Jesus Christus spreche."[119]

Eine gewisse Distanz, wenn nicht sogar Entfremdung trat ein, die von Dürckheim selbst als solche schmerzlich empfunden wurde.[120] In der von Ursula von Mangoldt (ab 1975) herausgegebenen Zeitschrift „Meditation" blieb die Mitarbeit Dürckheims auf wenige Beiträge beschränkt, obwohl die Herausgeberin seinen erheblichen Anteil an der neueren Meditationsbewegung, unter Einbezug des „östlichen Moments", als „Meister der Meditation" stets anerkannt hat. In den Tagen, um Dürckheims 90. Geburtstag suchte die schwerkranke, knapp Zweiundachtzigjährige ihn in Rütte auf, um die nahezu vier Jahrzehnte alte Freundschaft zu erneuern.

Ein wesentlicher Faktor für Dürckheims geistige und berufliche Neuorientierung stellte schließlich die Tatsache dar, daß die in Japan erlebte Hinführung zu Zen in der Gestalt des

Bogenschießens in Deutschland erste Kreise zu ziehen begann. Etwa gleichzeitig, im Jahre 1947, ließ Eugen Herrigel sein bedeutsames Büchlein „Zen in der Kunst des Bogenschießens" erscheinen, zuerst in Konstanz. Die weiteren zahlreichen Auflagen besorgte Ursula von Mangoldts Otto-Wilhelm Barth Verlag. Dieses Zusammentreffen beider Autoren unter dem Dach eines Verlagshauses, in dem (singulär im Deutschland der fünfziger Jahre!) auch bereits Werke von D.T. Suzuki erschienen, wird sinnfällig ergänzt durch den Umstand, daß Herrigels und Dürckheims japanische Bogen-Meister derselben geistigen Tradition entstammten. Im Gegensatz zu Herrigel erlangte Dürckheim zwar nie den seltenen Rang eines Zen-Meisters, aber er brachte aus Japan die Absicht mit, Zen in einer dem westlichen Menschen angemessenen Weise weiterzugeben. Als er nach Jahren eigener Übung seinen Lehrer Kenran Umeji bezüglich der Einführung des Bogenschießens in Deutschland fragte, erhielt er erwartungsgemäß die eher zögerliche Antwort: „Nun, da ist Meister Herrigel, und da sind Sie jetzt auch auf dem Wege, sich die ‚große Lehre' zu eigen zu machen. Wenn Sie fleißig weiterüben und, gesetzt den Fall, es gelänge dann Ihnen und Meister Herrigel im Laufe Ihres Lebens je einen oder zwei Schüler zur Meisterschaft zu führen, so wäre das gewiß für Deutschland ein großer Gewinn."[121]

Ehe nun Dürckheim praktisch damit beginnen konnte, Schüler zur Meditation „im Geiste des Zen" anzuleiten, bemühte er sich, von seinem eigenen Erleben und Verstehen her Herrigels Zeugnis zu bekräftigen. Vor allem kam es Dürckheim darauf an – und dies fand auch in späteren Arbeiten seinen Niederschlag –, zu zeigen, daß es sich bei dem Zen-Erlebnis Herrigels nicht nur um ein spezifisch östliches Phänomen handle, geschweige denn um ein Produkt östlicher Spekulation, sondern daß eine allgemeinmenschliche Erfahrungswirklichkeit gemeint sei: „Herrigels Einführung ist mehr als eine interessante Darstellung aus einer uns fernen Welt. Sie hat – und das ist wohl das beste, was man über ein Buch wie dieses sagen kann – für den Aufgeschlossenen die Kraft des überspringenden Funkens. In der Mitteilung der vom Verfasser persönlich gemachten Erfahrungen sind Hinweise auf die allgemeinmenschliche Bedeutsamkeit von Erlebnissen enthalten, die keineswegs in solchen Übungen allein auftreten, ja, teilweise überhaupt nicht an ‚Übungen' gebunden sind."[122]

Der Hinweischarakter dieser Worte aus dem Jahr 1949 ist vor allem aus der Situation zur Zeit ihrer Niederschrift heraus zu verstehen, das heißt lange bevor die östlich-fernöstliche Spiritualität die ihr eigene Herausforderung für den Westen entfaltet hatte. Diese Herausforderung erlebte Graf Dürckheim jedoch nicht in der Weise, östliche Geistesart in den Westen verpflanzen zu sollen, wie dies von anderen immer wieder einmal versucht worden ist. Gewiß sah er die Aufgabe, seine Japan-Erfahrungen zu verarbeiten, um sie ins eigene Tun integrieren zu können. Auch bedurfte er mancher Anstöße von außen, die ihm dabei halfen, zu der endgültigen Form seines Schaffens in der „Initiatischen Therapie" zu gelangen, etwa durch Anlehnung an die Begrifflichkeit von Julius Evola. Dazu gehörte eine mehrjährige Erprobung während einer schöpferischen „Inkubationszeit". So gebraucht Dürckheim noch 1965 die Bezeichnung „Psychotherapie im Geiste des Zen", dies allerdings nur beiläufig. Tatsächlich stellt die Meditation „im Geiste des Zen" einen wesentlichen Bestandteil der von Hippius/Dürckheim begründeten Form der Arbeit mit Menschen dar. Als Ganzes ist aber die später so genannte „Initiatische Therapie" weder als östlich oder westlich einzuordnen, noch läßt sie sich auf den (vermeintlich) „einfachen Nenner" bringen, den „Zen" ausdrücken soll.

Nicht zuletzt aber bedurfte Graf Dürckheim des partnerschaftlich-schöpferischen Gegenübers, der „Gefährtin auf dem Weg", die im entscheidenden Lebensaugenblick der Neuorientierung bereit und in der Lage war, ihr Schicksal mit dem seinen zu verbinden: Maria Hippius. Sie hatte selbst ein von schweren Erschütterungen bewegtes Leben hinter sich, war gezeichnet durch den Verlust des Ehemannes, durch Flucht und Gefährdung in schwerer Kriegs- und Nachkriegszeit, als sie sechsunddreißigjährig mit ihren drei Kindern Graf Dürckheim von neuem begegnete.

Aufbauarbeit in Rütte

Für sich und ihre Kinder hatte Maria Hippius die erforderliche wirtschaftliche Grundlage geschaffen. Der Entschluß zur Arbeit an einem gemeinsamen Werk, dessen Konturen noch lange nicht klar waren, warf jedoch eine Reihe von Fragen auf. Für die Ausarbeitung des ersten Buches „Japan und die Kultur der Stille" und für die daran anschließende kleine Abhandlung „Mächtigkeit, Rang und Stufe" bot Hinter-Todtmoos zweifellos die nötige Ruhe und Sammlung. Alles weitere mußte sich jedoch erst finden. Dabei half Dürckheims Naturtalent, manche Verlegenheit zu überbrücken. Ähnlich wie sein Vater hatte er „heilende Hände". Zumindest in der Anfangszeit setzte er diese heilmagnetische Fähigkeit ein. So half er unter anderem der Metzgerin, die unter Rheuma litt, sowie ihrer Tochter, bei der sich der ersehnte Kindersegen nicht einstellen wollte. „Da kamst Du dann mit einem Fleischpaket nach Hause", erinnerte Maria Hippius ihren Mann. Und der fuhr fort: „Ja, damals fragte mich die Metzgerin: ‚Wollen Sie Geld oder eine Wurst?' – Ich sagte: ‚eine Wurst' ..." [123]

Dürckheim fühlte sich zu derlei Kuren berechtigt, zumal seine drei ersten „Fälle", die er nach der Rückkehr aus Japan schon in Steingaden behandelt hatte, erfolgreich verlaufen waren. Der erste Patient war ein Gastwirt aus dem oberbayerischen Peiting, der unter Schlaflosigkeit litt. Bereits zur zweiten Sitzung erschien er drei Stunden zu spät. Der Grund: er hatte verschlafen! Ein zwar erfreulicher, für einen auf das Honorar angewiesenen Heiler aber doch zu rascher Erfolg! Dann kam eine Freundin der Schwester Toni, die über asthmatische Beschwerden klagte, und als dritter Patient erschien ein Flüchtling mit einem Augenleiden. Konnte Dürckheim auch mit den Heilerfolgen zufrieden sein, so war ihm doch klar, daß sein weiterer Lebensauftrag auf einem anderen Gebiet lag und vor allem in anderer Richtung. Denn auch darin bestand bald Einmütigkeit zwischen Dürckheim und Maria Hippius, daß es nicht darum gehen konnte, Einzelaspekte des Menschen therapeutisch zu erfassen, etwa in der Art der herkömmlichen Heilweisen, die sich – pointiert ausgedrückt – dem Körper *oder* der Psyche vornehmlich zuwenden, die sich nach traditionellen *oder* nach „modernen" Prinzipien richten, westliche *oder* östliche Vorstellungen von Mensch und Welt zugrunde legen. Nicht nur Dürckheim selbst, sondern auch Maria Hippius war von der Notwendigkeit überzeugt, den Menschen in seiner geistig-seelisch-leiblichen Ganzheit zu sehen und einen entsprechenden Integrationsprozeß in Gang zu bringen. Maria Hippius wurde darin nicht zuletzt durch ihren Lehranalytiker, Gustav Richard Heyer, unterstützt, der – von C. G. Jung herkommend – den Faktor des Leiblichen in seine psychotherapeutischen Bemühungen einbezog, und zwar in einer eigentümlichen Weise. Seine Schülerin erläutert diese wie folgt:

„G. R. Heyer spricht von einer ‚Seelenheil-Kunde' im Unterschied zu einer (vornehmlich) rational abgesicherten ‚Seelen-Heilkunde'. Es trifft unsere (d. h. auch Dürckheims) Auffassung, diese beiden Begriffe getrennt zu halten. Insofern Dürckheims Werdegang in Frage und Zielsetzung evident geworden ist, ist es für ihn natürlich, daß das Umbilden eines verbildeten, weil nicht zu seinem Wesenskern vorgestoßenen Menschen nicht nach dem ‚Seelentechniker', sondern für eine Wegweisung nach dem Seelenheil-Kundigen ruft. Es wäre (aber) falsch, ein so verstandenes Anliegen oder ‚Heilserwarten' mit dem Titel der Irrealität oder der mysteriösen Spekulation zu versehen. Die Seelenheil-Kunde sieht den Menschen – erkenntnistheoretisch und phänomenologisch – als einen a priori im all-einen Sein verwurzelten Weltenbürger und sein tiefstes Wesen als die jeweils individuelle Weise seines Begründetseins im göttlichen Urgrund an ... so daß es bei allem Heilwerden um die Wiederherstellung und Neubelebung seines ihm immanent eigenen, nur bewußtseinsmäßig in Verlust geratenen Ganzheitsstatus geht."[124]

Um dieser Ganzheit und Ganzwerdung willen galt es aber

auch, das Exercitium, die Übung, als integrierenden Faktor in das therapeutische Geschehen einzubeziehen. Die Meditation ist dabei nur eine, wenngleich eine wichtige Methode, die weder die klassische Psychoanalyse noch die Psychologie Jungs fruchtbar gemacht hat. Im Gespräch mit Erich Neumann, dem schöpferischen Fortsetzer der Analytischen Psychologie Jungs, berichtete Maria Hippius einmal von der Absicht, durch verschiedenartige Übungen psychologisch gewonnene Einsichten und Erfahrungen zu „inkarnieren" und so eine volle und neue menschliche Existenz, ein Leben in der Transparenz, erwachsen zu lassen: „Ich erzählte ihm auch, daß sich durch den graphischen Umgang mit Zeichen archetypischer Virulenz die Bildkräfte des Unbewußten ‚anreizen' und mit dem Exercitium des Ein- und Ausbildens von Formeln nicht nur seelische Entwicklungsprozesse, sondern auch Verwandlungen fördern ließen. Diese Mitteilung hat ihn sehr überrascht. Und zögernd meinte er dazu, daß diese Möglichkeiten des Induzierens bestünden, müsse man logisch zugeben.[125] Solches aber wirklich in Vollzug zu nehmen, wäre wiederum eine andere Sache. – Die Vorlage konkreten Materials hat ihn dann ernst gestimmt; denn es war das experimentum crucis zu *seiner* Theorie, wie ich umgekehrt in die bei mir entstandenen Zeichnungen nur über die Lehre von den Archetypen Licht bringen konnte."[126]

Die innere Dialogik und Korrespondenz zwischen tiefenpsychologischer Einsicht und übender Praxis war somit gegeben. Doch um dieses Bemühen über den begrenzten Rahmen der herkömmlichen analytischen bzw. psychotherapeutischen Beziehung hinaus im sozialen Raum der Gruppe oder der Erlebnis- und Arbeitsgemeinschaft konkret werden zu lassen, bedurfte es geeigneter Räumlichkeiten. Aus der Mieter- bzw. Untermietersituation heraus war ein derartiges Arbeiten nicht möglich. Weder Graf Dürckheim noch Maria Hippius sahen sich in der Lage, in absehbarer Zeit an ihrem Zufluchtsort Hinter-Todtmoos entsprechende Wohn- und Arbeitsmöglichkeiten zu schaffen. Da kam ihnen ein „glücklicher Zufall" zur Hilfe. Ein kleines altes Schwarzwaldhaus am Straßenrand von Todtmoos-Rütte stand zum Verkauf. Es sollte ganze 9000,–

Deutsche Mark kosten und mit Hilfe eines Darlehens zu erwerben sein. Ursprünglich war es im Besitz eines Geschäftsmannes aus Säckingen, der kurz zuvor als Spätheimkehrer aus russischer Kriegsgefangenschaft zurückgekommen war und sich nach glücklicher Rettung bereit fand, sein Anwesen zu veräußern. „Er hatte kurz vorher einen Dankesbesuch abgestattet für die Hilfestellung in Familie und Geschäft während seiner langen Abwesenheit und überhaupt dafür, daß er heimgekommen war und alles wiederfand, was er verlassen hatte, ohne Hoffnung auf Wiederkehr. Sein Schlußwort während seines Besuches war: ‚Bei uns Heimkehrern gilt das Wort: Ich gebe ein Stück von dem weiter, was ein anderer, der wohl umgekommen ist, seiner Familie nicht mehr geben und nie mehr sein kann.' – Zwei Stunden später kam ein Bote mit einer Summe Geld, die ich (Maria Hippius) dem Hausbesitzer gleich aushändigen konnte. Der zweite Vor-Gang für den Erwerb des kleinen Hauses nahm Richtung auf die Todtmooser Spar- und Darlehenskasse, die die fehlende andere Hälfte auf das Häuschen gab. Drei Tage später war unfaßlicherweise ein Hausbesitz da. Allerdings war das Haus noch mit vier verschiedenen Parteien belegt, außer dem pensionierten Briefträger mit seinen Kindern beherbergte es noch drei Flüchtlingsparteien, für deren anderweitige Unterbringung nun zu sorgen war. Doch auch dies gelang ... Nach einigen Wochen war ein teilweiser Einzug in das Haus in Gemeinschaft mit Graf Dürckheim möglich ..."[127]

Die Übersiedelung von Hinter-Todtmoos nach Rütte erfolgte 1951. Der Erwerb des „Doktorhauses", wie die Urzelle des gemeinsamen Werks bis heute heißt, bezeichnet somit den Anfang der Arbeit in Rütte. „Während Dürckheim vor allem durch seine Erfahrungen mit dem Zen die Initiatische Therapie beeinflußte, die Meditation im Stil des Za-Zen 1966 und die meditativen Übungen einführte, kam durch die Arbeits- und Lebensgemeinschaft mit Hippius, deren Einsatz besonders auf dem konkreten Aufbau der heute benannten ‚Schule für Initiatische Therapie' und ihrer Zweigstellen lag, die tiefenpsychologisch fundierte Wegführung und die psychotherapeutische Praxis zur Geltung. Beiden gemeinsam ist die Bezogenheit auf die ich-transzendenten Erfahrungen, in denen für sie der unmittelbare Ausdruck einer erfahrbaren und konkret handhabbaren überweltlichen Realität transparent und ins Weltliche hinein transformiert wird." [128]

Es entsprach nicht allein den äußeren Entwicklungsbedingungen, sondern insbesondere dem Wesen des zu Entwickelnden, daß sich die Aufbauarbeit in Rütte in aller Stille vollzog, abseits auch des sogenannten Psycho-Booms, der über zehn Jahre später von Kalifornien her Europa zu überfluten begann. Trotzdem ist die innere Zugehörigkeit zu den Entfaltungsprozessen nicht von der Hand zu weisen, wie sie u. a. seit der Mitte der sechziger Jahre in Gestalt der Transpersonalen Psychologie in den USA aufkam und sich in der New-Age-Bewegung fortsetzte, wobei mit „New Age" nicht etwa die Vermarktung eines modischen Trends gemeint sein kann, sondern die Sammelbezeichnung für die vielseitigen Ansätze zu einer spirituellen Trendwende,[129] in deren Dienst Dürckheim sich mit seinen Mitarbeiterin gestellt sah. Und Therapieformen im Seelisch-Geistigen können – nach einem Wort von Hans Bender, dem Erforscher psychologischer Grenzbereiche – „Seismographen für den Zeitgeist" sein.

Von derartiger seismographischer Wirksamkeit konnte in dem abgelegenen Schwarzwaldort am Höhenweg zwischen Pforzheim und Basel freilich noch lange nicht die Rede sein. Aber ganz allmählich fanden sich Gäste und Schüler ein. Lernende, die mehr als bloßes Wissen, mehr auch als unverbindliche Erbauung suchten. In der Regel waren (und sind) es Menschen, die aus ihrer Existenznot heraus nach dem für sie gültigen Weg fragten. Es waren nicht „Patienten" im herkömmlichen Sinn dieses Wortes, zumal Rütte weder als Sanatorium noch als bloßes Erholungsgebiet dienen wollte und will. Maria Hippius bemerkt hierzu:

„Den ‚Neurotiker' als feststehende psychologische Markierung kennen wir nicht. Weist sich einer aber beharrlich als ein solcher, dem Schulbegriff nach, aus, so fühlen wir uns in der Regel nicht mehr zuständig für ihn. Es wird ihm vorgeschlagen, in eine klassische Analyse zu gehen. Dagegen ist die neurotische Untermalung oder krisenhafte Zuspitzung eines um seine Wesensverwirklichung ringenden Menschen für uns zunächst eine natürliche und verständliche produktive Gegebenheit, ja die Chance zu einem ‚mehr', dem Transgressus (d. h. Überstieg) in eine höhere Seinswirklichkeit hinein. Es gibt echte Lebens- und Reifekrisen, die man als Krankheit zum Heilwerden im Sinn der Restitution (Wiederherstellung) des widerfahrenden Verlustes an Ganzheit auf höherer Ebene auffassen muß – obwohl sie am Abgrund vorbeiführen können ... Für unsere Blickrichtung, Behandlung und Führung scheint die neurotische Symptomatik aber nicht eigentlich das Maßgebliche zu sein, und oft auch dem wahren Problem der betroffenen Person im Grunde nicht zu entsprechen. Nöte, wie sie sich bei inneren Verwandlungsprozessen ergeben, im vornherein mit dem Stempel der ‚Krankhaftigkeit' zu versehen, scheint uns als diagnostische Fixierung verhängnisvoll. Jede solche Abstempelung birgt die Gefahr, den seelisch-geistigen Lebensnerv und die Lebenserwartung des um Neuwerdung Ringenden abzudrosseln."[130]

Wer nach Rütte kam, wurde in benachbarten Bauernhäusern oder in einem Gasthof, etwa in dem wenige Kilometer entfernten Todtmoos, untergebracht. Ein eigenes kleines Gästehaus, das „Herzlhaus", konnte erst nach etwa zehn Jahren erworben werden.[131] Dazu half der alsbald in Leben gerufene „Verein der Freunde von Rütte". Einen Kreis von Mitarbeitern und Mitarbeiterinnen galt es heranzuziehen und zum gemeinsamen Werk anzuleiten. Die erste Mitarbeiterin war die Atemtherapeutin Marianne Müller-Elmau, eine Tochter jenes Johannes Müller, der zu Beginn des Jahrhunderts im unterfränkischen Mainberg bei Schweinfurt, dann im oberbayerischen Elmau eine Stätte der Begegnung errichtete und sich der Menschenführung widmete. Die Lebens- und Werkgemeinschaft nahm Formen an. Es entstand die „Existential-psychologische Bildungs- und Begegnungsstätte" unter der gemeinsamen Leitung von Graf Dürckheim und Maria Hippius, unterstützt von bis zu 30 oder mehr ständigen Mitarbeitern, allesamt bemüht, den suchenden Menschen auf dem „initiatischen Weg", d. h. auf dem Weg zur Wesenserfahrung zu begleiten und ihn zu einer auf Ganzheit hin ausgerichteten Wandlung zu führen.[132] Die breitgefächerten Angebote an praktischer Übung und meditativem Geschehenlassen „dienen dem Ausbilden von Bedingungen, die die initiatische Erfahrung erleichtern oder überhaupt erst ermöglichen, sowie der Bewußtwerdung von Störungen, die der initiatischen Erfahrung im Wege stehen und in Fehlhaltungen des Leibes, der man ist, gründen."[133]

Dürckheim sprach gern von den vier Säulen, die die Rütte-Arbeit tragen. An erster Stelle nannte er die *Tiefenpsychologie*, und zwar mit besonderer Berücksichtigung der Analytischen Psychologie C. G. Jungs, weil er die „Notwendigkeit gleichzeitiger tiefenpsychologisch fundierter Bereinigung des Unbewußten" einsah und weil er andererseits von der Wichtigkeit der auf dem Weg der archetypischen Psychologie zu erlangenden Einblicke in transpersonale Bezirke überzeugt war. Damit unterstrich Dürckheim die Bedeutung des psychologisch-psychagogischen Faktors im Schaffen von Maria Hippius, die dank ihrer Lehranalyse bei Heyer und dank der weiteren Arbeit mit Erich Neumann tiefer ins Jungsche Werk einzudringen lernte als er selbst. Bedenkt man, welch hohen Anteil dieser Faktor im Gesamtwerk von Dürckheim-Hippius ausmacht, dann mag es verwundern, daß Dürckheim Carl Gustav Jung während der letzten wichtigen Schaffensjahre nur ein einziges Mal in Küsnacht am Zürich-See aufgesucht hat; es war dies anläßlich eines internationalen Kongresses für Psychotherapie in Zürich, bei dem Dürckheim den Schlußvortrag zu halten hatte. Auf die Frage, ob es etwa einen Briefwechsel zwischen den beiden Männern gegeben habe, wehrte Dürckheim bescheiden ab: „O Jung, der war für mich viel zu groß!"[134] In einem ähnlichen Sinn äußerte er sich dem französischen Theologen Alfonse Goettmann gegenüber, als er von jenem Besuch erzählte:

„Die Begegnung mit ihm hat mir einen tiefen Eindruck gemacht ... Ich sehe ihn noch auf mich zukommen, die Pfeife im Mund, es war, als nähere sich mir ein Berg ..." Und auf das

Werk von Jung und Neumann bezogen, die beide sein eigenes Schaffen während der sechziger und siebziger Jahre „sehr bereichert" hätten: „Ihre Theorie des ‚Selbst' entspricht meinem Begriff des ‚Wesens'. Jung spricht aber auch vom wahren Selbst als der Integration des Selbst (Wesen) mit dem Welt-Ich. Diese Integration meint Person, das heißt, der in seinem Welt-Ich für sein Wesen durchlässig gewordene (personare) Mensch. Die Lehre von der Integration von Wesen und Welt-Ich in der Psychologie von C.G. Jung bildet heute noch die theoretische Grundlage der Lehre vom initiatischen Weg, wie sie seit Jahrzehnten in unserem Zentrum im Schwarzwald gelehrt wird."[135] Es gelte hierbei die Beseitigung von Schattenkräften, die den Weg zum wahren Selbst blockieren. Weniger gehe es indes um die Beseitigung von Leiden als um das vom Therapeuten zu fördernde „Stirb und Werde", ohne das der Prozeß der Selbstverwirklichung (Individuation im Jungschen Sinne) gar nicht zu denken ist. Maria Hippius macht jedoch auch eine Einschränkung, indem sie anmerkt, inwiefern sich die Rütte-Arbeit nicht etwa auf den einfachen Nenner einer Jungschen Therapieweise zurückführen lasse: „Im Unterschied zur Jungschen Schule ist für uns Selbstverwirklichung in vollgültiger Weise aber nur zu verifizieren, wo leibhaftiges Tun und Sich-Verwandeln von Anfang bis Ende ins Exercitium genommen sind."[136]

Damit ist bereits auf die zweite Säule hingewiesen: auf die *personale Leibtherapie*. Ihr liegt eine wichtige Unterscheidung zugrunde. Dürckheim wurde nicht müde, „den Körper, den man hat", zu unterscheiden von „dem Leib, der man ist". Der Körper des Menschen gleicht der Hülle und dem Instrument. Der Körper, den man hat, benötigt den Arzt, wenn Gesundheit, Leistungsfähigkeit, Funktionstüchtigkeit einzelner Organe nachlassen, wenn sich Schmerzen und Beschwerden einstellen, die der Arzt lindern oder kurieren kann. Anders verhält es sich mit dem Leib, „der ich bin". Der „bin ich selbst in der Einheit der Gebärden, in denen ich mich ausdrücke und darstelle, verwirkliche oder verfehle. Der Leib, der ich bin, ist in Ordnung in dem Maße, als ich in ihm und durch ihn durchlässig bin für mein Wesen, transparent für die mir immanente Transzendenz. Die *Transparenz für Transzendenz* ist der Sinn des Leibes, der ich bin."[137] Die in Rütte praktizierte personale Leibtherapie meint somit nicht körperliche Ertüchtigung, Massage oder dergleichen, auch nicht die Korrektur einzelner Fehlhaltungen, sondern sie steht im Dienst der Wandlung des ganzen Menschen [138] Hierbei achtet Dürckheim die Unterscheidung von grob- und feinstofflichem Leib, der in etwa dem „Bildkräfte- oder Lebensleib" in der Anthroposophie Rudolf Steiners entspricht; jener „Ätherleib" also, der den physischen Leib durchwebt, indem er ihn mit Lebens- und Strahlungskräften durchpulst. „In der Behandlung lernt der Schüler auch den Umgang mit dem feinstofflichen Leib, angefangen vom nur hauchzarten Berühren im Streichen der Haut bis hin zu einer Behandlung, die sich in einer Entfernung bis zu einem halben Meter vom Körper entfernt vollzieht. Hier befindet sich die Leibtherapie auch in der Nachfolge von Entdeckungen, die Franz Mesmer seinerzeit gemacht hat. Alle hierher gehörenden Übungen dienen dem Ausbilden von Bedingungen, die die initiatische Erfahrung erleichtern oder überhaupt erst ermöglichen, sowie der Bewußtwerdung von Störungen, die der initiatischen Erfahrung im Wege stehen und in Fehlhaltungen des Leibes, der man ist, gründen."[139] Eingesetzt werden in diesem Zusammenhang westliche wie östliche Praktiken, etwa eutonische Übungen, wie sie von Gerda Alexander entwickelt worden sind,[140] Bioenergetik, sodann Aikido, T'ai-Chi-Chuan, der Kulttanz, Bogenschießen und Ähnliches. Entscheidend ist hier bei aller hingebungsvoller Übung der Verzicht auf den äußeren Leistungswillen, weil es einzig darum geht, die Transparenz des Menschen zu fördern.[141]

Die dritte Säule bildet die *Kreativ-Therapie*. Sie entfaltet sich in Übungen aus dem Bereich des Musischen, weniger in gezielter künstlerischer Betätigung, die wiederum eine bestimmte „Kunstfertigkeit" zum Ziele hätte, sondern eher als ein kunsttherapeutisches Arbeiten. Maria Hippius hat das „Geführte Zeichnen" entwickelt. Sie versteht darunter ein „aktiv-meditatives Tun: Urformen, Urgebärden des Seins, in eine Art sakrale Haltung gefaßt, kommen graphisch zur Ausübung ... Im Geführten Zeichnen als einer methodisch aufgebauten Entwicklungshilfe für den Weg in die Individuation (Selbstverwirklichung im Sinne Jungs) geht es darum, dem Aufkeimen tief in uns angelegter Strukturierungsmöglichkeiten – auf Fortschritt und Verwandlung hin – Bahn zu schaffen ..."[142]

In diesem Rahmen kreativer Übung gehören Zeichnen, Malen, die Arbeit mit Tonerde, Tanz, Singen, Spielen eines Instruments, Psychodrama und Ähnliches. „Immer wird hier der Schüler in die Lage versetzt, im Medium selbstschöpferischer ‚Leistung' Erfahrungen über seine eigene Innerlichkeit, über sich selbst, zu machen. In der Sprache eines der Gestaltung zugänglichen Mediums erfährt er sich in seinen ihm bisher unbewußt gewesenen Kräften, in seiner archetypischen Struktur, seinen selbstschöpferischen Möglichkeiten und immer wieder auch in seinem verdrängten Unbewußten. Er erfährt so die Blockaden, die das Bewußtwerden seines Wesens verhindern, und Möglichkeiten, sie zu durchbrechen."[143]

Als vierte Säule bezeichnet Graf Dürckheim schließlich die *Meditation*. Zum einen wird angestrebt, alle angewandten Praktiken in meditativer Haltung zu vollziehen. Das kann in dem Maße geschehen, in dem sich der Übende „zu seiner Mitte hin" öffnet, mit ganzer Person dabei ist. „Alle vom östlichen Geist bestimmten Übungen erfüllen ihren Sinn, wo das Herz aufgeht, weil der Verstand schweigt, wo das alldurchdringende Wesen, die Buddha-Natur – sie ist kein Privileg des Buddhisten! – in uns aufgeht. Alle Übungen befruchtend und als eigener Weg zur Mitte hin geübt, ist das Meditieren im Stil des Zen"[144], also eine Sitzmeditation, die auf Meditationsgegenstände, seien es Bilder, Symbole, Sinngehalte und dergleichen verzichtet und insofern als „gegenstandslose" Meditation angesehen werden kann. Entscheidend ist die in disziplinierter Körperhaltung gefaßte Klarheit des Bewußtseins, die Regulierung des Atems ebenso wie der Gedanken (genauer: Assoziationen), die, einer Affenherde gleich, nicht zur Ruhe kommen wollen.

Das in sich gekehrte Sitzen in vollkommener Unbewegtheit und Stille ist die Grundübung für alles meditative Leben ... So ist auch das erste Bild, das einem zum Thema Meditation einfällt, der unbewegt in sich versunkene Mönch ... Das Sitzen in der Haltung des Za-Zen ist eine initiatische Übung, dient also dem Einswerden mit dem Wesen. Sie muß daher abbauen, was diesem Einswerden im Wege steht, und fördern, was es ermöglicht.[145]

Die sogenannte gegenständliche Meditation ist indes bei Dürckheim nicht etwa ausgeschlossen. Das geht schon aus dem intensiven Umgang mit den Dingen hervor, der sich aus der meditativen Stilleübung wie von selbst ergibt, indem die Sinne, alle Weisen des Wahrnehmens und Erlebens gleichsam eine neue Öffnung erfahren: das sinnlich wahrgenommene Äußere ist nicht Schranke, sondern läßt das Innere transparent werden. Es ist nicht „hinter" dem Sinnenschein, sondern „in" dem sinnlich Wahrgenommenen, etwa gemäß den Versen Goethes:

> Nichts ist drinnen
> Nichts ist draußen;
> Denn was innen,
> Das ist außen.
> So ergreifet ohne Säumnis
> Heilig-öffentlich Geheimnis!

Oder nach dem von Dürckheim wiederholt angeführten Novalis-Wort ist alles Äußere „ein in Geheimniszustand versetztes Inneres". Und so weist Rüdiger Müller wohl mit Recht darauf hin, wie sein Lehrmeister einer strengen Trennung des Gegenständlichen und des Ungegenständlichen in der Meditation entgegengetreten sei. Gerade in diesem Bereich bemühe er sich um eine Stellung zur „christlichen Auffassung" der Meditation. „Ihrem Vorwurf, östlicher Meditation gehe es um die Leere und vernachlässige den konkreten Inhalt und Gegenstand, begegnet Dürckheim mit dem Hinweis, daß es sowohl östlicher wie westlicher Auffassung um die Abwesenheit von behindernden Vorstellungen und Bildern einer nur der gegenständlichen verpflichtenden Sichtweise gehen müsse, um zu dem übergegenständlichen Wesen, der ‚Fülle des Nichts', die allen Dingen innewohnt, vorzustoßen. Erst in dem Abstreifen der oberflächlichen Hülle offenbare sich der tiefe, ewige Kern, das *Wort* im christlichen Sinn ..."[146] (Es folgen Parallelen, wie sie sich von christlichen Mystikern, z. B. von Meister Eckhart, Bonaventura, den Viktorinern, Tauler oder Ruusbroec und Johannes vom Kreuz her ziehen lassen). – Und ganz abgesehen von den Bemühungen um Klärung von Distanz und Beziehung zwischen der Meditation in Ost und West, an der Dürckheim gelegen ist, entscheidend ist letztlich der Vollzug. So beginnt in Rütte der Tag mit gemeinsamem Za-Zen, am Nachmittag folgt eine weitere Sitzung. Von daher gesehen stellte die Einrichtung eines eigenen für diese Zwecke benötigten Meditationsraumes, eines „Zendo", eines der wichtigen „Erreichnisse" beim Auf- und Ausbau der Arbeit dar. Das Zendo konnte am Sonntag nach Ostern 1972 eingeweiht werden. Der mit japanischen Tatami-Matten ausgelegte Raum bietet Sitzflächen für etwa 30 bis 35 Personen. Auch die Aussprachen und praktischen Übungen während den Meditationstagungen finden hier statt.

Sah nun auch Graf Dürckheim die in Rütte zu leistende Arbeit durch diese vier Säulen getragen, die gleichzeitig seine und Maria Hippius' Arbeit charakterisieren, so stellt die Quintessenz dieser vier Elemente die *Aussprache* dar, die Mal um Mal anberaumte Begegnung des Klienten mit seinem Therapeuten. Gemeint ist das dialogische Gegenüber dieser beiden, wie es sich aus dem Meister-Schüler-Verhältnis ergibt (Dokusan im Zen). Bis in sein hohes Alter hinein widmete sich Dürckheim dieser wichtigen Aufgabe der Beratung, der ganz individuell zu gestaltenden, den Freiheitsraum des einzelnen respektierenden Seelenführung. Es entspricht der Intimität solcher Aussprachen, daß sie sich nicht wie öffentliche Ereignisse dokumentieren lassen. Eine Klientin, die in Rütte zur Mitarbeiterin heranreifte, ehe sie in ihren ursprünglichen künstlerischen Beruf zurückkehrte, berichtet:

„In Gesprächen und Begegnungen mit Graf Dürckheim ist für mich Lebensentscheidendstes, Maßgebliches ausgesprochen worden ... Fragen, die mich sehr bewegten, die ich mitgebracht hatte in das Gespräch, beantworteten sich ‚von selbst'. Fragen, die mich seelisch oder leiblich bedrängten, also erst halb oder auch noch ganz unbewußt, stiegen dem Bewußtsein zu. – Mein Partner und ich machten an einem allgemeinen Aussprache-Nachmittag, jeder für sich, aber übereinstimmend mit dem anderen, folgende Erfahrung: Wir tragen ein sehr persönliches Problem mit uns herum, uns ist das Herz schwer davon, wir warten auf eine Gelegenheit, es als Frage einbringen zu können. Die Aussprache aber nimmt, je länger je mehr, eine andere Richtung als es die Art unseres Anliegens ist. Wir spüren, wir können es in diesen Zusammenhang nicht mehr hineinstellen. Unvermittelt sagt Graf Dürckheim, er möchte noch von etwas ganz anderem sprechen, und bespricht *unsere dringende Frage*, ohne daß sie gestellt werden mußte ..."[147]

Von bemerkenswerten Eindrücken haben auch viele andere zu berichten, die mit Graf Dürckheim zusammengetroffen sind. So die holländische Therapeutin und Meditationslehrerin Hetty Draayer, die seit mehr als drei Jahrzehnten mit ihm in enger Freundschaft verbunden ist. Im niederländischen Bilthoven, wo Dürckheim wiederholt vortrug, hatte sich ein Freundeskreis von etwa dreißig Personen versammelt. Es war zu Beginn der fünfziger Jahre. Hetty Draayer, die selbst über spezielle Wahrnehmungsmöglichkeiten verfügt, erzählt:

„Obgleich ich ihn seitdem beinahe Jahr für Jahr besuche, habe ich ihn nie mehr so erlebt wie damals, bei unserer ersten Begegnung in Bilthofen. Er strahlte ‚weißes Licht' aus, das sah ich, und das begeisterte mich außerordentlich, auch die Wärme, die ihn umgab." Überrascht war die junge Frau, die bis dahin noch kein Wort mit dem Vortragenden gewechselt hatte, als sie am Ende des Vortrags einen Zettel in die Hand bekam, sie solle auf Graf Dürckheim warten. „Ich verstand nicht, warum. Auch fand ich es schwierig, weil mich Freunde im Wagen mitgenommen hatten und meine Familie mich daheim erwartete. Nachdem er sich von den anderen verabschiedet hatte, wandte er sich mir zu und sagte spontan: „Sie müssen nach Rütte kommen, und zwar je eher desto besser ..." Frau Draayer gestand ihre große Verlegenheit ein. Eine solche Reise nach Süddeutschland sei ganz unmöglich. Wie sollte sie die finanzieren? Es war noch nicht lange her, daß sie nach Kriegsende mit Mann und Kindern völlig mittellos aus Indonesien nach Holland zurückgekehrt war. In derselben Zeit, in der Graf Dürckheim in Japan weilte, hatten sie und ihr Mann, der Marineoffizier gewesen war, die Schrecken der japanischen Besetzung in Südostasien, u. a. auf Java, durchlitten. Schwere Krankheit und Entbehrungen hatten die ganze Familie gezeichnet. Nun arbeitete sie als Lehrerin, um für ihre Angehörigen zu sorgen. Nein, an eine lange Reise war vorerst nicht zu denken. Aber Dürckheim beharrte: „Und doch muß es geschehen ..." – Das Unwahrscheinliche geschah! In ihrer Wohnung angekommen, meldete sich kurz darauf eine Frau, die sich der Familie Draayer verpflichtet fühlte, und übergab 2000 Gulden. Schon eine Woche später war Hetty Draayer in Rütte und saß erstmals Graf Dürckheim gegenüber. Auch dieses Gegenüber gestaltete sich merkwürdig. In der Nacht zuvor hatte sie einen, wie sie sagte, „visionären Traum". Es wurde ihr mit aller Bestimmtheit eröffnet: „Dürckheim wird nicht dein Lehrer sein." Gleichzeitig festigte sich in ihr die Gewißheit: „Meinem eigentlichen Lehrer bin ich ‚oben', im Himmel, begegnet. In diesem Traum habe ich – so unwahrscheinlich es klingt – die ganze Akupunktur ‚gelernt', und zwar ohne daß ich es nötig hatte, ein Buch hierüber zu Rate zu ziehen. Und, was ich damals gar nicht verstand, ich habe in diesem Moment vorausgesehen, daß Graf Dürckheim erblinden würde." Daß es sich bei dieser Wahrnehmung um eine Voraussage handeln würde, ging ihr freilich erst viel später auf.

Bestürzt erwachte sie. Sie machte sich Sorgen, wie sie das alles ihrem Gastgeber mitteilen sollte: „Als ich zu ihm kam, empfing er mich sehr lieb und warm, und das ist er eigentlich immer für mich gewesen. Aber er errötete, als ich ihm eröffnete, daß ich seine Schülerin nicht werden würde. – Hier muß ich vorausgreifend einschieben: In der gemeinsamen Arbeit mit Karlfried ging mir nach und nach auf, welche Fähigkeiten in mir selbst steckten, von denen ich als die nach innen gekehrte, zurückgezogen lebende Ehefrau eines dominierenden Mannes meinte, derlei Gaben seien allgemein verbreitet: die Gabe der Zurückschau, das Voraussehen und Erfühlen, das innere Horchen und Gedankenlesen ..." – Ein seelisch-geistiges Geben und Nehmen war vom ersten Augenblick an in Gang gekommen. Denn kaum saß Hetty Draayer einige Minuten ihm gegenüber, als er seine Besucherin mit einer bestürzenden Diagnose konfrontierte, aus der Intuition heraus ohne sie in irgendeiner Weise untersucht zu haben: „Ich sehe, daß Sie Brustkrebs haben, und zwar auf beiden Seiten."

Begreiflicherweise war das Erschrecken groß, weil Frau Draayer bereits an anderen Körperteilen mehrfach operiert worden war. Doch nicht allein diesen danach ärztlich bestätigten Tatbestand nahm er wahr. Er war sich alsbald auch der Selbstheilungskräfte der Patientin bewußt, indem er ihr dringend riet: „Aber lassen Sie sich ja nicht operieren! Sie verfügen über starke Energien." Sie müsse nur in einer bestimmten Weise atmen, jedoch – weil er sich keine medizinische Kompetenz anmaßte – auch einen Arzt aufsuchen. Sehr viel später gestand er ihr, er hätte bis dahin noch nie eine derartige Diagnose gestellt, er sei auch nicht in seiner Therapieempfehlung so sicher gewesen wie bei Hetty Draayer. Und er fügte hinzu: „Gleich bei unserer allerersten Begegnung habe ich erkannt, wer Du bist und woher Du kommst."

Hetty Draayer resümiert: „Karlfried gab mir die innere Ruhe und das nötige Selbstvertrauen, um durch Atmung und Meditation jene psychischen Energien zu mobilisieren und mich tatsächlich selbst zu heilen. Die Ärzte, die ich auf sein Drängen hin konsultierte, wollten mich sogleich operieren, eine Totaloperation vornehmen. Dem widerstand ich, zumal ich erste Fortschritte auf dem Weg der Heilung meinte feststellen zu können. Innerhalb von drei Monaten war der Brustkrebs rechts und links verschwunden. Ich war nur noch etwas schwach, jedoch stark genug, um noch einige andere Krankheiten auf die gleiche Weise zu überwinden. Im übrigen genügte es, einmal im Jahr zu zwei Sitzungen nach Rütte zu fahren, mehr konnte ich auch nicht bezahlen. Und ich denke, daß mein Prozeß und die Weise, in der Karlfried sich mir gewidmet hat, für ihn selbst eine Art Wende bedeutete, denn er sah hierbei, was menschenmöglich war."[148]

Wer je Graf Dürckheim begegnet ist, der partizipierte an jener starken Präsenzwirkung, die – offensichtlich schon in jüngeren Jahren – von ihm ausging. Vieles deutet darauf hin, bei Karlfried Graf Dürckheim von einem „natürlichen Charme" sprechen zu können[149], exakter: von einem Charisma, über das er auf ganz natürliche Weise verfügte, das sowohl seine Studenten in Leipzig und Kiel als auch seine Mitarbeiter im Büro Ribbentrop übereinstimmend bezeugten mit der Formel: „Er war ein Gentleman". Und doch reicht diese Charakteristik von Dürckheims Persönlichkeit nicht aus, um sein initiatischtherapeutisches Schaffen zu beschreiben. Alan Watts, den Lama Anagarika Govinda in einem Essay als einen der wichtigen Interpreten des östlichen Denkens und Fühlens gewürdigt hat, erinnert sich einer Begegnung mit Dürckheim, bei der ihm etwas von dem eigentümlichen Charisma seines Gegenübers sichtbar geworden ist:

„Gegen Ende meines Aufenthaltes in Zürich (A.W. trug gelegentlich im C.G. Jung-Institut vor) dinierte ich mit Karlfried Graf Dürckheim, einem ehemaligen deutschen Diplomaten, der in Japan studiert (sic!) und eine Meditationsstätte im Schwarzwald eingerichtet hatte. Wer nie eine solche Persönlichkeit kennengelernt hat, könnte mich für einen Snob halten, wenn ich sage, daß er ein echter Edelmann war, vollkommen in seiner unbefangenen Art zu sprechen und seiner vornehmen Höflichkeit – Keyserlings Ideal des Grandseigneurs. Er war aber noch viel mehr ..."[150]

Dieses „viel mehr" läßt sich sicher nicht einfach als „Naturtalent" erklären, obwohl diese „Begabtheit" ursprünglich vorhanden gewesen sein muß. Doch reichte sie bei weitem nicht aus, um spirituelle Wirkungen auszulösen. Voraussetzung dafür ist das Durchlaufen eines entsprechenden seelisch-geistigen Entwicklungsprozesses, einer Transformation, die – ganz abgesehen von den ebenfalls vorauszusetzenden fachlichen

Qualifikationen – den Leiter wie seine Mitarbeiter zu ihrem Tun bevollmächtigen. Dürckheim spricht davon in einem gleichnamigen Buch vom „Ruf nach dem Meister". Er meint damit jene Meisterschaft, die nicht allein Wissen und Können vermittelt, die aber geradezu instinktiv von suchenden Menschen verlangt wird in einer Zeit, in der man das Nichtgenügen von Wissenschaft und technischem Können leidvoll erfährt. (Der Guru-Kult entspräche gleichsam dem Schattenwurf dessen, was mit Meisterschaft gemeint ist und mit dieser nicht verwechselt werden darf!).[151]

Mit anderen Worten: Aus der Arbeit mit Menschen, wie Graf Dürckheim und Maria Hippius sie in Rütte aufgebaut haben, ergab sich, daß er die Funktion eines solchen Meisters übernahm, und zwar mit der unabdingbaren Auflage: sich in dem Moment überflüssig zu machen, in dem die innere Führungskraft, der „innere Meister" beim Klienten oder Schüler herangewachsen und erstarkt ist:

Wer reif wird zum Weg und nach dem Meister sucht, weil er der Führung bedarf ... darf wissen, daß er den Meister in sich selbst hat, den inneren Meister. Hätte er ihn nicht, so könnte er auch den Meister draußen nicht finden. Selbst wenn er ihm begegnete, würde er ihn nicht erkennen ...[152]

So gesehen hatte Dürckheim in Erfüllung seiner Funktion des „äußeren Meisters" Mal um Mal von sich *weg*zuweisen, nämlich auf den Weg, den jeder einzelne in der ihm gemäßen Art und Weise zu gehen hat. Und so gehört zu den vier Säulen der Arbeit in Rütte die Dreiheit von *Meister*, *Schüler* und *Weg*, letztlich ein archetypisches Grundmuster, dessen Faktoren mit dem Prozeß der Selbst-Werdung korrespondieren. Und die Selbst-Werdung (Individuation), in Gang gebracht durch Initiation bzw. durch Initiatische Therapie, bestimmt den „zielfreien Weg", der seit Jahrzehnten in Rütte gewiesen wird. Aber muß man denn ein „Meister" sein, um diesen Dienst der Weg-Führung zum Wesenhaften zeigen zu können?

Dürckheim hat nie den Anspruch erhoben, der „Meister von

Rütte" zu sein. Jedenfalls hat er, sich selbst einbeziehend, diese Frage verneint, denn: „Wenn das so wäre, dann müßten wir uns alle bescheiden. Es ist aber nicht so. Man muß das Wesen nur einmal wirklich erfahren haben und dann *ernst* nehmen, in sich sowohl wie in anderen, ernst als Manifestation jenes überraumzeitlichen Lebensgrundes, der alles Dasein im Bedingten zugleich transzendiert, trägt und mit seinem eigentlichen Sinn erfüllt."[153]

Diese Feststellung läßt sich durch eine Beobachtung von Hetty Draayer ergänzen, die dank ihrer Fähigkeit zur Tiefenschau auch mancherlei von der Schatten- oder Dunkelseite bei Graf Dürckheim unmittelbar wahrzunehmen vermochte. Trotz der beiderseits bekundeten wechselseitigen Liebe und hohen Wertschätzung blieb sie daher auch vor blinder Verehrung bewahrt, wie sie dem Typus der „Anhänger" eigen ist. So konnten ihr z. B. kleine Selbstgefälligkeiten und jene sprichwörtlichen „weißen Flecken" im Persönlichkeitsbild nicht verborgen bleiben. Einmal bemerkt sie: „Karlfried hatte bisweilen durchaus Mühe, nicht der große Guru zu sein, für den ihn gewisse Leute hielten. Anfangs benahm er sich noch so, auch mir gegenüber, selbst in meinem eigenen Praxisraum. Aber dann, am zweiten oder dritten Tag der gemeinsamen Arbeit streckte er wie beiläufig seine Hand mir entgegen und meinte: ‚Ich war wohl nicht sehr freundlich Dir gegenüber, nicht wahr?" Beide wußten recht genau, was gemeint war ... Hetty Draayers Kommentar: „Entscheidend war für mich, was ich bei und durch Graf Dürckheim gelernt habe, nämlich daß man die Menschen immer lieben kann, mit ihrem Dunkel ebenso wie mit ihrem Licht. Und was er selbst auch früher getan haben mag, er hat Menschen so viel gegeben. Das Dunkle an ihm kann man daher ‚wegfallen' lassen. So jedenfalls habe ich das Problem unserer intensiven Begegnung für mich gelöst. Auch wenn ich seine Bücher kaum habe lesen können, so bin ich doch dankbar, ihm begegnet zu sein. Daher nimmt er immer noch einen hohen Rang in meinem Leben und in meiner Arbeit am Menschen ein."

Die hierin sich bekundende Dankbarkeit, von der auch viele

andere sprechen, ist jedoch nicht mit „Anbetung" oder mit „Anhimmelei" zu verwechseln, von denen sich jene „Rütteaner" nicht frei zu halten vermochten, die gleichsam erdabgehoben in einem Zustand des Schwärmens verharrten, statt den von Hippius und Dürckheim empfangenen Impuls umzusetzen und mit den eigenen Möglichkeiten der Verwirklichung zu verbinden. Dürckheim sah diese Gefahr wohl, wenn er die von blinder „Verehrung" Infizierten als „Transzendenten-Tanten" (nicht nur weiblichen Geschlechts!) karikierte und sich über sie lustig machte.

Die Menschen, die nach Rütte kommen, spiegeln etwas wider von der Vielfalt menschlicher Existenz: zwischen dem 15. und dem 80. Lebensjahr; Angehörige aller Berufe; Frauen und Männer; solche, die nur wenige Tage bleiben, etwa weil sie in einem einmaligen Gespräch die Begegnung mit dem Grafen suchen, und andere, die Wochen, Monate, viele Monate die Gemeinsamkeit des Lebens und Tuns in Rütte teilen wollen und können. „Ohne programmgebundene Direktion finden sich die verschiedenartigen Ziele und Menschen zusammen", bemerkt Maria Hippius einmal. „Man versteht sich im wesentlichen rasch. Das Trennende, weil es der Peripherie zugehört und nur das Bedingte ist, tritt, weil bei allen ein existentielles Anliegen im Vordergrund steht, als störungsvolle Reibungsfläche zurück. Die Begegnung von Angesicht zu Angesicht und der Dialog sind die tragenden Formen der Beziehung. Dabei schält sich unwillkürlich das in der Tiefe Verbindende oder auch eine produktive Gegensatzspannung heraus. Ziel ist aber immer, zu dem zu kommen, das über und hinter den Gegensätzen steht. Und es gibt immer wieder schöne Beweise dafür, daß man trotz zunächst verschiedenen Standpunkten sich begegnen und einen übergreifenden Sinn finden kann ... Grenzüberschreitungen werden ins Gespräch genommen, und für alle ist viel daraus zu lernen. Und recht besehen, halten gerade ‚Feuergeister' den Raum trotz Beunruhigung fruchtbar in Gärung. Geistige Dynamik, auch wo sie unbequem ist, macht den genius loci aus."[154]

Aber soll man in Rütte von einem „genius loci", einem Genius des Ortes reden, wäre es nicht angemessener, vom „genius viae", dem Genius des Weges, zu sprechen? Immerhin gibt es auch eine äußere Entsprechung: Rütte liegt am Weg einer alten Marien-Wallfahrt. Freilich kommt es darauf an, das Vorfindliche so zu transformieren, daß es mit der eigenen Existenz in Beziehung gesetzt werden kann. Von einer bloßen Übernahme oder von einer kurzschlüssigen Anbindung an Gewesenes kann da nicht die Rede sein. Vielmehr ist es das archetypische Grundmuster, hier: der Archetypus des Weges, der in Geschichte und Gegenwart nach immer *neuer* Realisation verlangt.

Der Aufgabe der Transformation haben sich insbesondere die Mitarbeiterinnen und Mitarbeiter zu unterziehen. Von ihrer speziellen Position und Aufgabenzuweisung her gesehen erblickte Maria Hippius von Anfang an ihren Auftrag darin, geeignete, das heißt, der Wandlung fähige und zum Eigenschöpferischen im Umgang mit Menschen heranreifende Persönlichkeiten zu gewinnen – eine ebenso verantwortungsvolle wie problemreiche Aufgabe. Denn mit der Einführung der verschiedenen Methoden und Arbeitsweisen wuchs naturgemäß die Schwierigkeit, die jeweils neu hinzukommende, das Ganze an sich bereichernde Praxis so zu integrieren, daß die ursprüngliche Zielbestimmung von Rütte, zumindest während der Lebenszeit ihrer beiden Begründer, aufrechterhalten und gegebenenfalls präzisiert werden konnte. Dabei waren sich Maria Hippius und Graf Dürckheim von vornherein darüber im klaren, daß so etwas wie eine Persönlichkeitsformung auf dieser Ebene nur in einer sehr begrenzten Weise möglich und wünschenswert sein kann. Denn: „Kriterium für den Eintritt in den Mitarbeiterstatus ist nicht primär das professionell erworbene Können, sondern die in Eigenarbeit gewonnene Befähigung zur wegbegleitenden Führung ... Durch jahrelange, im initiatischen Sinne geleistete Entwicklungsprozesse, die weiterführenden Inter- und Supervisionen und die praktischen wie theoretischen Fortbildungen durchläuft der initiatische Mitarbeiter einen Selbsterfahrungsprozeß, der Parallelen zur Lehranalyse aufweist."[155] Dabei handelt es sich um jenen analytisch-synthetischen Erfahrungs- und Reifungsprozeß, den seit den Tagen Freuds und Jungs ein werdender Psychotherapeut zusätzlich zu seinem theoretischen Studium zu durchlaufen hat.

Das „Initiare" der initiatischen Schulung und Therapie besagt: „das Tor zum Geheimen öffnen, – das Geheime, das sind wir selbst im Wesen, ... die Weise, in der in uns in allen Dingen das überweltliche göttliche Leben anwest und in uns und durch uns Gestalt gewinnen möchte in der Welt".[156] Da kommt es entscheidend darauf an, daß der initiatische Mitarbeiter die Stadien dieses Innenwegs selbst durchschreitet. Ein solcher Mitarbeiter „bemüht sich um die Meisterschaft im Werden, indem er die initiatischen Prinzipien immer getreuer für sich selbst zu verwirklichen trachtet und sie so aus eigener Autorisierung vermitteln kann."[157]

Dies gilt für jene, für die Rütte zur „Schule für Initiatische Therapie" geworden ist und Rütte als Ausbildungsstätte aufgesucht haben. Anders verhält es sich mit jenen Mitarbeitern, die, von außen kommend, bereits eine adäquate Qualifikation mitbringen. Aber es sind nicht nur Künstler, Therapeuten aus anderen tiefenpsychologischen Schulen und Praktiker aller Art, sondern auch Gäste und Mitarbeiter aus Japan. Faktisch ist die Beziehung zwischen Dürckheim und Japan seit der Zeit seines Aufenthaltes dort, nicht abgerissen. Diese Tatsache verlieh der Arbeit in Rütte stets eine besondere Qualität. Noch als Achtzigjähriger suchte der japanische Zen-Meister Hakuun Yasutani in Begleitung von Fumio Hashimoto 1965 Graf Dürckheim in Rütte auf, wo er vor dem Kreis der Schüler und Mitarbeiter über Zen sprach.[158] Meister recht verschiedener spiritueller Schulungswege schauten in Rütte „vorbei"; unter ihnen Ernst Lothar Hoffmann, ein gebürtiger Deutscher, der unter dem Ordensnamen Lama Anagarika Govinda (1898–1985) als einer der bekanntesten westlichen buddhistischen Gelehrten gilt. Der geistige Austausch zwischen beiden Männern fand seinen Niederschlag in Briefen sowie in den Festschriften anläßlich Dürckheims 70. bzw. Govindas 75. Geburtstags. – Als eine besonders „schöne Begegnung" empfand

Dürckheim das Zusammentreffen mit Pir Vilayat Inayat Khan (geb. 1916), dem Oberhaupt des Sufi-Ordens, der anläßlich eines großen Sufi-Kongresses in Todtmoos auch in Rütte einkehrte. – Zu den bedeutsamsten Begegnungen aber gehört jene, die Graf Dürckheim seinen Freunden immer wieder erzählt hat: „Anfang der sechziger Jahre bekam ich in Rütte einen denkwürdigen Besuch. Meine Sekretärin sagte mir, ein gewisser Herr Enomiya wünsche mich zu sprechen und wolle sich mit mir über Zen unrterhalten. Man sagte mir, der hochgewachsene, hagere Mann sei recht einfach, wie ein Wanderer, gekleidet. Nach einiger Zeit des Wartens ließ ich ihn rufen. Er war außerordentlich bescheiden und verstand sich auf die Kunst des Zuhörens. Über Zen wußte er erstaunlicherweise viel. Ich riet ihm, zur Vertiefung seiner Kenntnisse unbedingt einmal nach Japan zu gehen und dort die Landessprache zu erlernen, um – gleichsam von innen her – den Geist des Zen in sich aufzunehmen. Darauf erwiderte mir dieser Herr Enomiya: ‚Ich lebe seit mehr als dreißig Jahren in Japan und die japanische Sprache beherrsche ich auch.' Darauf sagte ich ihm: ‚Dann müssen Sie unbedingt den berühmten Pater Lassalle aufsuchen; dieser Mann ist im Zen sehr geübt, auch verfügt er über große Kenntnisse der japanischen Mentalität.' – Nun trat eine Pause ein. Dann sagte jener Herr Enomiya: ‚Ich bin Pater Lassalle'. – Seit dieser Begegnung sind wir enge Freunde geworden. Es war für mich unbegreiflich, daß dieser bescheidene, wie ein vorbeiziehender Wanderer aussehende Mann, der berühmte Pater Lassalle war – Betroffenheit und Glück zugleich." Eine spätere Aussage Graf Dürckheims lautet: „Ich halte Pater Lassalle für eine der wichtigsten Geistesgestalten unserer Zeit. Weil er das lebt, was er verkündet, ist seine Anwesenheit in dieser Welt von besonderer Bedeutung ..."

Seit dem Jahre 1973 steht Rütte mit dem in der Nähe von Kioto gelegenen Zen-Kloster Eigen-ji in einem regen geistigen Austausch. Der Abt des Klosters, Yuho Seki, ein Zen-Meister aus der Rinzai-Schule, besuchte wiederholt in Begleitung einiger Mönche Deutschland und hielt in Rütte je ein einwöchiges Sesshin ab. Maria Hippius vertiefte diese Beziehung 1974 durch einen Gegenbesuch in Eigen-ji. Rüdiger Müller berichtet: „1976 blieben zwei Mönche für ein Jahr in Rütte, wo sie neben Einführungen in das Za-Zen und regelmäßigen Wochenendsesshins Unterricht in der japanischen Malkunst, in Sumi-e und Kalligraphie gaben. Im Austausch reisten vier Mitarbeiter nach Eigen-ji, wo sie neben Za-Zen und Koan-Übungen sowie harter Arbeit im Kloster in Ikebana, Urasenke, der Teezeremonie und in Shakuhachim japanische Bambusflöte, bzw. in Ken-Do, der Schwertkunst, ausgebildet wurden. Inzwischen geben sie diese Übungen in ihren Stunden in Rütte und München an ihre Schüler weiter."[159]

Da derartige Berichte, für sich genommen, leicht mißdeutbar sind, ließ Dürckheim keine Gelegenheit aus, um Besonderheit und Eigenständigkeit des in Rütte Begonnenen gerade auch im Blick auf die Beziehung zum japanischen Zen deutlich werden zu lassen. Unter den aphoristischen Beiträgen zur Festschrift für seinen Freund Enomiya-Lassalle findet sich daher auch eine Erinnerung an Yuho Seki vom Eigen-ji-Kloster. Als er zum fünften Male zu einem Sesshin nach Rütte gekommen war, habe er gesagt: „Zen kam ursprünglich aus Indien. Von Indien kam es nach China. In China entstand ein chinesisches Zen. Dann kam Zen von China nach Japan, und es entstand ein japanisches Zen. Heute kommt Zen nach Deutschland, nach Europa, und es ist nun an euch, ein deutsches, ein europäisches Zen entstehen zu lassen."[160] Dürckheim fragte sich, was damit gemeint sei. Und seine Antwort lautete:

Wohl nichts anderes, als daß auch im Za-Zen der Unterschied zwischen fernöstlicher und westlicher, buddhistischer und christlicher Sinngebung erscheinen muß. Während das Zen, nur buddhistisch gesehen, in einem Einswerden des Menschen mit dem all-einen Sein mündet, meint für den westlichen Menschen die Erfahrung des Einsseins mit dem all-einen göttlichen Sein nicht das Ende, sondern einen Wendepunkt, von dem her das Leben in der Welt seinen wahren Sinn und Auftrag erhält. Der Sinn der gegenstandslosen meditativen Erfahrung ist dann nicht nur Erlösung von der Welt, sondern neuer schöpferischer Auftrag *für* die Welt, eine Einheiligung der raumzeitlichen Wirklichkeit."[161]

Damit hat die Arbeit in Rütte die ihr gemäße Charakteristik erfahren. Sie gilt es im folgenden näher zu bestimmen, insbesondere auch hinsichtlich der ihr innewohnenden Christus-Tendenz. Doch zuvor noch einen Blick auf Situationen und Begebenheiten aus dem Alltag, die Dürckheims Wesensart veranschaulichen.

Situationen angesichts der „kleinen Dinge"

In seinen Aufzeichnungen über das Wesen der „Chassidischen Botschaft" spricht Martin Buber im Gegenüber zu Zen-buddhistischen Lebenszeugnissen einmal davon, daß es darauf ankomme, zum „intimen Umgang mit der konkreten Wirklichkeit" zu gelangen. Graf Dürckheim nennt es den Umgang mit den „kleinen Dingen". Gemeint ist die schlichte, jedoch geisterfüllte, zugleich erdnahe Beziehung zu allem Kreatürlichen und zum gelebten Augenblick. Wer ihm begegnete, der erfuhr Karlfried Dürckheim als einen Menschen, der sich ganz dem zuwendet, was ihm gerade vor Augen stand oder was er in seinen Händen hielt – Ausdruck der „Liebe zu den kleinen Dingen", die ihrerseits auf verborgene, größere Zusammenhänge hinweisen. Sein Neffe Wolf-Eberhard Büntig (Jahrgang 1937), der auch häufig zur Mitarbeiter-Schulung nach Rütte kam und ein eigenes „Zentrum für Individual- und Sozialtherapie" (ZIST) aufgebaut hat, erinnert sich, wie er als junger Mann seinen Onkel in der Gondel zum Säntis hinauf begleitete. Auf halber Strecke öffnete Dürckheim das Fenster einen Spalt, griff in seine Tasche, holte ein Papiertütchen heraus und streute einige Körner nach draußen. Maria Hippius, die dabeisaß, fragte: „Karlfried, was machst Du da? – Er sagte, als sei es das Selbstverständlichste von der Welt: „Ich säe ein paar Radieschen". Tatsächlich hatte er Radieschen-Samen bei sich, aber die ebenso unbeabsichtigte wie offensichtliche Doppelsinnigkeit besagte eben auch: „Ich säe ein Paradieschen". Wolf Büntig meint: „Ich glaube, er hat in sehr vielen Menschen auf humorige Weise ‚ein Paradieschen' gesät." Er hat etwas im Menschen angesprochen, so daß ein inneres Wachsen und Reifen in Gang kommen konnte.

Jahre später. Ein arbeitsreicher Tag ist zu Ende. Sichtlich erschöpft setzt Graf Dürckheim sich zum Abendessen nieder.

Er holt tief Luft und sagt wie zufällig: „Das ist doch ein guter Moment, dem Hund die neuen Katzen vorzustellen ..."
Spricht's und klettert mit einiger Mühe in den Speicher hinauf, um die kleinen Kätzchen dem Hund ins Fell zu setzen. Es ist, als bedurfte es dann und wann eines solchen „Akts", um das therapeutische Tagwerk abzuschließen. Wer ihn näher kannte, der zweifelt nicht, daß nicht allein in seinen lehrmäßigen Darstellungen und eher abstrakteren Unterweisungen, sondern insbesondere in solchen wenig beachteten Momenten etwas von Dürckheims Wesensart zutage trat.

Diese Unmittelbarkeit in den Beziehungen zu Menschen und Dingen wird auf vielfältige Weise, das heißt jeweils in individuell abgewandelter Form, bezeugt. Silvia Ostertag, die zusammen mit ihrem Mann Albrecht schon in den sechziger Jahren von ihrem Studienort Freiburg aus zur Aus- und Weiterbildung nach Rütte kam, charakterisiert Graf Dürckheim so: „Als überaus typisch empfinde ich es, daß er *staunend* in eine Situation hineingehen kann. Das ist eine Grundhaltung bei ihm. Er staunt über das, was er erfährt, sei es ein Berg, ein Baum oder ein Vogel; er staunt über das, was er von innen empfängt. Ich erlebe das heute noch, wenn ich bei ihm bin und wir von seinem Exercitium, der Meditation, sprechen; da kann er mir davon erzählen wie einer, der überhaupt zum ersten Mal übt. Er staunt jetzt noch über das, was in ihm geschieht, wie jemand, der anfängt zu üben." Dieselbe Tatsache auf sich beziehend fügt Albrecht Ostertag hinzu: „Das Staunen hat die Wirkung auf mich, daß ich das Gefühl bekomme, ich bin als der, der ich jetzt gerade bin, ganz akzeptiert. Das ist die *Offenheit*, die sich im Staunen für mich ausdrückt. Ob ich vor zehn Jahren ihm gegenüber saß oder jetzt, es ist die gleiche Grundhaltung. Stets fühle ich mich ganz ernstgenommen, und das befreit, etwa von anfänglichen Hemmungen ihm gegenüber."

Dem Vermögen zu staunen ist Dürckheims Humor benachbart, eine „ernsthafte" Weise des Humors, die sich auch in Streßsituationen bewährt hat: Es war bei einem der ersten Fernsehauftritte, als auch Maria Hippius ihre Arbeitsweise vorstellte und Willi Massa, damals noch Ordensmann und Professor an der Hochschule in Sankt Augustin bei Bonn, beteiligt war. Dürckheim sollte in einem halbstündigen Vortrag darlegen, wie die Transzendenz für den Menschen heute eine ganz neue Bedeutung gewinne. Und so geschiehts: Die Scheinwerfer leuchten auf, der Ton läuft, die Kamera läuft, Dürckheim spricht, ohne sich besondere Stichworte notiert zu haben. Exakt nach einer halben Stunde ist er fertig. Dem Aufnahmeleiter gefällt die in sich abgerundete und lebendige Darlegung. Sein Kommentar: "Sehr schön, aber wenn ich mir das alles nochmals überlege, – können Sie das gleiche nicht auch in zehn Minuten, aber wirklich das gleiche und wirklich in zehn Minuten sagen?" Dürckheims Begleiter empfinden das Ansinnen eher als eine Zumutung. Hätte man nicht gleich sagen können, wieviel Zeit für diesen Part zur Verfügung steht? Aber statt eines Wortes der Mißbilligung, erwidert Dürckheim, als sei er in seinem Element: "In zehn Minuten, ja warum nicht? Gehts los?" Es ging los und es endete mit der gewünschten Präzision. Der Aufnahmeleiter findet alles "wunderbar". Doch da ist schon ein Mann von der Technik. Alles sei danebengegangen, weil man nicht das richtige Licht eingeschaltet habe. Man müsse nochmals von vorn anfangen, natürlich denselben Inhalt in derselben Zeit. "Wir waren schockiert", gesteht Silvia Ostertag, die mit dabei war. Aber der Hauptbetroffene fand nur ein Wort des Erstaunens für den Mißgriff der Fernsehleute: "Ach, das ist ja wirklich komisch! Gehts los?" Nochmals das Ganze, ohne Manuskript und innerhalb des gleichen Zeitraums ... Für die verdiente Mittagspause stehen knappe 45 Minuten zur Verfügung. Aber als die Akteure die überfüllte Kantine des Fernsehstudios betreten, ist eine neue Schwierigkeit vorprogrammiert, denn das Tagesmenü – Leberkäs mit Spiegelei und Bratkartoffeln – läßt ungewöhnlich lange auf sich warten. Buchstäblich im letzten Augenblick wird das Rütte-Team bedient. Aber statt seinem Unmut nun doch endlich freien Lauf zu lassen, triumphiert Dürckheim: "Na, das ist aber *günstig*; wir haben noch eine *volle* Minute Zeit!"

Daneben stehen Momente, in denen Graf Dürckheim Allerwesentlichstes auf die Spitze des Grotesken zu treiben scheint, als wollte er sagen: Man darf nichts verabsolutieren. Der Anlaß ist ein denkbar simpler. Eine Tomatendose ist zu öffnen. Ein Mitarbeiterpaar feiert bei Maria Hippius und Graf Dürckheim Hochzeit. Der Gastgeber möchte sich „nützlich" machen, und zwar trotz des ausdrücklichen Geheißes von Marias: „Bitte *nicht!*" Der bei seinen Freunden als „Zauberer" und als Meister des Hara geschätzte Karlfried hat schon besagte Tomatendose ergriffen, deren Öffnung ihm jedoch beträchtliche Schwierigkeiten zu bereiten scheint. Aber statt „sanft" aus Hara heraus zu wirken, hört man Karlfrieds Stimme aus dem Bad: „Mit *Gewalt* geht alles!" Aus Dürckheims Mund ein geradezu unglaublicher Ausspruch! – Nennt man dergleichen nicht die „Entheiligung eines Prinzips"? Jedenfalls erscheint hier alles Systemdenken außer Kraft gesetzt, selbst das Prinzip, das dem eigenen Streben zugrundeliegt, und dazu – nicht zu vergessen – ein Schuß Selbstironie! Denn aufgegeben hat er die Liebe zu den Dingen ja nicht. Sie immer neu einzuüben, wird er nicht müde. Als ihn einmal der ihm befreundete Botho Fürst zu Stollberg-Wernigerode fragt, wie man es mit dem rechten Umgang im Alltag halten solle, antwortet der knapp Zweiundachtzigjährige im Brief vom 9. August 1978 mit einem freimütigen Geständnis:

... Immer ertappe ich mich wieder dabei, es an jener Wachheit fehlen zu lassen, die die nie zu unterbrechende Fühlung mit unserem Wesen betrifft. Immer wieder verstellen wir ihm den Weg in unser(em) Erleben und durch dieses hindurch die Weise unseres Umganges mit den Dingen, insbesondere mit den kleinen Dingen. Das beste Mittel gegen diese Fehlhaltung scheint mir zu sein, so oft wie möglich einen Augenblick innezuhalten, zu verweilen bei irgend einem Eindruck. Es braucht nicht immer etwas Schönes, Besonderes zu sein, zum Beispiel die Tischplatte, auf die unser Blick fällt, oder die Kühle eines Steins, den wir ‚zufällig' in der Hand halten oder das Lichterspiel eines Blattes, auf das die Sonne fällt. Immer wichtiger wird es mir, ab und zu mich auf meinen Sessel zu setzen, eine Decke um die Beine, bequem angelehnt, die Hände auf dem Bauch, und mindestens dreißig Minuten in völliger Unbeweglichkeit zu verharren. Dies wirkt wie ein Seelenbad, aus dem man erwärmt, erfrischt und gelöst und von einer Aura umgeben, herauskommt, die eine Fühlung mit der anderen Dimension enthält ...

Und dann läßt der bereits erblindete Briefschreiber einige Verszeilen folgen, die er vor vielen Jahren einmal niedergeschrieben hat:

> Es sind die kleinen Dinge,
> die uns brauchen,
> denn wir hauchen
> alle Lebensringe in sie ein.
>
> So ergreift sie, meine Hände,
> voller Liebe,
> so als bliebe
> ohne euch am Ende
> jedes Ding allein.

Wer ihn in seinem Alltag erlebte, der kann Silvia Ostertag beipflichten, wenn sie sagt: „Die Dinge um ihn herum konnte Graf Dürckheim wie Persönlichkeiten annehmen." Und das hatte in ungeteilter Zuwendung zu geschehen, wie in der Begegnung mit Menschen, insbesondere im therapeutischen Prozeß. Darauf achtete er auch bei seinen Mitarbeitern. Auf die Frage, wie sich denn die Arbeit mit einem bestimmten Klienten gestalte, antwortete einmal eine junge Mitarbeiterin selbstbewußt: „Recht gut gings ..." Dürckheim erwiderte lapidar: „Aber Du warst lieblos!" Eine Kritik, die saß. Als sich nach geraumer Zeit wieder ein Gespräch ergab, gestand die junge Frau: „Jener Vorwurf der Lieblosigkeit hat mich doch arg getroffen; ich hab ihn noch nicht ganz verwunden." Statt zu trösten oder zu beschwichtigen, fiel Dürckheims Reaktion kaum weniger barsch aus, kam es ihm doch nicht darauf an, einen „Volltreffer" zu plazieren, sondern wachzurütteln. Auch der Streich, den der Za-Zen-Übende auf die Schulter empfängt, um der rechten inneren und äußeren Haltung willen, ist in einem ähnlichen Sinne gemeint.

Eingehend ließ sich Dürckheim von der Arbeit in den Gruppen berichten. Meldete ein Therapeut, daß zwar alles ganz gut laufe, daß aber eine bestimmte Person ganz unausstehlich sei, dann konnte der betreffende Mitarbeiter damit rechnen, daß er bei der nächsten Mahlzeit neben eben jenem „Unausstehlichen" zu sitzen kam. Es bedurfte ja nur eines Anrufs vom Doktor-Haus hinüber zum Herzl-Haus, wo man dann die Servietten-Taschen entsprechend anordnete. Dürckheim ließ es sich dann nicht entgehen, anschließend mit der unschuldigsten Miene zu fragen: „Nun, wie hats heute geschmeckt ...?" Auch eine Methode, Schüler zu „belehren".

Es versteht sich, daß Graf Dürckheim hierbei weitgehend auf seine stark ausgebildete Intuition vertrauen konnte, die sich auch über äußere Zielvorgaben oder therapeutische Strategien hinwegzusetzen vermag. Daneben steht seine hohe Einschätzung der konsequent durchgeführten Übung „im Geiste des Zen" als eine Form von Disziplin, die nie als „von außen aufgesetzt" erschien. Wolf Büntig, der Arzt und Bioenergetiker, sagt in diesem Zusammenhang von seinem Onkel: „Durch die Art, wie Dürckheim – psychoanalytisch gesprochen – das Realitätsprinzip in den Dienst des Lustprinzips stellte, hat er mir eine wunderbare Basis gebaut für meine Begegnung mit der Bioenergetik. So konnte ich zum Beispiel Alexander Lowen sofort verstehen, auch die Vertreter der Humanistischen Psychologie, Abraham Maslow und die anderen. Ich erlebte den Wert der Übung als ein wichtiges Element dessen, was Dürckheim an seine Schüler zu vermitteln hatte." Einhellig wird der Vorschuß an Vertrauen bezeugt, das er seinen Mitarbeitern, auch den jungen, entgegenbrachte, indem er sie in den Schaffensprozeß – sei es in Rütte, sei es bei den vielen auswärtigen Veranstaltungen – als gleichwertige Partner einbezog. In einem der Mitarbeiter-Berichte ist die freilassende, nichtautoritative Art der Indienstnahme herausgestellt. „Er sagte nicht etwa, ‚wie siehst Du dies oder jenes', sondern er teilte einer Gruppe mit: ‚er' beziehungsweise ‚sie' wird die Arbeit mit euch machen. Hätte der so Engagierte widersprochen, so hätte Graf Dürckheim den Widerspruch als ein aus sich heraus verständliches Faktum zur Kenntnis genommen, mit den Worten etwa: ‚Ach so, dann ist es eben anders ...'" – Wie groß der Vertrauensvorschuß von Fall zu Fall sein konnte, veranschaulicht Silvia Ostertag an einem konkreten Beispiel: Zusammen mit ihrem Mann begleitete sie Graf Dürckheim zu einer großen Theologen-Tagung nach Essen. Die Arbeit bestand turnusgemäß aus Vortrag und Übung. Das Deiergespann war am Vorabend angereist. Am Morgen des eigentlichen Kursbeginns klopfte es an der Tür zum Schlafzimmer des Ehepaars. Graf Dürckheim schaute herein: „Guten Morgen, Ihr Lieben. Wie Ihr an meiner Stimme hört, kann ich kaum sprechen. Ich habe hohes Fieber ... Albrecht, nun wirst Du die Meditation halten; Du weißt ja, was ich immer so sage ... Du Silvia, hältst dann um neun Uhr den Vortrag, den ich halten sollte. Das heutige Thema heißt ‚Transzendenz und Schatten'; Du weißt ja auch, was ich immer so sage. Schau zu, daß Du auch so etwa fünfzig Minuten lang sprichst. Machts gut!" Sprachs und verschwand. Die Tür ging nochmals auf: „Und vergiß nicht zu sagen: Die Einladungen des Lebens nicht annehmen, gehört zu den schlimmsten Verdrängungen ..." Für die beiden Mitarbeiter war Dürckheims Erkrankung offensichtlich eine solche „Einladung" – oder soll man sagen eine „Feuertaufe"?

Was aber, wenn dagegen eine Fehlleistung passiert? Eine Klientin hat die mit ihr vereinbarte Vormittagsstunde bei Dürckheim buchstäblich verschlafen, und das ausgerechnet an einem Wochenende. Die Termine am Samstagvormittag sind begreiflicherweise insbesondere von Auswärtigen begehrt. Wie peinlich! Wie wird er auf die viel zu späte telefonische Entschuldigung reagieren? Da ertönt vom anderen Ende der Leitung Gelächter: „Wie freue ich mich, daß Du nur verschlafen hast. Dann hast Du den ganzen Morgen wenigstens nichts Dümmeres getan!"

Kommen „Rütteaner" zusammen, dann hat jeder sein Pensum an Anekdoten und Erfahrungen, wie sie Maria Hippius erlebten und wie es bei Graf Dürckheim war. Je nach Typus und individueller Prägung sind die einen mehr von „ihr", andere stärker von „ihm" angesprochen worden. Manche vermögen die seelisch-geistige Polarität, die die beiden bis in ihr Tun und Sprechen hinein verkörpern, in sich zu vereinigen. Diese Synthese ist aber offensichtlich nicht jedem gegeben. Bisweilen wird gefragt: Woher nimmt Dürckheim das, was er den einzelnen Menschen gibt? Gelegentlich sprach er von einem „Schatzkästlein". Tatsächlich steht ein schweres, eisenbeschlagenes Kästchen vor ihm auf seinem Schreibtisch. Und bisweilen hat einer Glück und empfängt aus seiner Hand z.B. einen kleinen Halbedelstein.

Aber er meint doch ein anderes „Schatzkästlein". Von ihm sagt er: „Denk Dir nur, wenn ich hineinsehe, dann ist nichts drin. Aber wenn jemand da ist, der etwas Bestimmtes nötig hat und ich greife hinein, dann bekommt er etwas, eben das, was er braucht."

Naturgemäß ist besagtes Schatzkästlein nicht immer zur Hand, vor allem auf Reisen. Oder scheint es nur so? Anläßlich einer der Lindauer Psychotherapiewochen trug sich folgendes zu: Ein sich recht schnoddrig gebärdender Kollege hoffte, von Dürckheim eine spezielle Unterweisung zu erhalten, womöglich den sogenannten „Königsweg" zur Meditation. So fragte er: „Herr Graf, wie kann ich möglichst einfach meditieren lernen?" Der Gefragte merkte, daß er einen Menschen vor sich hatte, dem ein derartiger Rat nicht subtil und nicht exklusiv genug sein könne. Entsprechend simpel fiel die Antwort Dürckheims aus: „Nun, da kaufen Sie sich heute am besten ein kleines Oktavheft und fangen an, täglich um die selbe Zeit fünf Minuten lang parallele Striche zu machen, einen neben den anderen. Hierbei konzentrieren Sie sich auf nichts anderes als auf diese Striche! Und wenn Sie das dann ein Jahr lang täglich gemacht haben, werden Sie vermutlich zwar immer noch keine exakten parallelen Striche ziehen können, aber Sie werden ein anderer Mensch geworden sein ..."

Ungewöhnlich, bisweilen überraschend kann es schon sein, was an Worten oder Winken und Einsichten oder Impulsen in jenem Schatzkästlein verborgen ist. Einer katholischen Ordensfrau erging es so: In der Aussprache mit ihm kam die Rede auf die Sexualität und wie sie als zölibatär lebende Frau damit umgehe. „Ach", sagte die Nonne, „die Sexualität, die habe ich schon lange ‚auf Eis' gelegt." Dürckheims spontane Antwort: „Wie gut, dann hält sie sich ja recht frisch ..."

Ein Beispiel dafür, daß Dürckheim nicht zögerte, sich selbst zu charakterisieren und auch Schattenhaftes von sich preiszugeben, trug sich in der Ordenshochschule in Sankt Augustin zu Beginn der siebziger Jahre zu. Eine größere Anzahl von Theologen und Mönchen war zusammengekommen. Ehe die Tagung ihren Anfang nimmt, fragt er seine beiden Assistenten, die bei der Vorbereitung des Kurses behilflich gewesen sind, wie man wohl beginnen solle. Silvia Ostertag schlägt vor, man solle die rund vierzig Personen sich im Kreis setzen lassen. Jeder nenne seinen Namen, dazu das, was er als seine positive und als seine negative Wesensseite ansehe, sein Können und sein Unvermögen. Pater Enomiya-Lassalle beginnt mit der ihm eigenen Schlichtheit: „Ich bin Pater Lassalle. Meine positive Seite, ich kann schweigen. Mein Mangel ist der, ich schweige auch dann noch, wenn ich reden müßte ..." Als Graf Dürckheim an der Reihe ist, nennt auch er seinen Namen und fährt fort: „Ich kann reden. Aber – und das gehört zu meiner Schattenseite – ich rede auch dann noch, wenn ich eigentlich schweigen müßte ..."

Daneben stehen Begebenheiten, in denen Scherz und Tiefsinn eine eigentümliche Verbindung eingehen können und wo Dürckheim sich auch einmal einen Trick gestattet. Der „geborene Zauberer" – so Wolf Büntig über seinen Onkel –, der schon in seinen Universitätsjahren Frauen der Gesellschaft mit allerlei Kartenkunststücken „bezauberte", war um Einfälle dieser Art nicht verlegen. Anläßlich eines religionswissenschaftlichen Kongresses ergab sich ein Dialog mit einem orthodoxen Theologen. Um seine These beispielhaft zu dokumentieren, versuchte er eine slawische Sprache zu benützen, als gälte es, das Gemeinte von einem Urtext her zu belegen. Sein Gegenüber erstaunte: „Graf Dürckheim, was für eine Sprache sprechen Sie denn? Ich bildete mir ein, ich beherrschte alle wichtigen slawischen Sprachen. Aber dieses Idiom kenne ich nicht." Der Gefragte ließ sich jedoch nicht unterbrechen. Die Sätze seiner – vermeintlichen – Argumentation flossen ihm nur so über die Lippen. Der Theologe schwankte offensichtlich zwischen Verwunderung und Irritation, bis Dürckheim dann zugab, er habe gar keine bestimmte Sprache gesprochen; er habe pures Kauderwelsch geredet. Er wollte nur demonstrieren, daß selbst in einer solchen Unsinnssprache noch etwas zu vermitteln sei, weil das Unbewußte von den bewußten Intentionen nicht völlig zu trennen ist. Im übrigen bemerkt Wolf Büntig: „Ob jemand zaubern, übers Wasser gehen konnte, mediale Fähigkeiten besaß – all das wurde von Dürckheim nicht etwa abgelehnt, sondern durchaus akzeptiert, und zwar als ‚nicht so wichtig'." Wichtig wurde ihm Mal um Mal etwas ganz anderes. Auch die Rede von diesem anderen wußte Graf Dürckheim in Worte zu kleiden, wie man sie aus den chassidischen Erzählungen oder aus den Anekdoten der Zen-Tradition kennt. Dürckheim sagte etwa: „Wenn ich mich hinsetze, muß ich mich immer wieder fragen: Wer ist der eigentlich, der sich da hinsetzt?"

Westliches Zen?

Wer die Biographie eines Menschen nicht allein auf die dafür erforderlichen äußeren Dokumente und Tatsachenmitteilungen stützt, sondern – wie es unumgänglich ist – stets auch die geistige Individualität der betreffenden Persönlichkeit in den Blick zu fassen sucht, der muß sich bei Karlfried Graf Dürckheim die Frage stellen: Wie ist die Tatsache zu bewerten, daß er nicht etwa aus einem akademischen oder sonst eher vordergründigen „Interesse" mit der östlichen Spiritualität bekannt wurde, sondern aufgrund einer schicksalhaften Führung oder Nötigung?

Bereits 1919, beim Anhören jenes elften Spruches aus dem Tao-Teking, war eine intime Anrede, eine Art Berufung erfolgt. Der so Angesprochene hatte auf die besondere Dimension dessen zu achten, das sich im Wort des Laotse kundgab. Drei mal sieben Jahre später schien der Japan-Fahrer genügend präpariert zu sein, um nach der inneren Initiation auch die äußere in Gestalt der Tee-Zeremonie, des Bogenschießens und in anderen „Künsten" des Zen empfangen zu können. War ihm jener elfte Spruch und die geschilderte Erschütterung als ein spontanes Erlebnis widerfahren, so ist der Prozeßcharakter der mehrjährigen Japan-Erfahrung Dürckheims offenkundig. Diesem allmählichen Hineinwachsen in die fernöstliche Geistesart entsprach die durch ihn zu vollziehende Wandlung, verbunden mit der Preisgabe seiner nationalen und völkischen Ideale, um der Erlangung eines, wie er es damals nannte, „übervölkischen Satori" willen.

Das in und an Japan Erfahrene mußte sodann in einer Form nach Mitteleuropa *herübergebracht* werden, daß es hier rezipiert werden konnte, und zwar eben nicht als ein exotisches Mitbringsel, das einem modischen Trend des westlichen Mensehen entgegenkommt. Weil nun Graf Dürckheim infolge oberflächlicher Beurteilung oft als ein Schrittmacher für „Östliches" oder gar als bloßer Synkretist etikettiert worden ist, empfiehlt sich hier eine differenzierende Betrachtung. Wie schon seinem ersten Buch („Japan und die Kultur der Stille", 1949) zu entnehmen ist, kam es ihm entscheidend darauf an, auf das *Allgemeinmenschliche* hinzuarbeiten, nämlich auf die Ergänzungsbedürftigkeit des stark extravertierten, umtriebigen westlichen Menschen: geistig, indem Dürckheim die „Anjochung" des rationalen Ich an das zugrundeliegende „Inbild" und „Wesen" versuchte, um diesen Menschen für Seinserfahrungen zu öffnen; leiblich, indem er den Einklang mit den erdhaften Hara-Kräften und deren Einbezug in die geistig-seelische Ganzheit betrieb.

Da „Hara" – wie im gleichnamigen, vielbeachteten Werk (1967) dargelegt – im anatomischen Sinne zunächst den Unterleib, den Bauch als Bezugspunkt für die Zentrierung der menschlichen Person bedeutet, muß dieser Ansatz dem christlich-abendländischen Denken befremdlich erscheinen. Tatsächlich ist die ungeschiedene Einheit von Leib-Seele-Geist gemeint. Während der einstige Indienmissionar und evangelische Meditationslehrer Friso Melzer denen, die sich mit östlicher Geistigkeit befassen, unterstellt: „Sie wollen die personhafte Wirklichkeit des Menschen überwinden, ihr Ziel heißt personloses Sein ... Die Versenkung auf den Wegen der asiatischen Hochreligionen strebt an, daß der Meditierende im Meer des reinen Seins versinke, um nie mehr aufzutauchen"[162], nimmt Melzers Kollege Hellmut Haug die Herausforderung des Zen an das christliche Denken in positiver Weise ernst. Er verweist darauf, wie gerade der zum Ich-Bewußtsein erwachte Mensch eine Hilfe nötig habe, die eine Harmonisierung seines Gesamtorganismus unterstützt: „Anstatt in Übereinstimmung mit den Kräften zu leben, die unverfügbar aus dem Hara, der ich-transzendenten Leibesmitte fließen, kennt er nur jene Art von Kraft, über die das Ich herrschsüchtig für seine eigenen Zwecke verfügt. Damit verlagert sich der Ansatzpunkt der Willenskräfte aus dem natürlichen Schwerpunkt heraus nach oben, kopfwärts; er sitzt in der Brust, in Schultern und Nacken, vielleicht gar im Kopf, mit dem er ‚durch die Wand' will ... Wer sich der Erdmitte anvertraut, dem öffnet sich auch die ‚Himmelsmitte', die körperlich in der Kopfregion zu suchen ist und in der die Transzendenz nicht als Großes Leben, als mütterliche Natur erfahren wird, sondern als väterlicher Geist, Ursprung von Ordnung, Sinn und Wert und nicht zuletzt: Individualität".[163]

In diesem Zusammenhang erinnert Hellmut Haug auch daran, in welcher Weise das „Herz" als die eigentliche personale Mitte erlebt und begriffen werden könne, nämlich im rechten Atmen, dem Grundbestandteil der Zen-Meditation. Hier verweist er auf die Menschenkunde Rudolf Steiners, nach deren Dreigliederung im Kreislauf und der Atmung als dem „rhythmischen System" – in Entsprechung zu Dürckheim – die Mitte des Menschen gesehen wird. Herz und Kreislauf bilden – anthropologisch betrachtet – somit die Brücke zwischen Oben und Unten, zwischen Stoffwechsel und Gedankenflug. Eben in dieser organischen Zusammenschau (und -betätigung) wird die Rolle des unteren Leibespols deutlich. Haug drückt das so aus:

„Es ist deutlich, daß Hara, das Zulassen der ‚Erdmitte', die Grundvoraussetzung solchen Schwingens um die personale Mitte darstellt: Aus dem gelösten Unterleib steigt der Atemstrom auf, und dorthin kehrt er zurück. Die Erdmitte ist der unabdingbare Grund für das Finden und Halten der wahrhaft menschlichen Herz-Mitte, weil nur sie den Menschen aus der Sklaverei des sich selbst behauptenden Ichs dauerhaft zu lösen vermag. Und auch dies ist deutlich, daß personhaftes Sein aus solcher Mitte nie zum Besitz wird in dem Sinne, wie das Ich sich zu besitzen strebt. Mit jedem Atemzug gehe ich unter, mit jedem empfange ich mich erneuert zurück, ein stetiges ‚Stirb und werde', theologisch gesprochen: eine fortwährende Neugeburt. In der Herzmitte ist der Mensch ganz und eigentlich bei sich selbst, aber auf eine Weise, daß er zugleich ganz geöffnet ist für den Mitmenschen, aber auch und zuvor für den schaffenden göttlichen Grund ..."[164]

Wer auch nur ein Stück des von ihm andeutend beschriebenen Wegs gegangen ist, der wisse, daß eine radikalere und totalere Weise des „Lebens aus der Gnade" schwerlich denkbar sei. Nun kennt der Theologe Haug seine Kollegen, wenn er weiterhin mit deren anhaltendem Mißtrauen dem Dürckheimschen Ansatz gegenüber rechnet. Dabei fällt die letzte Entscheidung über Berechtigung und Gültigkeit eines spirituellen Schulungsweges nicht auf der Ebene rationaler Kritik, sondern auf der der praktischen Erprobung, die allein Eigenerfahrung vermitteln kann. Man müsse, so gibt Haug zu bedenken, wohl unumwunden zugeben, daß ein Meditationsweg, der den Menschen zu seinem göttlichen Ursprung zurückführt, auch mit der Absicht gegangen werden könne, in diesem Ursprung aufzugehen und als Individuum in ihm unterzugehen. Der östlich-fernöstlichen Geistigkeit entspricht dies zweifellos, wie sich an vielen Beispielen zeigen ließe. Aber: „Daß dies nicht notwendig der Sinn von Zen sein muß, hat Graf Dürckheim eindringlich gezeigt. Es ist in die Hand des einzelnen gegeben, wozu er diesen Weg gebrauchen will. Der Mensch, der seine wesenhafte Einheit mit dem göttlichen Grund erfährt, steht gleichsam auf der Schwelle: er kann sich vollends in den Urgrund hinein preisgeben; aber er kann sich ebenso zurückwenden, um das Licht des Ursprungs hineinzutragen in die Welt und zu bewähren im Alltag des Lebens. *Hier* scheiden sich vielleicht – pauschal geurteilt – die Wege von Ost und West. Die christliche Theologie aber wird sich entscheiden müssen, ob sie in den Gotteserfahrungen, die sich in der Zentroversion (Individuation) oder im Hara ‚aufdrängen', die Erfahrungen ihrer eigenen Tradition, vielleicht geklärt und geläutert, wiedererkennen oder ob sie sich mit dogmatischen Barrikaden gegen die fortschreitenden Selbstbezeugung des lebendigen Gottes abriegeln will."[169]

Geht man nun auf Dürckheims Intentionen näher ein, dann kann einem nicht verborgen bleiben, worin seine Absicht besteht, mit der er Zen im Westen präsentiert. Jedenfalls besteht diese Absicht nicht darin, das „Östliche" in seiner historisch bedingten Ursprungsgestalt in der Weise an den Europäer zu vermitteln, wie man ein bereits getragenes Kleidungsstück einem anderen überzieht. Wenn von Transformation bzw. Wandlung die Rede ist, dann kann sie nur in Gestalt einer besonnenen „Inkulturation" sinnvoll sein, bei der der Empfänger in seiner Eigengestalt, Situation und Bedürftigkeit ernstgenommen wird. Um zu zeigen, daß die Widerstände des Europäers gegen die Erfahrungsweisheit des Zen weithin auf Mißverständnissen beruhen, die aus Verhärtungen seiner Wirklichkeits- und Glaubensvorstellungen stammen, unternahm Dürckheim immer neue Anläufe, um in seinen Vorträgen und Buchveröffentlichungen das zentrale Anliegen des Zen als ein existentielles, *im Menschsein des Menschen* Begründetes zu erweisen. Als einer, der zur Zeit seiner ersten Begegnung mit Zen noch in völkischen Vorstellungen befangen war, gelangte er zu der Einsicht:

Je mehr wir uns einer geheimen Anziehungskraft folgend mit den Zeugnissen altöstlichen Geistes befassen, um so deutlicher sollte es uns eigentlich werden, daß die Spannung, die wir immer wieder zwischen östlichem und westlichem Geist glauben feststellen zu müssen, letztlich nicht als ein völkerkundlich zu verstehender Gegensatz, sondern als ein *innermenschliches* Problem anzusehen ist ... Im östlichen Geist treten, wenn auch oft in spezifisch östlicher Einkleidung, Seiten des menschlichen Wesens hervor, die bei uns, im Schatten der für uns charakteristischen Einseitigkeiten, mehr unentwickelt blieben, obwohl sie doch zur Ganzheit des Menschseins gehören. In diesem Sinne verstanden, enthält auch die Erfahrungsweisheit des Buddhismus, insbesondere der Zen, nicht nur „Östliches", sondern, wenn hier auch in östlicher Verkleidung, etwas von allgemeinmenschlicher Bedeutung. – Das zentrale Anliegen des Zen betrifft eine entscheidende Wende in der inneren Entwicklung des Menschen. Es geht um nichts Geringeres als um die empirische Entdeckung der transzendentalen Wirklichkeit unseres Selbstes, um das „Schmecken" des divinen Seins in diesem weltlichen Dasein. Zen ist nie das Ergebnis eines schlußfolgernden Denkens, eines frommen Glaubens oder einer spekulativen Metaphysik, sondern einer dem Menschen möglichen und im Grunde zugedachten Erfahrung, in der ihm aufgeht, daß unsere zwischen Leben und Tod gespannte Existenz in der Wirklichkeit eines größeren Lebens wurzelt, eines Lebens, das jenseits aller Gegensätze ist, sich aber inmitten der Gegensätzlichkeit unseres Daseins zu offenbaren drängt. Diese Erfahrung hat freilich das Überschreiten einer Bewußtseinsform zur Voraussetzung, innerhalb derer wir uns für gewöhnlich bewegen. Und eben dieses „Überschreiten" ist heute auf breiter Front bei uns „fällig".[166]

Gemeint ist somit eben nicht die Aneignung eines als „fremd" empfundenen Geistesgutes, sondern es geht um einen Schwellenübergang in Richtung auf die spirituelle *Erweiterung* des menschlichen Bewußtseins, namentlich in seiner westlichen Persönlichkeitsprägung. Und zwar gilt es *hinzuzugewinnen*: zum allgemein geläufigen Gegenstandsbewußtsein ein übergegenständliches, zum persongebundenen Bewußtsein (Ich-Du) ein transpersonales (Ich im Du; Ich im Es), das die Grenzen der Subjekt-Objekt-Spaltung zu überschreiten in der Lage ist, nämlich zum Geistig-Überweltlichen hin. Es geht somit um nichts Geringeres als um die Begegnung, sodann um die Integration zweier geistiger Hemisphären, nicht jedoch um die Dominanz der einen über die andere. Und was die hier gemeinte Integration betrifft, so ist das Yang und Yin vereinigende chinesische Taigitu-Zeichen ein beredtes Symbol für jene Aufgabe, die sich gemäß östlicher Terminologie als „Satori", in der Eindeutschung durch Dürckheim als „Große Erfahrung" benennen läßt. Und worin liegt deren grundlegende, letztlich an keine Weltanschauung und Wirklichkeitsdeutung gebundene Bedeutsamkeit? Dürckheim antwortet:

Die „Große Erfahrung" ist eine Erfahrung, die auf alle Menschen wartet, die kraft einer Stufe oder aus innerer Not dazu aufgeschlossen sind, ganz gleich, zu welcher Religion sie sich bekennen. Der Gehalt dieser Erfahrung ist ohne allen Zweifel die Wurzel aller echten Religiosität und so auch die Voraussetzung jeder Erneuerung religiösen Lebens ... Zen führt uns in die Wahrheit des Lebens. Es tut dies zwar in Gestalt einer Blüte am östlichen Zweige des menschlichen Lebensbaumes, meint aber eine im Grunde allen Menschen zugängliche Erfahrung, Weisheit und Übung."[167]

Mit anderen Worten: Zen ist seiner exotisch scheinenden und damit fremd anmutenden Hülle zu entkleiden und als eine existentielle Antwort auf existentielle Bedürftigkeit zu verstehen. „Wir müssen das Allgemein-Menschliche, auf das es für uns Abendländer ankommt, aus dem Gewande fernöstlicher, buddhistischer, mahayana-buddhistischer und endlich spezifisch ostzenistischer[168] Einkleidungen herauslösen, in denen sich die allgemeingültige Wahrheit des Zen für uns zunächst oft verbirgt ..."[169]

In diesem Kontext will Dürckheim somit auch sein gesamtes Schaffen verstehen, wenn er es als „Psychotherapie im Geiste des Zen" benennt. So geschehen im Zusammenhang eines Vortrags mit dieser Überschrift, den er im Rahmen der Stuttgarter Gemeinschaft „Arzt und Seelsorger" im Herbst 1964 auf Schloß Elmau in Oberbayern hielt. Auch hier bezeichnete er die Spannung zwischen dem westlichen und dem östlichen Geist als ein „innermenschliches Problem". Es stehe in Analogie zu der Begegnung zwischen Mann und Frau. Insbesondere entspreche es der unerläßlichen Begegnung zwischen dem „Welt-Ich", das sich dem „überweltlichen Wesen" zu öffnen beginne.

So wie der Mann unserer Zeit und jeder Zeit, um ein ganzer Mann zu werden, ein ganzer Mensch werden und dazu auch dem Weiblichen *in sich* den rechten Platz zubilligen muß, so hat auch der Westen allen Anlaß, sich darauf zu besinnen, daß er, um die Frucht seines Geistes voll austragen zu können, eine Bezeugung des ganzen Menschseins sein sollte und daher auch dem Östlichen *in sich* Raum geben muß.[170]

In diesem Zusammenhang – für Dürckheim erhält die Gegenwart dadurch ihre besondere Signatur – gewinne die Weisheit des Ostens ihre aktuelle Bedeutung. Der Zen-Buddhismus stehe dem westlichen Menschen insofern am nächsten, weil seine Lehre von der Seinserfahrung viel Verwandtschaft mit den Zeugnissen christlicher Mystik aufweise. Der Mensch sei seinem Wesen nach eine Weise des göttlichen Seins. Sein Leiden bestehe eigentlich darin, daß er diesem Sein entfremdet ist. Diese Entfremdung drücke sich darin aus, daß er sich mit seinem alltäglichen Ich identifiziert. Gemeinhin sei dem Menschen verborgen, was er seinem Wesen nach *ist*, durch das, was er in seinem Bewußtsein *hat*. Von daher gewinnt für Dürckheim „das rechte Satori", die als ein erschütterndes Erlebnis und als Ausgangspunkt für eine grundlegende Verwandlung verstandene „Große Erfahrung", die richtungsweisende Bedeutung für die heute nötige Therapieweise, die er durch drei Faktoren bestimmt sieht:

1. Die Bereitung zur Einsfühlung mit dem Wesen. 2. Die Aufhebung dessen, was uns von ihm trennt. 3. Die Herstellung einer leibhaftigen Gesamt-Verfassung, die den Menschen befähigt, von dem zu zeugen, was er seinem Wesen nach *ist*: eine Weise des Seins und dazu bestimmt, es in der Welt zu offenbaren.[171]

Dürckheims Blick ist hierbei auf die besondere Bezogenheit auf das „überraumzeitliche Sein und Wesen" gerichtet. Diese Bezogenheit begründet „den esoterischen und initiatorischen Charakter einer Therapie im Geiste des Zen." – Aber warum immer wieder „Zen", und sei es „westliches Zen"? Warum vermied Graf Dürckheim es, an die geistig so viel näher liegende abendländische Esoterik anzuknüpfen und dies auch terminologisch deutlich werden zu lassen?

Diese und ähnliche Fragen sind um so verständlicher, als er in seiner Frühzeit im Zusammensein mit Ferdinand Weinhandl durch den Freund auf die westliche Tradition aufmerksam gemacht worden war. Tatsache ist, daß Weinhandl als Mitglied des „Quadrats" sich mit Meister Eckhart und Ignatius von Loyolas „Exercitia spiritualia" beschäftigte, später mit Gerhard Tersteegen, Goethe, Jakob Böhme, Paracelsus und mit der Alchymie. Lediglich der Eckhart-Impuls sollte Dürckheim lebenslang begleiten. Die frühen meditativen Stille-Übungen, denen sich die Mitglieder des „Quadrats" hingaben, mögen vorbereitend gewirkt haben. Aber erst die Japan-Erfahrung mit der Einführung in den Schulungsweg des Zen vermochte Dürckheim den entscheidenden Anstoß für den individuellen Wandlungsprozeß zu geben. Vieles spricht dafür, daß es eben dieser Erfahrung bedurfte, um der Bedeutsamkeit des Schulungsweges und einer disziplinierten spirituellen Übung (exercitium) inne zu werden.

Zweifellos war sich Graf Dürckheim seit langem bewußt, mit seinem Tun den Bereich der Esoterik betreten zu haben. Er sprach dies auch wiederholt aus. Zur Klärung dieser seiner Sicht- und Wirkungsweise aber trug die Begegnung mit Julius Evola (1898-1974) wesentlich bei. Einige Bücher dieses italienischen Hermetikers lagen bereits vor, ehe Evola seinen Aufsatz „Über das Initiatische" im Juli-Heft 1965 von „Antaios" veröffentlichte.[172] Titel und Inhalt sollten für Dürckheim von programmatischer Bedeutung werden. Denn mit dem Terminus „Initiation" schien für Dürckheim nun endlich die sachlich zutreffende Bezeichnung gefunden. „Initiare" heißt: einen neuen Anfang setzen, einen Zugang gewähren, des weiteren: eine Wesenswandlung erfahren, eben weil ein spiritueller Neuanfang unternommen wurde, der einer „Wiedergeburt" entspricht. Sie kann zwar nicht „ins Werk" gesetzt werden, weil sie unverfügbar bleibt, aber man kann einen Weg der Vorbereitung betreten und man kann sich durch einen dafür qualifizierten Initiierten, d. h. durch einen Selbsterfahrenen, einweihen lassen. Dies entspräche einer „Horizontalverbindung" im Sinne Evolas; es entspräche der Weitergabe eines Wissens, Könnens oder Vermögens. Entscheidend aber ist, und zwar ungeachtet eines derartigen horizontalen Empfangs, der *Einschlag von oben her* als eine „Vertikalverbindung" (gemäß Joh. 3,7), ohne die das Initiatische nicht bestehen könnte. Auch wenn Dürckheim, wie zu vermuten, zum Zeitpunkt des angeführten Elmauer Vortrags Evolas Aufsatz über das Initiatische bereits gekannt haben wird, so benützte er einstweilen noch die Bezeichnung „Psychotherapie im Geiste des Zen", jedoch lediglich in dem Sinn, „den Menschen (in einer Weise) zu sehen und zu führen, die fern von aller Dogmatik wie von allen pragmatischen Nebengedanken ganz unmittelbar auf eine Verwandlung zielt, die das Erfahren, Offenbarwerden und Bezeugen des Seins im Dasein ermöglicht."[173] Immerhin hatte Evola mit seinen Ausführungen, offensichtlich verstärkt durch die gleichzeitige Lektüre der Werke des französischen Esoterikers René Guénon (1886-1951), die Anregung gegeben, das in Rütte begonnene Werk von da an als *Initiatische Therapie* bzw. als Schule für Initiatische Therapie zu benennen.

Der empfangene Impuls war für Dürckheim wichtig genug,

um Julius Evola zusammen mit Maria Hippius in Rom zu besuchen. Die persönliche Begegnung hinterließ freilich einen eher zwiespältigen Eindruck bei den beiden Besuchern. Dürckheim erinnert sich: „Wenn man bei Evola reinkam, so waren die Wände voll von Bildern, und zwar blickten fürchterliche Bilder von Frauen auf einen herab. Eine eigenartig wirkende Dienerin öffnete die Tür. Evola selbst lag auf einem Sofa. Er erhob sich langsam und setzte sich an einen kleinen Tisch am offenen Fenster. Meine Frau und ich saßen da. Wir flüsterten, während der Verkehrslärm von Rom heraufbrandete. Es war geradezu komisch. Man hätte eigentlich schreien müssen, aber Evola sprach eben ganz leise. – Am nächsten Tag sagte meine Frau, ,da gehst Du heute alleine hin, ich mach das Ding nicht nochmal mit.' Ich fragte ihn: ,Warum haben Sie eine so schlechte Meinung von Frauen?' – ,Ach', erwiderte er, ,die wollen immer ernst genommen werden ...' – Und doch, die Begegnung mit Evola war wichtig für mich. Er war schon ein großer Geist. Freilich angesichts dieser Bilder, eine recht zwiespältige Natur. Er hatte damals mein Buch über ,Hara' in die Hand bekommen. Ihn beeindruckte, daß hier eine praktische Übung, ein Exercitium, im Mittelpunkt steht."[174]

Maria Hippius ist das Element des Dunklen, der Kälte und Unzugänglichkeit in Evolas Umgebung in Erinnerung geblieben. Sie spricht von einer „schicksalsschwangeren Ausstrahlung". Und angesichts der Tatsache, daß er an einer Lähmung der unteren Gliedmaßen litt, die ihn recht hilflos erscheinen ließ: „Es schnitt uns tief ins Herz, den verehrten Mann so einsam und unerlöst, so untröstbar verhärtet wieder verlassen zu müssen." Dagegen habe sie und auch Karlfried Evolas spirituellen Lehrmeister René Guénon stets als „absolut tragend" empfunden, als den Hüter „tiefster abendländischer Mysterienweisheit", insbesondere dank Guénons Buch „Der König der Welt".

In „Über das Initiatische" hat Evola neben Eugen Herrigel und Mircea Eliade auch Dürckheim jenen zugerechnet, die einer traditionsgebundenen Esoterik verpflichtet sind, und zwar namentlich in Anlehnung an fernöstliche initiatische Kreise.

Bei genauerem Hinsehen wird man aber nicht verkennen, daß Dürckheim Evolas Initiationsbegriff samt dessen Abgrenzung bzw. Ablehnung des Christlich-Religiösen nicht zu übernehmen bereit war. Wohl läßt sich eine Nähe zu Evola feststellen, wo dieser den ontologischen Charakter des Initiatischen betont und Dürckheim seinerseits auf Seinsfühlung und Seinserfahrung besteht, die bald mehr durch eine persönliche, bald durch eine unpersönliche bzw. überpersönliche Komponente bestimmt sein kann. Wohl könne nach Dürckheim die in überkommenen theologischen Begriffen zu definierende Gottes- oder Christusvorstellung angesichts einer überwältigenden „Großen Erfahrung" „zunächst einmal" in den Hintergrund treten, so wie jeder Begriff, jedes „Vorverständnis" verschwindet und eingeschmolzen werden muß. Der Erfahrende empfindet als Ergriffener, als Überwältigter eine Scheu, „das Erfahrene im Aussprechen einer Bewußtseinsform auszuliefern, deren Bilder und Begriffe seiner eigenen über alle Bilder und Begriffe hinausgehenden Erfahrung nicht (mehr) gemäß sind. Wer die Erfahrung wirklich gemacht hat, muß der Versuchung widerstehen, allzuschnell (womöglich, um alte Freunde nicht zu verlieren oder mit sich zu versöhnen) und leichthin von Gott oder Christus zu sprechen ..." Und Dürckheim fügt bedeutsam hinzu:

Der Sache nach aber kann für mich kein Zweifel darüber bestehen, daß in einer echten Seinserfahrung Christus gegenwärtig ist. Ja, man sollte die Frage stellen, warum gegenüber tiefster Seinserfahrung überhaupt daran gezweifelt wird, etwa aus dem Grunde, weil der Betreffende nicht von Christus spricht oder vielleicht, weil er nicht im Raume christlicher Religiosität aufwuchs, nie von Christus gehört hat ... In der Seinserfahrung geht das Ohr auf, mit dem der Mensch fähig wird, zu hören, und mit einem Male vernimmt er die innere Wahrheit des Evangeliums, die ihm verloren ging, weil sie im Netz seines gegenständlichen Begreifens erstickt war."[175]

Damit dürfte beides überflüssig werden: das Reden von „westlichem Zen", aber auch und vor allem dessen Verdächtigung als nicht integrierbarer geistiger Import aus dem Fernen Osten. Oder, unter anderem Blickpunkt gesehen: Es stellt sich die

Frage, wie Dürckheims Beziehung zu Christus sich näher bestimmen lasse. In der Diskussion zu jener Elmauer Tagung nochmals auf die japanische Geistestradition angesprochen, gab sich Graf Dürckheim zuversichtlich:

Ich bin überzeugt, daß wir in wenigen Jahrzehnten nicht mehr auf östliche Berichte über Seinserfahrungen zurückgreifen werden, sondern ganz selbstverständlich die eigenen Seinserfahrungen anerkannt haben werden – ohne, wie es heute noch der Fall ist, dadurch als „östlich" verdächtigt zu werden ... Die Zeit ist heute, gerade weil sie die rationale Ordnung und Meisterung der Wirklichkeit bis an eine Grenze vorantreibt, in besonderer Weise reif geworden, ernst zu nehmen, was jenseits dieser Grenze liegt. Wer öfters Gelegenheit hat, z.B. vor jungen Ingenieuren zu sprechen, kennt die ungeheure Sehnsucht und tiefe Aufgeschlossenheit, die sich bei ihnen den Problemen des inneren Lebens und gerade auch religiösen Grundfragen gegenüber findet. Und sie sind für den inneren Weg gewonnen, sobald sie verstanden haben, daß das Ernstnehmen der hier aufgehenden Wirklichkeit in keiner Weise die Anerkennung jener anderen Wirklichkeit in Frage stellt, die der Ratio zugeordnet ist.[176]

Überblickt man von daher nochmals das vorausgegangene literarische Schaffen Graf Dürckheims, dann ist es verständlich, daß die erste nach seiner Neuorientierung verfaßte Schrift den Erfahrungen gewidmet sein mußte, die er während seiner beiden Japan-Aufenthalte gemacht hat: „Japan und die Kultur der Stille" (1949). Zum einen galt es, das dort Erlebte, das Erkannte und im Prozeß einer tiefgreifenden Persönlichkeitswandlung Errungene zusammenzufassen. Andererseits ging es aber um mehr als nur um ein biographisch bedingtes Resümee, denn der aufgenommene Impuls war von ihm, wie er selbst immer wieder hervorhebt, so zu transformieren, daß er ins entstehende eigene Werk eingebracht und fruchtbar gemacht werden konnte. Diese Transformation ergab sich bereits aus der Tatsache, daß Maria Hippius ihre spezifisch tiefenpsychologisch und leibtherapeutisch orientierten Beiträge zu integrieren hatte. Und wenn in weiteren Buch- und Aufsatzveröffentlichungen das Thema der östlichen Spiritualität und des Exercitiums in vielfältiger Abwandlung wiederkehrt, dann ist die zunehmende Betonung des Eigenen, des dem westlichen Menschen Angemessenen, nicht zu verkennen. Diese Tendenz führt den Autor und Vortragenden mehr und mehr zu einem vertieften Christus-Verständnis hin.

Und um das Gesagte noch von einer anderen Seite her zu beleuchten: Schon in „Japan und die Kultur der Stille" will Dürckheim nicht etwa einem romantischen Japan-Enthusiasmus das Wort reden, wodurch die heutige gesellschaftliche und zivilisatorische Realität verschleiert würde. Das Japan der dreißiger und vierziger Jahre, das Dürckheim aus eigener Anschauung kennengelernt hatte, vermittelte ihm schon damals nicht den Eindruck einer traumhaften Stille und Weltabgeschiedenheit. Die imperialistischen Bestrebungen der „Großmacht" im Osten auf politischem, militärischem und ökonomischen Feld waren dem deutschen Kulturdiplomaten zur Zeit der „Achse Berlin-Rom-Tokio" zur Genüge bekannt! Dennoch: „Auch Japan ist ein Land, das manchen Europäer bisweilen dadurch beunruhigt, daß der Japaner in einem kaum vorstellbaren Maße geräuschunempfindlich ist."[177] Dürckheim vertritt mit dieser Feststellung die Meinung:

Die seltsame Unstörbarkeit des Japaners durch Geräusche verrät keineswegs eine mangelnde Empfindlichkeit für das Laute. Sie ist vielmehr das Produkt einer langen Erziehung, das man lernt, um so mehr zu bewundern, als man allmählich begreift, daß die Geräuschunempfindlichkeit des Japaners die Folge einer planmäßigen Pflege innerer Kräfte ist. Der Japaner verdankt seine vorbildliche Fähigkeit zur Wahrung der inneren Stille in allem „Lärm des Lebens" weder einer natürlichen „Dickfelligkeit" noch einem angeborenen Phlegma oder gar einer ursprünglichen Harmonie seines Wesens, sondern einer inneren Kultur. Diese Kultur erwuchs ihm als eine innere Notwendigkeit gerade weil er, im Vergleich zum Abendländer und wohl auch zum Chinesen, besonders empfindsam, verletzlich und auch disharmonisch gebaut ist ...[178]

So könne es letztlich gar nicht darum gehen, Interesse für eine Blüte des östlichen Geistes zu erwecken, sondern weil das eigene Wesen, wie erwähnt, ergänzungsbedürftig ist.

Es geht um ein Urphänomen allgemeinmenschlichen Seins, dessen Entfaltung im Abendland im Schatten anderer Kräfte in einem Ausmaß gefährdet ist, das unser menschliches Wesen bedroht. Im Spiegel des Ostens vermag der Westen sich seiner selbst bewußter zu werden, bewußter in seiner Möglichkeit und Gefahr."[179]

Diese im Jahre 1948 während seiner ersten Schwarzwaldaufenthalte in Hinter-Todtmoos niedergeschriebenen, 1949 veröffentlichten Gedanken lassen bereits etwas von der Richtung des Dürckheimschen Tuns erkennen. Von oberflächlicher Übernahme oder Imitation östlicher Sichtweisen und Methoden kann daher bei ihm schon zu diesem Zeitpunkt nicht die Rede sein. Davor hatten andere, z. B. C. G. Jung, eindringlich gewarnt.

Aber im Spiegel des Ostens und seiner Weise, das Ganze zu suchen und zu leben, vermögen wir vielleicht zu erkennen, wo unsere Weise, zu sein, die Ganzheit des Lebens verfehlt ... Was immer der Osten an Grundhaltungen zum Leben, deren Vorwalten sein kulturelles Antlitz bestimmt, seit Jahrtausenden pflegt – wenn auch in anderer Form und zu anderem Ende –, sie finden sich auch bei uns, als Leitmotiv in einzelnen Zeiten und Menschen, als Kontrapunkt im Ganzen unseres Werdens. Wir müssen diesen nur wieder stärker bewußt machen ...[180]

Daher ist es kein Zufall, wenn der Autor sein Japan-Büchlein mit Worten aus dem mitteleuropäischen Geistesleben beschließt, nämlich mit Gedanken von Goethe, Sören Kierkegaard und Meister Eckhart, der gesagt hat: „Nur in der Stille spricht Gott sein ewiges Wort in der Seele." Dieses Bemühen Dürckheims hat Eugen Herrigel ausdrücklich anerkannt, indem er die Kraft der Einfühlung und die Klarheit der Darstellung des Verfassers gerühmt hat: „Er zeigt (in: Japan und die Kultur der Stille), daß dieses Phänomen der Stille, das so anmutet, als sei es spezifisch japanisch, als Ursprung aller wahrhaften Lebensgestaltung verstanden werden muß. Und dies bedeutet dann: die tiefe Weisheit des Stilleseins geht uns alle, also gerade auch uns westliche Menschen, im Tiefsten an, und führt uns zum mindestens dahin, daß wir über uns, über unsere geistige Situation, überraschende Klarheit gewinnen."[181]

Von hier aus ist der Frage nachzugehen, inwiefern der von Graf Dürckheim betretene Weg eine innere Christus-Tendenz aufweist.

Auf dem inneren Weg zu Christus

Herzstück der Arbeit Dürckheims ist sein Hinweis und Geleit auf dem inneren Weg. Streng genommen handelt es sich um den Weg zu Christus. Dabei ist nicht in erster Linie der historische Jesus von Nazareth gemeint, sondern der Christusimpuls, der den Menschen zu sich selbst finden läßt und ihn in einen Prozeß der Wandlung und der Selbstverwirklichung hineinführt, denn:

Neben der Religion des Glaubens an einen transzendenten Gott tritt heute die auf Erfahrung des Göttlichen begründete, im Exercitium zu entwickelnde und in einer befreienden Verwandlung gipfelnde *Religiosität des inneren Weges*. Neben den Glauben an eine Erlösung, die wir niemals selbst bewirken können, tritt das Wissen um die Möglichkeit eines Erwachens zu einem uns innewohnenden, ja im Kern selbst ausmachenden göttlichen Sein, darin wir von jeher „erlöst" sind – dem gegenüber wir aber in unserem menschlich-allzumenschlichen Bewußtsein verstellt sind. Aber es gibt – das ist die für den Westen neue Erkenntnis – die Möglichkeit, sich dessen planmäßig inne zu werden. Diese Religiosität ist nichts anderes als das Ausschreiten des in unserem Wesen eingeborenen Weges zur Person, der von Erfahrungen unseres divinen Kernes ausgehend über die Erkenntnis ihrer Bedingungen und in zuchtvoller Übung uns aus der Nacht des natürlichen Bewußtseins hinführt zum Erwachen im Licht eines höheren Bewußtseins.[182]

Um die Bedeutung dieser Sätze besser einsehen zu können, bedarf es einer Vorüberlegung: Bedenkt man, daß die abendländische Christenheit sich als kirchliche Institution verfaßt hat, die nur denjenigen als Christen gelten ließ, der sich in ihrem Gefüge als gläubiges, vor allem als gehorsames Mitglied einzuordnen und anzupassen bereit war, dann kann es nicht verwundern, daß die Rede vom „inneren Weg zu Christus" auf Skepsis stößt, wenn nicht sogar auf energischen Widerspruch von seiten der kirchlichen Oberen. Die Geschichte der kirchlichen Ketzerverfolgungen ist voll von oft erschütternden Beispielen: „Extra ecclesiam nulla salus – außerhalb der Kirche gibt es kein Heil!"

Die offizielle Kirche hat es verstanden, zum einen alle spirituelle Aktivität und Vollmacht von ihrer Segnung und Weihung abhängig zu machen. Nur wer in der behaupteten, jedoch historisch fragwürdigen Amtsnachfolge (Sukzession) der Apostel steht, solle über die priesterliche Vollmacht verfügen. Zum andern hat dieselbe Kirche, speziell in ihrer römischen Gestalt, jeden Versuch, einen individuellen Weg zu gehen, der Häresie verdächtigt und die Betreffenden in der erwähnten Weise verurteilt und dem „weltlichen Arm" zur Vernichtung überantwortet. Ein Großteil ihrer Geschichte ist von der gewaltsamen Durchsetzung dieses kirchlichen Selbstverständnisses erfüllt ...[183]

Nun darf aber zweierlei nicht übersehen werden: Bereits das Urchristentum kannte den inneren Weg zu Christus. Wer ihn beschritt, der machte eine innere (esoterische) Erfahrung durch, durch die sein ganzes Leben eine Umkehr (Metánoia) erfuhr. Und der auf diesem Wege Gewandelte erlebte sich als Teilhaber an einer neuen Schöpfung (kainé ktisis). Der Hauptzeuge hierfür ist Paulus, jener (Außenseiter-)Apostel, dessen Leben und Denken wie das von keiner anderen Gestalt des Urchristentums dokumentiert ist. Mit besonderem Nachdruck betont er (z. B. im 1. Kapitel des Galaterbriefes), daß er nicht durch äußere Vermittlung zu Christus gefunden habe, daß er somit auch nicht von den Jerusalemer Aposteln abhängig sei, sondern allein von dem „Christus in mir" (Gal. 2, 20). Immer hat es diesen mystischen Innenweg gegeben; immer gab es ein solches esoterisches Christentum[184], das ohne die besondere Vermittlung durch kirchliche Amtsträger oder Priester auskommen konnte, gerade weil der Geist weht, wo *er* will. Das Charisma ist der menschlichen Verfügungsgewalt entzogen und insofern auch nicht beliebig organisierbar.

In dem großen bewußtseinsgeschichtlichen Prozeß der Mündigwerdung des Menschen ist auch das Verlangen nach christlicher Esoterik immer stärker geworden, und zwar nicht allein als eine verbal artikulierte Forderung, die nach ursprünglicher religiöser Erfahrung verlangt. Es mehren sich augenscheinlich die Fälle, in denen Zeitgenossen durch individuelle Schicksalsführung auf den inneren Weg zu Christus gewiesen worden sind und den „inneren Meister" gefunden haben. Es fällt auf, daß dergleichen in dem Maße geschieht, in dem die Auswanderung aus den Kirchen zugenommen hat, und zwar nicht allein durch die standesamtlich beurkundeten sogenannten „Kirchenaustritte". Kein Sachkundiger wird indes behaupten wollen, daß das „In-Christus-Sein" durch eine äußere Kirchenmitgliedschaft und durch entsprechende Aktivitäten ersetzt werden könnte.

Graf Dürckheim gehört – neben C. G. Jung und anderen – zu denen, die diesen Vorgang aus der Sicht des Psychotherapeuten wahrgenommen und diagnostiziert haben. Schon in den fünfziger Jahren schrieb er:

Wir stehen heute an der Grenze einer Entwicklung des abendländischen Geistes, für den es gewissermaßen typisch ist, diejenige Sicht und Erfahrungsschicht mehr oder weniger zu verdrängen, die sich im Überschreiten der Grenzen des natürlichen Bewußtseins als transzendentale Sicht übernatürlicher Erfahrung auftut. Wir sprechen von der Sicht der Esoterik ... [185]

Es ist eine Esoterik, die dem gegenständlichen Denken nicht etwa eine weltflüchtige Innerlichkeit entgegensetzen will, wohl aber die Sicht für eine Dimension der Wirklichkeit, durch die mit dem Sinn für Tiefe und Transparenz Ganzheit in den Blick kommt. In geistiger Verwandtschaft zu Dürckheim sprach Jean Gebser vom Überstieg des mentalen Bereichs zum Diaphanen und Integralen hin.[186] Dieser Überstieg drückt sich insbesondere in einer qualitativen Erweiterung des religiösen Bewußtseins aus und in Erfahrungen, die das Gemeinte von Mal zu Mal evident machen, und zwar über das tradierte „Glaubensbekenntnis" hinaus in Richtung auf ein Gewahrwerden und auf ein transrationales Erkennen. Den kirchlichen Glaubenshütern gibt Dürckheim zu bedenken:

Je mehr sich die Vertreter des Glaubens aber allein auf Offenbarung berufen und sich der Erfahrbarkeit der Transzendenz verschließen, um so mehr verstärken sie die Position der glaubensfremden, aber empirisch sich ausweisenden Rationalisten. Hier vollzieht sich heute eine Wandlung. Der wirklich empirisch vorgehende Wissenschaftler sieht sich immer mehr gezwungen, eine Dimension des Lebens nicht nur als vorhanden, sondern als in maßgeblicher Weise wirksam anzuerkennen, die rational nicht faßbar ist und auch nicht aus irgendwelchen „Bedingungen" erklärbar ... Weder die Psychologen und Psychotherapeuten alten Schlages, noch die in ihrer Tradition stehenden Priester können so ohne weiteres dem stürmischen Verlangen genügen, das heute aus der Not einer Jugend aufbricht, die dem „Glauben" entfremdet, aber nach „Transzendenz" verlangend weder durch wissenschaftliche Bedenken noch durch religiöse Bindungen gehemmt ist. Mit unabweislicher Gewalt drängt in unseren Tagen die überweltliche Wirklichkeit in das Bewußtsein des Menschen und will wahrgenommen werden im lebendigen Erleben wie im verantwortlichen Handeln.[187]

Sieht man sich Dürckheims Werk einmal daraufhin an, dann zeigt sich, daß er für diese Einsicht erst nach und nach reifen mußte. Jedenfalls liegt ihm zunächst daran, seine Japan-Erfahrung einzubringen und den west-östlichen Brückenschlag zu versuchen. Von der später zu attestierenden Christustendenz ist in seinen ersten Büchern (ab 1949) noch kaum etwas zu spüren. Da wird noch und in erster Linie von der „Kultur der Stille" gesprochen, derer der stark extravertierte, der „immer strebend bemühte" westliche Mensch dringend bedarf. Und in seinem Buch „Im Zeichen der Großen Erfahrung", das Studien zu einer „metaphysischen Anthropologie" bieten möchte, wird wohl die Sehnsucht nach dem „großen Einklang" bedacht. Es wird auf den „Ruf nach dem Sein" aufmerksam gemacht, ebenso auf das „neue Leben" – alles Chiffren, die für den „Durchbruch zum Wesen" stehen und auf die entscheidende Lebenswende von der Erfahrung her vorbereiten wollen. Aber dezidiert christologische Bezüge bleiben hier noch unerörtert. Alles scheint auf Erfahrungen bezogen zu sein, die die Reifung des Menschen betreffen, obwohl auch von der Transzendenz her immer wieder Einbrüche erwartet werden. Die erklärtermaßen christlich-religiöse Aussage unterbleibt vorerst. Den Grund dafür deutet Dürckheim an, wenn er vor einer „selbstgerechten Inanspruchnahme der ‚letzten Wahrheit'" warnt. Gibt es doch „den völlig seinsfernen und daher wesenswidrigen Bekenner, ja den wesensentfremdeten Fanatiker eines religiösen Glaubens, der im Hadern mit Gott und der Welt und in seiner Lieblosigkeit zu den Menschen beweist, daß ihm die *Wandlung* versagt blieb, die von einem auch inwendigen Gottesereignis zeugte."[188] Dürckheim weiß, daß der im überlieferten Glauben Stehende und der die Gegenwart des Göttlichen Erfahrende den Weg und die Führung „hat", deren er bedarf. Wie steht es aber mit dem, der einen solchen Glauben nicht, zumeist nicht mehr hat? Mit seiner Antwort steht Dürckheim – denkt man an C. G. Jung – nicht allein: „... dem bleibt nur der Weg, den die eigene Erfahrung ihm weist. Es kann dieser Weg wohl gebahnt und gefestigt werden durch Menschen, die reicher an Erfahrungen und weiter sind als er selbst, und zu denen er Vertrauen gefaßt hat. Aber den Weg finden und ihn gehen muß jeder selbst."[189]

Diese Erfahrung wie der ihr entsprechende Weg ist überkonfessioneller, ja transreligiöser Natur, also weder durch das Etikett „christlich" bzw. „buddhistisch" kenntlich zu machen. „Trotzdem darf man sie – die zugrundeliegende Große Erfahrung – eine religiöse Erfahrung nennen. In ihr erfährt der Mensch etwas, das auf dem Hintergrund all seines sonstigen Welterlebens einen überweltlichen Charaker hat, und zwar sowohl als numinose Qualität eines mit Erschütterung erlebten und ‚geschmeckten' Gehaltes wie als eine Kraft, die erlösend, schöpferisch und verpflichtend zugleich den Menschen über sein natürliches Dasein hinaushebt und an das in seinem Wesen präsente übernatürliche Sein anschließt."[190]

Zweifellos gibt es für Dürckheim zu diesem Zeitpunkt, um die Mitte der Fünfziger, das „inwendige Gottesereignis", das Numinosum im Sinne Rudolf Ottos, auf dessen berühmtes Werk[191] Dürckheim sich wiederholt bezieht. So muß sich in diesen und in den folgenden Jahren jener Prozeß vollzogen haben, der ihm erlaubte, die seinem Werk immanente Christus-tendenz manifest werden zu lassen und sie offen zu artikulieren. Ende der sechziger Jahre ist es so weit, daß die bisher auf das Reifwerden hinzielenden anthropologischen Aussagen unter den Christus-Aspekt gestellt werden können. Die Frage: „Wann ist der Mensch in seiner Mitte?" beantwortet Dürckheim jetzt in einem Festschrift-Beitrag gleichen Titels für August Vetter entschieden so: „Der Mensch ist in seiner Mitte, wenn er *in Christus* ist."[192]

Und da finden sich auch die Sätze, die zeigen, daß der Verfasser nicht länger nur von einem „überweltlichen" Es zu sprechen vermag, sondern von den mit Namen ansprechbaren „göttlichen Du", Christi Personalität *und* Transpersonalität miteinander verbindend. Christus als das – so auch bei Jung – wahre Selbst des Menschen[193] gewinnt unversehens Nähe und Leibhaftigkeit. Von da an kann Dürckheim diese seine neue Sicht rückhaltslos bezeugen. Der von ihm gezeigte initiatische Weg wird vom Glauben „vorgebildet und übergriffen", insofern der Glaube nicht länger bloßes Fürwahrhalten ist, sondern „Ausdruck der im Innesein des Menschen lebendig gewordenen Transzendenz". Oder, auf Christus bezogen und zentriert:

Der Mensch ist dort in seiner Mitte, wo er sich in Einheit mit Christus weiß und aus ihm heraus lebt und in diese Mitte immer wieder gerufen wird durch die *Stimme des Meisters in uns*, der Christus heißt, wobei Christus hier nicht nur für das „Wesen aller Dinge", nicht nur für die jedem eingeborene Werdeformel aus dem Wesen heraus steht, sondern für jene überweltliche Instanz, die die Einswerdung mit dem „Bedingten" repräsentiert und fordert. Nur insofern der Mensch als immer in der Welt Seiender nie voll mit seinem Wesen eins ist, ist er in seiner *Erfahrung* eins mit ihm nur in der *Begegnung*. In der Begegnung aber erscheint ihm, wofern er sich selbst im leidvollen Kreuzpunkt von Himmel und Erde als Person erfährt, Christus nicht als Prinzip, sondern als göttliches *Du*."[194]

Von da an kann Dürckheim den Christus als „ewigen Meister" bezeugen, als den „inneren Meister", den der Glaube – ihn ergreifend, von ihm ergriffen – erfährt.[195] Und in eben diesem Zusammenhang wird deutlich, wie sehr er all denen in Geschichte und Gegenwart verbunden ist, die den inneren Weg zu

Christus gehen. Somit sieht er die Zeit für gekommen, den Schatz des esoterisch-initiatischen Wissens von neuem zu heben. Ausdrücklich bezieht sich Dürckheim auf die „religiöse Erfahrungsweisheit des Urchristentums", sodann auf bestimmte Ausgestaltungen christlicher Esoterik, zu der zwar die Mystik hinzugehört, ohne sich jedoch auf die mystische Weise der Gotteserfahrung (cognitio dei experimentalis) zu beschränken. Die Einweihung ins Mysterium des Christus kennt viele Weisen.

Dabei wird es wichtig sein, zu unterscheiden zwischen mystischer Erfahrung und dem sie einschließenden initiatischen Weg. Der „Ruf nach dem Meister" ist gerade nicht nur der Ausdruck eines Wunsches nach mystischer Erfahrung, sondern nach einer Führung auf dem Weg einer Verwandlung, die den Menschen, wenn und in dem Maße als ihm der Durchbruch zum Absoluten gelingt, zum gestaltungskräftigen Mittler des Göttlichen in der Welt macht ... Die Forderung: die Welt „in Christo" wahrzunehmen und den anderen „in Christo" zu lieben, erfüllt sich wie von selbst im Leben des zur Wahrheit seines Wesens gereiften und aus ihm heraus lebenden Menschen.[196]

Weist man nun, wie hier, dem inneren Weg zu Christus in der Biographie Graf Dürckheims eine besondere Bedeutung zu, dann gilt es auch die Reaktionen zu bedenken, die ihm unter anderem von kirchlich-theologischer Seite zuteil geworden sind. Eine vorweg festzuhaltende, vielleicht gar nicht so sehr überraschende Tatsache ist die, daß viele katholische Ordensleute und Priester im Laufe der Jahre Graf Dürckheim und Maria Hippius in Rütte aufgesucht haben, um für ihr eigenes spirituelles Leben neue Impulse zu empfangen. In wievielen Klöstern hat Dürckheim Einführungen in seine Weise des Meditierens gegeben! Der Außenstehende mag insofern verwundert sein, als er annehmen wird, daß Mönche wie Nonnen, je nach der Ordensspiritualität verschieden, alles Erforderliche der geistlichen Tradition ihrer Gemeinschaft sollten entnehmen können. Die Geständnisse vieler – zum Teil liegen sie Graf Dürckheim in brieflicher Form vor – sind zugleich Eingeständnisse einer großen spirituellen Bedürftigkeit, namentlich in Meditation und Seelenführung. Auch die jahrzehntelange Zugehörigkeit zu einer religiösen Gemeinschaft mit reichlicher Gebetsübung schützt vor spirituellen Mangelerscheinungen offenbar nicht.

Da gesteht ein hochbetagter Benediktiner, der von sich sagen kann, er habe die Meditation nach den Richtlinien der ordenseigenen Spirituale seit je geübt, was er von ihm, dem „Mann von Welt" gerade in dieser Hinsicht gelernt und empfangen habe: „Jahrzehntelang habe ich mich damit abgemüht, ohne zu einem rechten Ergebnis zu kommen. Unter Ihrer Anleitung ahnte ich ..., daß Meditation ja gar nicht so sehr etwas ist, was *wir* machen, was wir versuchen, in den Griff zu bekommen in einer methodischen Anleitung (etwa nach Ignatius von Loyola), sondern etwas, das uns geschenkt wird. Es war etwas Ähnliches, wie das ‚Turmerlebnis' von Martin Luther, auf das seine Rechtfertigungslehre zurückgeht, die ja zum Angelpunkt der Reformation geworden ist. Luther hat in diesem Turmerlebnis bei der Beschäftigung mit dem Römerbrief entdeckt, daß die Rechtfertigung der entscheidende Durchbruch des Christen auf seinem Wege zu Gott, nicht das Ergebnis der eigenen Anstrengungen, Leistungen, Verdienste und guten Werke ist ... So ähnlich erfuhr ich unter Ihrer Anleitung, daß Meditation, dieser innere Vorgang, nicht die Frucht irgendwelcher Methoden und der Bemühungen und Schritte unsererseits ist, sondern daß wir nur stillhalten müssen und uns zu öffnen brauchen, um das Eigentliche in uns hineinzulassen, wie es Gerhard Tersteegen in seinem wunderschönen Lied ‚Gott ist gegenwärtig' beschreibt:

> ‚Wie die zarten Blumen willig sich entfalten
> Und der Sonne stillehalten,
> Laß mich so, still und froh
> Deine Strahlen fassen
> Und Dich wirken lassen ...'"[197]

Und die Erwiderung dessen, dem der umfangreiche Dankesbrief gewidmet war? Er kann nur in nüchterner Selbstbescheidung schreiben: „... Sie wissen wie ich, daß ich persönlich daran unschuldig bin, aber daß durch mich hindurch die große Kraft gewirkt hat, die uns beide verbindet: der *Christus in uns.*"[198]

Nun gilt es aber gerade für den Christen, die Distanz zu überbrücken, die zwischen dem theologischen Wissen der „Glaubenswahrheiten", auch zwischen einem bloßen äußerlichen Vollzug der kirchlichen Riten, und der spirituellen Wirklichkeit des anwesenden, innewohnenden Christus besteht. Schon C.G. Jung machte darauf aufmerksam, daß der Fall eintreten könne, daß ein der traditionellen Frömmigkeit folgender Mensch zwar „an alle heiligen Figuren glaubt, doch im Innersten der Seele unentwickelt und unverändert bleibt, weil er den ganzen Gott draußen hat und ihn nicht in der Seele erfährt".[199] Da können Äußerungen wie die des katholischen Religionspädagogen, Klemens Tilmann, eines Oratorianers, der inzwischen eine Reihe grundlegender Bücher zur Praxis der Meditation verfaßt hat, zeichenhafte Bedeutung gewinnen. Auf die Frage, wie er dazu gekommen sei, sich so intensiv mit Meditationsübungen zu beschäftigen, gestand er anläßlich eines Rundfunkgesprächs freimütig: „Wenn ich das mit einem Wort sagen soll – aus Unerfülltheit. Wir haben ja im theologischen Studium schon einiges gelernt: sich den Glaubenswahrheiten zu öffnen, hinzugeben, Stille zu halten, sich zu sammeln. Aber ich merkte immer: das Eigentliche ist noch nicht erreicht. Dann habe ich vierzig Jahre lang gesucht, probiert, bis ich eines Tages einen Mann getroffen habe, der lange in Japan war, Graf Dürckheim; bei dem war ich einen Tag, und da ist mir aufgegangen, wie dort die Versenkung vollzogen wird – vor allen Dingen, wie es Dürckheim macht, wie er die Haltung, die Atmung, die innere Versenkung und dabei gesprochene Worte zu einer Einheit bringt. Das war für mich ein Durchbruch."[200]

Ein anderer Benediktiner bekannte von sich, abgesehen von der aktuellen Hilfe, die er in einer kritischen Situation erhielt, habe Dürckheim ihm auch geholfen, die eigene Mönchstradition „tiefer zu erfassen und schöpferischer zu gestalten. Eines Tages sagte er nämlich zu mir, daß das, was er tue und lehre, doch auch irgendwie in unserer Tradition vorhanden sein müsse, sonst hätte der Orden nicht über anderthalb Jahrtausende fruchtbar bestehen und wirken können. Konkreter konnte er nicht werden, weil er unsere Tradition nicht näher kannte und mir selber fiel im Augenblick auch nicht viel dazu ein. Aber er hatte einen Stein ins Wasser geworfen, der bei mir dann endlose Kreise zog ..."[201]

So und ähnlich lauten die Zeugnisse von Menschen, die, aus der kirchlichen Strömung kommend, deren Spiritualität in langjähriger Praxis konsequent übend, erst dank der Begegnung mit ihm – genauer: mit dem „inneren Christus" – zu einer Neuorientierung gelangt sind, die ihnen bis dahin verbaut zu sein schien, sei es trotz oder wegen der überkommenen Religiosität. Bei manchen Ordensleuten und Priestern erfolgte die Klärung ihrer persönlichen Krise in der Weise, daß sie sich aus dem kirchlichen Dienst zu lösen vermochten, wie man sich von einem Ballast befreit, der auch denen zum Hindernis geworden ist, denen sie zu dienen versucht hatten. Es gab aber eben auch viele, die erst dank der Hilfestellung Dürckheims aufs neue ihrer Berufung und geistlichen Sendung entsprechen konnten. In einem der bereits zitierten Briefe aus dem Jahre 1981 heißt es u. a. auch: „Wenn ich auf mein 46jähriges Leben als Mönch zurückblicke, so muß ich feststellen, daß die Begegnung mit Ihnen, verehrter Graf Dürckheim, zu einer der wichtigsten Begegnungen in meinem Leben wurde. Nach meiner Berufung zum Priestertum und Mönchtum, nach meiner Bekehrung zur Ökumene während des Krieges, wo ich mit einem evangelischen Kameraden anfing, die Bibel zu lesen und zu beten, neben meiner Begegnung mit Therese Neumann in Konnersreuth ist die Begegnung mit Ihnen und der Meditation im Stil des Zen eine der wichtigsten Weichenstellungen in meinem Leben geworden ... Durch die Praxis der Meditation wurde vor allem meine Arbeit für die Ökumene bereichert und vertieft ..."

Angesichts derartiger Zeugnisse relativiert sich der Einspruch anderer, die gerade als Christen aus ihrer Skepsis Dürckheim gegenüber kein Hehl gemacht haben, unter ihnen der Protestant Friso Melzer und der aus dem Judentum kommende, dann vom Protestantismus zum Katholizismus konvertierte Alfons Rosenberg – beide selbst erfahrene Meditationslehrer und Deuter christlicher Spritualität, sei es als Philologe und Theologe (F. Melzer), sei es als Symbolkundler (Rosenberg). Rosenberg bedient sich eines kirchlicherseits gern gebrauchten Klischees, wenn er schreibt: „Es handelt sich bei der von Graf Dürckheim entwickelten Methode um einen Synkretismus, um den Versuch eines Gelehrten und Psychologen, Ost und West auf einen Nenner zu bringen ... Es offenbart sich, daß Graf Dürckheim äußerst erfolgreich, die Zen-Mentalität, von einem dünnen Mantel christlicher Phraseologie umkleidet, in das nach Stille, Geborgenheit, innerer Freiheit und Sicherheit verlangende Europa einschleust ..."[202] In der Ausrichtung seiner Meditationsmethode sei für Christus kein Platz mehr; dessen Botschaft verliere geradezu ihren Sinn. Es entbehrt gewiß nicht der Tragik – Martin Buber nannte es „Ver-Gegnung" – wenn man sieht, wie Menschen, die vom *selben* Auftrag erfüllt sind, aber dann doch die zwischen ihnen bestehende oder doch mögliche Geistesgemeinschaft in Abrede stellen – etwa bedingt durch Reste eines konfessionalistisch-autoritativen Denkens? Eben diese Relikte sollten gerade Kenner mystisch-meditativer Erfahrung bei sich zu überwinden versuchen.

Wie man sieht, gelang und gelingt dies nur von Fall zu Fall. Besonders uneinheitlich fiel das Urteil von der Seite des Jesuitenordens aus. Als Dürckheims Festschrift „Transzendenz als Erfahrung" (1966) in der von Jesuiten redigierten Zweimonatsschrift „Geist und Leben" besprochen wurde, hob der Rezensent R. Silberer S.J. ausdrücklich Dürckheims Offenheit für eine „personal-theistische Interpretation und die echte Mystik" hervor. Ja, er rang sich zu dem Urteil durch: „Von hier aus bietet sich für uns eine positive Stellungnahme zu dem, was in Rütte geschieht. Rütte ist im christlichen Sinn Vorfeldarbeit, die wir aber gerade im Blick auf eine existentielle Belebung christlicher Meditation nicht ernst genug nehmen können ..."[203]

Wiederholt bekam Graf Dürckheim Gelegenheit, seine Denk- und Arbeitsweise in „Geist und Leben" darzustellen, z. B. in einem Beitrag über „Werk und Übung" als „Geschenk der Gnade". Seine Ausführungen gipfeln in Sätzen, die die Position der Initiatischen Therapie deutlich zu machen versuchen:

Die Gnade, die für den natürlichen Menschen ein Geschenk ist, das ihm von Gott-Außen zufällt, ist für den initiatischen Menschen ein ihm zur Bewußtwerdung gegebenes und aufgegebenes Gott-Innen, das Wesens-Innen seiner selbst wie aller ihm auch gegenständlich gegebener Welt-Wirklichkeit. Während sich beim natürlichen Menschen das Werk der Übung auf eine physische oder psychische, auch moralische Leistung beschränkt, die im Wünschen und Wollen seines, auch wohlmeinenden Welt-Ichs gründet und daher nie an die göttliche Gnade heranreicht, meint das Werk der Übung für den initiatischen Menschen: sich der ihm in Gestalt seines Wesens eingeborenen Gnade bewußt und ihr konform zu werden ... Für den initiatischen Menschen steht im Verhältnis von Werk und Gnade nicht mehr gegenüber das, was man geschenkt bekommt, und das, was man macht; sondern das, was man unbewußt und dem Wesen nach selber ist, und das, was kraft besonderer Übung bewußtwerdend zum Prinzip des Lebens und wahrhaft personaler Selbstverwirklichung werden kann."[204]

Die Münchner Redaktion der Zeitschrift ließ es ihrerseits nicht an „Klarstellungen" fehlen.[205] Seitens der Schriftleitung unterzog Friedrich Wulf S. J. Dürckheims Ausführungen „Vom Initiatischen Weg" einer eingehenden Kritik,[206] indem er die Gegensätzlichkeit der Positionen herausstellte und die „Initiatische Wende" am „christlichen Glauben" maß. Schon eine derartige Konfrontation geht von einem bemerkenswerten Vorverständnis aus: Man selbst reklamiert für sich „den" christlichen Glauben; man selbst ist „gläubiger Christ", während der andere eben die „Grundidee Dürckheims von einem initiatischen Dasein" vertritt. Dies mag eine respektable Weltanschauung sein, auch ein gangbarer, therapeutisch wirksamer Weg – aber wie steht es mit der Christlichkeit, worunter der Jesuit Wulf allein das *kirchliche* Christentum versteht, indem er insbesondere auf den historischen Jesus, auf die Tradition der

Kirche samt ihren Dogmen und Autoritäten abhebt? Wäre es nicht angemessener, von eben dieser *Ausprägung* des Christentums zu sprechen und die christliche Prägung dessen, der die Akzente anders setzt, dennoch gelten zu lassen? Das würde freilich Verzicht auf Alleinvertretungsansprüche bedeuten, wie sie seit zwei Jahrtausenden von der autoritativen Kirche stets geltend gemacht und vielfach gewaltsam durchgesetzt worden sind. So blieb eine „Reserve, ein unüberschreitbarer Graben" (F. Wulf), der nicht überbrückt werden konnte.[207]

Aber daraus sind keine verallgemeinernden Schlüsse über die etwaige grundsätzliche Wechselbeziehung zwischen jesuitischer Spiritualität und Initiatischer Therapie zu ziehen. Und dies um so weniger, als Grenzgänge möglich sind, das Gespräch „auf der Grenze" (P. Tillich), bis hin zu enger persönlicher Verbundenheit und Freundschaft. Das zeigt sich am Beispiel der geistigen wie freundschaftlichen Verbundenheit zwischen Dürckheim und den beiden prominenten Jesuiten-Patres Hugo M. Enomiya-Lassalle und Johannes Baptist Lotz, eine Verbundenheit, die sich über Jahrzehnte hin bewährt hat. Beide haben in ihren Schriften wiederholt dem Verbindenden vor dem Unterscheidenden den Vorzug gegeben, wenn sie auf das Werk ihres Freundes hingewiesen haben. Pater Lotz, Jahrgang 1903, der seit 1936 an der Philosophischen Hochschule in München, seit 1952 als Philosophieprofessor an der Universität Gregoriana in Rom gelehrt hat, bekennt, daß er sowohl von seinem Ordensbruder Enomiya-Lassalle wie auch durch Graf Dürckheim für das Meditieren sowie für das Verständnis west-östlicher Spiritualität als katholischer Christ entscheidende Impulse empfangen habe.[208] Ohne die für jedes spannungsvolle Miteinander erforderliche Verschiedenheit zu verwischen, würdigt Lotz ausdrücklich Dürckheims Bestreben, dem Christlichen gerecht werden zu wollen. Gerade angeregt durch das Meditationsbuch bestätigt er dem Achtzigjährigen die „zunehmende Annäherung an das Christentum" und die „schöne Gemeinsamkeit zwischen ihm und H. M. Enomiya-Lassalle".[209] Sicher sei es nicht sachgemäß, „das Christliche auf das einzuschränken, was sich in der Meditation ohne weiteres zeigt; vielmehr gilt es, sie auf das hin zu öffnen, was sie überschreitet oder von ihr aus eigener Kraft nicht erreicht wird. So kommt es zu der Meditation, die das Christliche ohne Verkürzung in ihre Erfahrung aufnimmt oder wenigstens den Raum für ein tieferes Begegnen mit ihm bereitet. Darauf zielt das bei Dürckheim zitierte Wort von Lassalle: ‚In der Tiefendimension, in die das Za-Zen führt, kommt der Mensch Jesus Christus immer näher'. Das schließt ein, daß der meditierende Christ in das ursprüngliche, lebendige Strömen des Christlichen hineingelangt, indem er erstarrte, vom Leben verlassene Formen hinter sich läßt; hierin ist Dürckheim zuzustimmen."[210]

Ist das nur die Zustimmung des wohlmeinenden Freundes? Spricht daraus nicht auch, daß der konfessionell geprägte Katholik sehr wohl in der Lage ist, „das lebendige Strömen" wahrzunehmen, von dem der sich auf dem inneren Weg zu Christus Befindende etwas erfährt?

Auch evangelische Christen müssen von daher angesprochen worden sein. Etwa wenn der Theologe Klaus Bambauer, ein Gemeindepfarrer am Niederrhein, nicht bereit ist, sich mit der gegenwärtigen Situation in Theologie und Kirche abzufinden, das heißt „daß nämlich die Vertreter eines dogmatisch ausgerichteten und institutionell organisierten Glaubens persönliches Erleben des Seins disqualifizieren oder es im Verein mit den reinen Rationalisten als etwas Nur-Subjektives betrachten, die aber zugleich nicht mehr oder noch nicht wissen, aus welchen Quellen und Grundkräften des christlichen Lebens eine christlich ausgerichtete Initiation möglich ist ..."[211]

Und der Heidelberger Theologe Erich Leinert, der als Mitglied der evangelischen Michaelsbruderschaft einst bei Carl Happich und Karl Bernhard Ritter bzw. Wilhelm Stählin eine bestimmte Form des Meditierens gelernt hat, empfindet das Zurückhaltende, bisweilen Schwebende in Dürckheims Führung auf dem inneren Weg nicht als ein Defizit. Vielmehr erblickt er darin eine Handlungsweise, die aus großer seelsorgerlicher Behutsamkeit, Erfahrung und Weisheit „auf dem

Boden der christlich-abendländischen Tradition" erwachsen sei. Und weil sich, nach einer Feststellung Rudolf Ottos, Mystik niemals frei im Äther erhebe, sondern stets über einem konkreten Untergrund wölbe, so kommt Erich Leinert zu dem Schluß: „Der initiatische Weg Rüttes ist ein Weg auf dem Boden des christlichen Abendlandes. *Davon* ging er aus. *Darüber* wölbt er sich. *Darauf* ruht er."[212] Im übrigen stehen neben dem Zeugnis von Graf Dürckheim viele Männer und Frauen aus allen Konfessionen und viele aus anderen geistigen Zusammenhängen, die im inititatischen Weg eine neue Öffnung zum Christsein erlebt haben. In der Natur der Sache liegt es, daß dem Spruch der Widerspruch gegenübersteht, nicht am wenigsten dort, wo es um Erfahrung und Bewährung geht und wo der Einzelne sich in Freiheit zu entscheiden hat. Damit ist das Feld der Umkehr (Metánoia) und der Wandlung, des inneren Weges zu Christus betreten, und es ist dann nicht von Belang, ob die einen vom „Weg", andere von „Vorfeldarbeit" sprechen ...

Schließlich ist an ein Wort aus Dürckheims letzter Lebenszeit zu erinnern, das er anläßlich eines Fernsehinterviews als eine – für ihn – jüngste Einsicht ausgesprochen hat: „Man darf nicht nach dem inneren Christus suchen, man muß sich finden lassen – wir Menschen *werden gesucht*!"

Wer gesucht hat und wer im Dürckheimschen Sinne gefunden worden ist, dem obliegt es dann auch, den jeweiligen Ertrag einzubringen und in individuell verarbeiteter Form weiterzugeben. Was Ulrich Mann, ein der in Rütte geleisteten Arbeit zugewandter evangelischer Theologe, einmal für die Religionspsychologie zum Ausdruck gebracht hat, nämlich daß neben Erich Neumann und Viktor E. Frankl auch Karlfried Graf Dürckheim „noch lange nicht zulänglich ausgewertet" worden sei,[213] das dürfte auch in einem größeren theologischen und geistesgeschichtlichen Zusammenhang gelten.

Welchen Beitrag Graf Dürckheim selbst für das Bekanntwerden seines Schaffens geleistet hat, das wird deutlich, wenn man einen Blick auf seine ausgedehnte Vortragstätigkeit wirft, die seine therapeutische und schriftstellerische Arbeit wirksam ergänzt hat.

Vortragsreisen

Eine Bildungs- und Begegnungsstätte wie Rütte zu begründen und zu einem weitausstrahlenden Zentrum aufblühen zu lassen, erfordert nicht nur intensive, geduldige innere Aufbauarbeit, sondern auch kontinuierliche Information und Kontaktpflege nach außen hin. Beides geschah bewußt und planvoll, wobei die Arbeitsteilung in der Regel so erfolgte, daß Maria Hippius, wie sie es selbst nannte, als „Innenminister" fungierte, während Graf Dürckheim die Aufgaben des „Außenministers" wahrnahm. Es versteht sich, daß diese Arbeit den Neigungen und Begabungen des ehemaligen Kulturdiplomaten durchaus entgegenkam. Und so entfaltete der Weitgereiste neben seiner Kurs- und Einzelarbeit in Rütte schon bald eine ausgedehnte Vortragstätigkeit, die ihn durch ganz Europa sowie nach Nordamerika und nach Indien führen sollte. Vorträge dieser Art begannen bereits 1950, also noch bevor man in Rütte Einzug halten konnte, im süddeutschen Raum, in Stuttgart, Eßlingen, Vaihingen, Hohenheim bis hinauf in den Norden der Bundesrepublik, nach Bremen und Hamburg sowie Berlin.

Schon bald rief man Dürckheim zu Vorträgen auch ins Ausland. So wurde er zwischen 1953 und 1956 alljährlich zu Veranstaltungen an die „Schule der Wißbegierde" im niederländischen Ammersfort eingeladen. Die holländische Königin lud Dürckheim 1954 zu einem Vortrag über Zen in Het Oldeloe ein. Im selben Jahr hatte er auf dem Kongreß für Religionspsychologie in Peru zu sprechen, ferner über „Religious Experience beyond Religions" in den USA, wo er neben anderen Daisetz T. Suzuki wiederbegegnete.

Vorlesungen über Anthropologie an der Universität Zürich waren verbunden mit Zusammenkünften eines dortigen Gesprächskreises um Professor Hans Biäsch, Max Edwin Bircher, Leonhard Schlegel und anderen.

Nach 1960 verlagerte sich die Vortragsarbeit stärker nach Frankreich. Dort bildete sich ein Freundeskreis, darunter die Professoren Henri Hartung, ein Schüler Sri Ramana Maharshis, und Gabriel Monod-Hertzen, ein Physiker und Psychologe, der Anhänger Sri Aurobindos war. Regelmäßige Tagungen wurden in Paris und Evian vereinbart. Der Eintritt Dürckheims in den Vorstand der von Paul Tournier organisierten Gesellschaft „Médicine de la Personne" brachte weitere jährlich wiederkehrende Vortragsverpflichtungen mit sich. Der im November 1963 vor Verantwortlichen des deutschen olympischen Komitees in Oberhausen gehaltene Vortrag über sportliche Leistung und menschliche Reifung war in sieben weiteren Städten der Bundesrepublik zu wiederholen.[214] In diesem Zusammenhang hatte Dürckheim Gelegenheit, den qualitativen Unterschied zwischen dem Leistungswillen, der unter dem egozentrierten Diktat des „Höher, Schneller, Weiter" steht, und dem Bedürfnis nach personalem Wachstum aufzuzeigen:

Das Aufgeben des eitlen Ichs mit seinem Wunsch, um jeden Preis zu gelten, seinen Wahn, das Leben müßte seiner Vorstellung entsprechen, und seinem Willen, sich auf dem Platz zu verschanzen, den es in der Welt und im eigenen Spiegelbild einnimmt, ist vielleicht die schwerste Aufgabe, die dem Menschen von innen gestellt ist.[215]

Bis in sein hohes Alter hinein nahm er die mit den Reisen verbundenen Belastungen auf sich, ohne durch altersbedingte Ermüdungserscheinungen wesentlich beeinträchtigt zu sein; jedoch überraschte den Siebenundachtzigjährigen während seiner Vortrags- und Beratungstätigkeit im November 1983 in Paris ein erster Herzinfarkt. Vor Menschen zu sprechen, sie auf seinen zahlreich gehaltenen Einkehrtagungen in die Praxis der Meditation einzuführen, wirkte auf ihn wie ein erquickendes Lebenselixier. Davon wissen die jeweils Beteiligten zu berichten. Hier ist auch an die Meditationstagungen zu denken, die Dürckheim in die verschiedensten Ordenszusammenhänge und Klöster Deutschlands, Belgiens, Hollands und Frankreichs führten. „Es gibt kaum ein französisches Kloster, in dem ich nicht gewesen bin", vertraute er einem Gesprächspartner an.

Seine rege Reisetätigkeit brachte es mit sich, daß mehrere seiner Bücher übersetzt wurden, zum Beispiel ins Französische, Englische, Niederländische, Italienische. Auf diese Weise lernte der indische Verkehrsminister und nachmalige Gesundheitsminister Dr. Karan Singh Bücher wie „Hara" und „Alltag als Übung" kennen. Daraus erwuchs eine persönliche Freundschaft. Karan Singh besuchte nicht nur Rütte, sondern er lud seinen Gastgeber im Januar 1974 ein, im „International Centre" in Delhi über „Efficiency and Maturity" zu sprechen. Dazu bemerkt Graf Dürckheim: „Der Widerhall, den dieser Vortrag weit über den Hörerkreis hinaus in der indischen Öffentlichkeit, in Presse und Rundfunk gefunden hatte – Indira Gandhi (die Ministerpräsidentin) selbst hatte mich zu einem Gespräch unter vier Augen zu diesem Thema geladen – führte dann dazu, den Vortrag zum Geburtstag J. Nehrus (ihres verstorbenen Vaters) zu halten. – Unvergeßlich sind mir die Worte des Maharaja von Benares geblieben, die er nach einem Vortrag seinem Dank hinzufügte: ‚Vor vielen Jahren habt Ihr Europäer uns Indern klargemacht, daß wir die Befangenheit in unserer religiösen Tradition aufgeben müßten, um uns, den Notwendigkeiten der Zeit gemäß, im Geist der Wissenschaft und Technik fortzuentwickeln. Heute haben Sie die Aufgabe, ja, ich sage, tragen Sie eine Mitverantwortung dafür, daß wir und wie wir inmitten der modernen Entwicklung die tragende Fühlung mit einer lebendigen Religiosität bewahren können.'"[216]

Noch im Sommer des gleichen Jahres traf in Rütte die offizielle Einladung aus Indien ein. Und so übernahm Dürckheim für den 10. November 1974 die Nehru-Memorial-Lecture und sprach über die „Begegnung des Westens mit dem Geist des Ostens".[217] Es versteht sich, daß er der großen spirituellen Tradition Indiens, dem Yoga, dem Land der Bhagavadgita und des historischen Buddha seine Reverenz erweist. Und doch steht außer Frage – das läßt auch der Vortragstext durchscheinen – daß er sich innerlich nicht so sehr mit Indien, sondern sehr viel stärker mit den Ursprungsländern des Zen, insbesondere mit Japan verbinden konnte. Deshalb spricht Dürckheim hier lieber allgemein vom „Licht aus dem Osten", das in Deutschland in den notvollen Jahren nach den beiden Weltkriegen aufgeleuchtet sei. Doch mit welchen Gefühlen mag der Vortragende von dem dunklen Kapitel deutscher Geschichte gesprochen haben, in dem das äußere Machtprinzip im Fernen Osten verherrlicht wurde, als er zu den Sätzen kam:

Diese Überwertung der äußeren Leistung unter Vernachlässigung der inneren Werte erreichte ihren Höhepunkt im Nationalsozialismus. Was immer die Ursachen gewesen sein mögen, die Hitler zur Macht brachten, seine Herrschaft warf die Menschheit in den Zweiten Weltkrieg, der Zerstörung über ganz Europa brachte ... Um die Gründe zu verstehen, die der Einfluß des östlichen Geistes auf die Befreiung aus dem Engpaß hatte, in den der westliche Geist geraten war, ist es nötig, sich Rechenschaft zu geben über die Eigenart des westlichen Geistes und seine Entwicklung in den letzten Jahrhunderten.[218]

Auch Maria Hippius bereiste im Jahr 1974 den Fernen Osten. Roshi Yuho Seki, der jahrelang den Freunden in Rütte mit großem Interesse an der dort geleisteten Arbeit zugetan war, lud die Gastgeberin für August 1974 zu einem Vortrag in sein buddhistisches Heimatkloster Eigenji ein. Eine Japanerin, die derzeit in Freiburg an einer philosophischen Arbeit über Martin Heidegger saß, sollte als Reisebegleiterin und als Übersetzerin fungieren. Maria Hippius nahm die Einladung an. Sie entschloß sich für das Vortragsthema: „Das erste Menschenpaar im jüdisch-christlichen Raum im Unterschied zum Mythos des ersten japanischen Menschenpaares." So groß die Ehre und der Erfolg der gesamten Japan-Reise war, es trug sich auch Widriges zu, von dem Maria Hippius so erzählt:

„Zwei Tage vor dem Vortrag ereignete es sich, daß ich rücklings in eine fast zwei Meter tiefe Grube fiel, als ich einem Mönch den Weg frei machte. Die schmalen Laufstege um den Tempel oder die Wohnstätten lassen wenig Spielraum zum Zurücktreten. Ich spürte mich auf eine Steinplatte aufschlagen. Gleichzeitig tönte eine Stimme: ‚Nimm deinen Kopf und gehe ...' Mönche zogen mich hoch. Ich war bewußtlos, konnte

aber gehen, sogar Figuren tanzen, während ich zum Gästehaus
– immer weiter auf dem schmalen Steg – geführt wurde. Ich
lehnte es im bewußtlosen Zustand ab, mich tragen zu lassen!
In meinem Schlafraum lag ich auf der Matratze und fühlte
mich ungewöhnlich glücklich in diesem Ausnahmezustand.
Japanische Mönche gingen in einiger Entfernung an mir vorüber, freuten sich und riefen: ‚Samadhi!'."
Obwohl Maria Hippius eine schwere Gehirnerschütterung
erlitten hatte, vermochte sie mit innerer Ruhe und Kraft am
fraglichen Tag den beabsichtigten Vortrag zu halten. Wie sie
erzählt, hatte sie es vermieden, unmittelbar von Christus als
der „Zukunft im Sohnes- und Erlösergott" zu sprechen. Sie
sagte nur: „Vermutlich gibt es weder im Osten noch im Westen
schon den großen und vollkommenen Menschen. Bei den
Rosenkreuzern und Alchymisten gab es jedoch Versuche, über
die Verwandlung der Materie zum Höchsten (Stein der Weisen)
zu kommen ... Es wird wohl einmal das Neue geben, das aber
jetzt noch ein Mysterium ist." Beim letzten Wort steht der
Roshi auf, geht an die bereitgestellte schwarze Tafel, nimmt
Kreide und zeichnet einen etwas geöffneten Kreis und setzt ein
Kreuz hinein; dabei sagt er: ‚Hier ist ER'. Die Vortragende bekennt von sich: „Ich war erschüttert, nicht nur vom Kopf, sondern vom Herzen her! Auf meinem Zimmer empfing ich danach eine Grußbotschaft und den persönlichen Dankesbesuch
des Roshi." Es hatte sich die Erfahrung jener Gemeinsamkeit
im Geiste eingestellt, die die Kluft zu überbrücken vermag, die
durch die Unterschiede in Sprache, Kultur und Religion gemeinhin verursacht wird. – Dazu der große Kontrast, von dem
Maria Hippius ebenfalls zu berichten weiß: „An einem Nachmittag fuhren wir los und wurden in einem Hotel europäischen Stils für eine Nacht untergebracht, um an einem Essen
mit Roshi Yuho Seki, den Mönchen und einem Journalisten
teilzunehmen: Ein leerer, kalter Raum, weißgedeckter Tisch
und am Schluß Rindersteaks von den Weiden um Kyoto; große
Fleischstücke, die massiert und mit Bier getränkt waren ...
Alles Wunderbare war wie vom Tisch gefegt. Allerdings hatte
mich der Roshi vor der Hotelsituation noch einen Umweg zu

einem im Walde gelegenen, uralten Heiligtum gefahren, dessen Schönheit auch in seiner Ausstrahlung mir noch heute gegenwärtig ist ..." – Und nun nochmals zurück zu Dürckheims Vortragstätigkeit in Europa:

Eigens zu nennen sind sodann Dürckheims Beiträge auf Kongressen für Ärzte und Psychotherapeuten, zum Beispiel während der Lindauer Psychotherapiewochen, während der Jahrestagungen der Stuttgarter Arbeitsgemeinschaft „Arzt und Seelsorger" (jetzt: Internationale Gesellschaft für Tiefenpsychologie) oder des „Frankfurter Rings", dessen Bildung und geistige Ausrichtung auf den Impuls Graf Dürckheims zurückgeht.

Die Arbeitsgemeinschaft „Arzt und Seelsorger" entsprach der Aufgabenstellung Dürckheims in besonderer Weise. Der Psychotherapeut Wilhelm Bitter sowie die beiden Theologen Hermann Breucha (katholisch) und Rudi Daur (evangelisch) hatten 1949 in Stuttgart damit begonnen, einen Kreis von Menschen um sich zu scharen, die ärztlich-therapeutisch, seelsorgerlich oder psychologisch-sozialpädagogisch mit Menschen arbeiteten. In diesem Zusammenhang verwendete Bitter den Begriff „Synopse" (Zusammenschau) beziehungsweise „synoptische Psychotherapie", um nicht nur die Ergänzungsbedürftigkeit der einzelnen humanwissenschaftlichen Disziplinen, auch der psychotherapeutischen Schulen und Lehrweisen, zu betonen, sondern auch deren Zusammenspiel im Dialog und gemeinsamen Ringen um Erkenntnis in immer neuen Ansätzen zu praktizieren. Das geschah insbesondere in den erwähnten, seit 1952 jährlich stattfindenden Tagungen dieser Gesellschaft.[219]

Bei Rahmenthemen wie „Die Wandlung des Menschen" (Göttingen 1956) oder „Meditation in Religion und Psychotherapie" (Stuttgart 1958) durfte ein Beitrag Dürckheims nicht fehlen, zumal er durch Schicksal und Erfahrung prädestiniert erschien, einerseits die Erfassung des Wesens als Voraussetzung menschlicher Wandlung deutlich zu machen, andererseits die westlich-östliche Spiritualität unter einem Ganzheitsaspekt zu betrachten. Ein drittes Spezifikum, das Dürckheim aufgrund seiner Arbeit in die teils spirituell, teils psychologisch orientierten Dialog-Beiträge einzubringen hatte, sind Erleben und Ausdruck *leibhafter* Wirklichkeit. So ist es wohl kein Zufall, daß Dürckheims Aufsatz in dem erwähnten umfangreichen Berichtsband über die beiden Stuttgarter Tagungen von 1957 über Meditation den Titel trägt: „Die heilende Kraft der reinen Gebärde", in dem er zu bedenken gibt:

So wie es Inhalte des Erlebens gibt von solch überwältigender Bannkraft, daß sie einfach „auf die Knie", das heißt in eine bestimmte *Haltung* zwingen, so gibt es umgekehrt auch Haltungen von solcher Verwandlungskraft, daß jeder Inhalt auf das Göttliche hin transparent wird. Und wo immer ein Mensch einmal wirklich ernst gemacht hat mit seinem Willen zur Einswerdung mit der Transzendenz, hangt – sofern es an ihm liegt – die Entbindung der zum Heil wirkenden Kraft mehr als von dem jeweiligen gegenständlichen Inhalt seines Bewußtseins von seiner gesamten – und das heißt auch leibhaftigen – Haltung und Verfassung ab. Insofern nun solche Verfassung aus der Übung der rechten Gebärde hervorwächst, kann man von einer heilenden Kraft der reinen Gebärde sprechen.[220]

Daher ist es nur konsequent, daß die in Rütte praktizierten Formen der „Leibarbeit" (im weiteren Sinn des Wortes) auch in die Vorträge mit einflossen.

Nun ist es zweifellos ein erheblicher qualitativer Unterschied, eine geistig-geistliche Disziplin argumentativ-beschreibend darzustellen oder das verbal Aufgezeigte übend zu vollziehen. Und eben das praktisch zu tun, sich in den Übungsvorgang einführen zu lassen, entsprach offensichtlich einem weit verbreiteten Bedürfnis derer, die im Zeichen von „Arzt und Seelsorger" zusammenfanden. Im Sommer 1967 geschah dies anläßlich der Jahrestagung auf Schloß Elmau/Obb. Die bisherige Teilnehmerzahl hatte sich auf über 400 Personen verdoppelt, offensichtlich fasziniert von dem Thema „Abendländische Therapie und östliche Weisheit". Dem Veranstalter war es gelungen, eine Reihe von Referenten zu gewinnen, die über spezielle östliche Erfahrungen verfügten, unter ihnen einige asiatische Wissenschaftler. Graf Dürckheim hatte auf den Jesuiten Pater Hugo M. Enomiya-Lassalle aufmerksam gemacht, der seine langjährige Zen-Praxis kurz zuvor in zwei Büchern[221] niedergelegt hatte. P. Lassalles Besuch in Rütte hatte zu einer lebenslangen Freundschaft mit Graf Dürckheim geführt. Die beiden Männer, der deutsch-japanische Zen-Meister und der des Zen kundige Psychotherapeut, kamen in Elmau überein, ihre Vorträge durch Zazen-Übungen während der Tagung zu ergänzen. Hierbei ist anzumerken, daß die beiden Praktiker schon aufgrund ihrer unterschiedlichen Persönlichkeitsstruktur und Schicksalsführung zu einer verschiedenen Akzentuierung ihres Zen-Weges gelangt sind. Davon wurde bereits während der Tagung etwas deutlich, wenn Dürckheim als Psychologe auf „Ost und West in uns" hinwies[222], während der Ordensmann aus der Schule des Ignatius von Loyola den Erleuchtungsweg des Zen-Buddhismus im Horizont der christlichen Mystik betrachtete.[223] Auf die Kongruenz von überpersönlicher Seinserfahrung im Buddhismus und auf personale Glaubenserfahrung im Christentum hinweisend resümierte Dürckheim:

Gewiß bleibt ein Unterschied zwischen einer Religion, die sich auf Seinserfahrungen aufbaut, und einer, die im Glauben gründet, sowie zwischen einer Religion, die Anfang und Ende im unpersönlichen All-Einen hat und einer anderen, die in Gott als Person gründet und mündet. Aber man darf nie vergessen, daß in der Seinserfahrung selbst nicht nur das erlösende All-Eine zum Erlebnis wird, sondern die Begegnung mit einem „Rufenden" und mit dem eigenen Person-Kern erfolgt, und daß auf der anderen Seite im *lebendigen* Glauben an einen persönlichen Gott die Verpflichtung eingewoben ist, alle gewordenen Gottesbilder immer wieder einzuschmelzen in der Tiefe jenes Geistes und jener Wahrheit, die jenseits aller Bilder ist. Erfahrung des überpersönlichen Seins und personaler Glaube sind im Grund nicht zweierlei, sondern gehören untrennbar zusammen. In einer lebendigen Religiosität gehen sie auseinander hervor und wachsen in eines zusammen. Darum kann aus dem Initiatischen auch Glaubensvertiefung und Glaubenserneuerung kommen.[224]

Das anläßlich dieser West-Ost-Tagung in Elmau Begonnene entsprach noch in einem anderen Sinn einem initiatischen Geschehen, denn von da an begann Dürckheim auch in anderem

Rahmen mit der Durchführung von Meditationstagungen „im Geist des Zen". Ohne selbst ein von einem östlichen Lehrer autorisierter Zen-Meister zu sein, erteilt er seitdem, neben und unabhängig von P. Lassalle, Zazen-Unterweisung. So gesehen gab die Elmauer Tagung das entscheidende Signal für die weitere Meditationsarbeit in Deutschland, soweit sie Elemente des Zen aufnimmt und fruchtbar macht.

Einer der Teilnehmer der Elmau-Tagung war Fritz Kroeger, damals Geschäftsführer einer ökonomischen Aktion in der Industrie- und Handelskammer Frankfurt. Wie man der Festschrift „Transzendenz als Erfahrung" entnehmen kann, hatte er schon vorher einen Beziehungsfaden nach Rütte geknüpft und als Fünfzigjähriger dort eine wesentliche Lebenshilfe erfahren.[225] Knapp zwei Monate nach jener Tagung lud er Graf Dürckheim zum 8. Juli 1967 nach Frankfurt ein. Es handelte sich um ein Seminar, das als Einführung in die Praxis des inneren Weges gedacht war und an dem 27 Personen teilnahmen. Sehr viel stattlicher war der Zuhörerkreis, der sich bereits am 24. Mai diesselben Jahres versammelte, als Pater Enomiya-Lassalle in der überfüllten Aula der Frankfurter Universität über Zen-Buddhismus und christliche Mystik sprach. „Er war es eigentlich, der mit seinem Geist, still wie ein Grashalm, den Frankfurter Zementboden durchbrach, so daß Graf Dürckheim kurze Zeit später in diese Furchen den Samen ausstreuen konnte", so deutet Fritz Kroeger das Doppelereignis.[226] Denn noch konnte niemand wissen, daß aus dem Kreis jener 27 Frankfurter schon zwei Jahre später der „Frankfurter Ring – Gesellschaft zur Pflege der Philousia e. V." hervorgehen würde. Der „Frankfurter Ring" bot Wissenden und Schaffenden aus vielen Gebieten, aus West und Ost, Frauen und Männern, eine Stätte der Unterweisung wie der spirituellen Einübung. Die Mitarbeiterliste liest sich wie ein Namensregister zeitgenössischer Spiritualität: Neben F. Capra, Heinrich Dumoulin, Lama Anagarika Govinda, Philip Kapleau, John und Toni Lilly, Raimundo Panikkar, Balthasar Staehelin, Annemarie Schimmel, Frater David Steindl-Rast, George Trevelyan, Friedrich Weinreb und vielen anderen wirkten auch mehrere Schüler und Freunde Graf Dürckheims mit, Pater Enomiya-Lassalle und Wladimir Lindenberg. Fritz Kroeger, der Mitbegründer und erste Leiter des „Frankfurter Rings", hat 33 Tage gezählt, an denen Dürckheim im Laufe der Jahre dem Kreis zur Verfügung gestanden hat. In einer Betrachtung zum 90. Geburtstag schreibt Kroeger: „Der Frankfurter Ring darf sich also als ein legitimes Kind von Graf Dürckheim betrachten, das seinem geistigen Vater von ganzem Herzen für die Kräfte und Geschenke dankt, die er ihm vermittelt hat..."[227] Dabei sind der „Frankfurter Ring" und die Stuttgarter Gemeinschaft „Arzt und Seelsorger" nur Beispiele neben anderen, an denen Dürckheims Wirksamkeit sich erweisen konnte.

Tätig ins hohe Alter

Kennzeichnend für Karlfried Graf Dürckheims Biographie ist die Tatsache, daß er erst verhältnismäßig spät zum eigentlichen Thema seines Lebens fand. Als der Professor für Philosophie und Psychologie während seiner frühen dreißiger Jahre verschiedene kulturdiplomatische Aufträge übernahm und die Welt bereiste, hatte er die Lebensmitte bereits erreicht. Als er nach Rückkehr aus der japanischen Internierung daranging, die äußeren Voraussetzungen für seine Arbeit als Psychotherapeut, Meditationslehrer und Seelenführer zu schaffen, als den man ihn seither kennt, stand Graf Dürckheim bereits in seinem fünfzigsten Lebensjahr. Wie sich die Arbeit in Rütte gestalten würde, war zu diesem Zeitpunkt noch nicht abzusehen. So bedurfte es weiterer Jahre, ehe das Zentrum der Initiatischen Therapie im abgelegenen Schwarzwalddorf Konturen gewann. Der Schwerpunkt dieses Schaffens verlagerte sich demnach tief in die zweite Lebenshälfte hinein. In einem Alter, in dem andere, etwa als Siebzigjährige, spätestens als Achtzigjährige ihr Haus bereits bestellt haben, zumindest Anstalten dazu treffen, die Ernte ihres Lebens einzubringen, ging Dürckheim mit der ihm eigenen Gelassenheit weiterhin seinem Tagwerk nach, als Lehrer, als Vortragender, als Schriftsteller und, an der Seite von Maria Hippius, vor allem als der „Meister von Rütte", obwohl er den Anspruch auf solche Meisterschaft nie erhoben hat. Aber sie wuchs ihm faktisch zu und wurde von anderen an ihm erlebt. Soweit man als Außenstehender von diesem Erlebnis sprechen kann, ist es kennzeichnend, für wie viele, die einst des Therapeuten und Lehrers bedurften, sich aus dem Schüler-Lehrer-Verhältnis, bei aller Achtung vor Unterschieden spiritueller Reife, eine Beziehung der Freundschaft entwickelt hat. So ist es kein Zufall, wenn eine 1969 auf die Initiative und die geistige Patenschaft

Graf Dürckheims zurückgehende Gemeinschaft, der erwähnte „Frankfurter Ring", als „Gesellschaft zur Pflege der Philousia", d.h. der Liebe zum Sein und Wesen, begründet werden konnte.[228] Eine solche Transformation kann ein Indiz dafür sein, daß die zeitweise Bindung nicht etwa in problematische Abhängigkeit von einem Guru abgeglitten ist, sondern daß von vielen der entscheidende Schritt zur Selbstwerdung in Freiheit vollzogen werden konnte.[229]

Wer Graf Dürckheim in seinen Siebzigern kennenlernte, der erlebte ihn als einen Mann in der vollen Kraft seiner Jahre. Auch im neunten Lebensjahrzehnt zeigte seine Vitalität noch bemerkenswerte Züge. Doch soll nicht der Eindruck erweckt werden, er sei von Krankheiten und Altersleiden verschont geblieben. Aber nach wie vor schöpfte er aus „Hara"[230], der auch für ihn geheimnisvoll wirkenden Ki-Kraft im unteren Bauch, in der Leibmitte. Ki, eine kosmische Energie, gilt als „Tiefenkraft", die man nicht selbst erzeugen kann, sondern die da ist, wenn man sie „zuläßt". Es geschieht dadurch, daß man – so auch beim meditativen Sitzen (Zazen) – statt den Schwerpunkt im Bereich von Schultern und Brust festzuhalten, sich tief in den Bauch-Beckenraum hinein „niederläßt", gleichzeitig aber das klare, taghelle Wach-Bewußtsein beibehält. Selbst in einem seiner letzten Fernsehauftritte, zu dem ihn der ZDF-Journalist Karl Schnelting 1985 in Rütte aufsuchte, demonstrierte Dürckheim vor der Kamera die erstaunliche Fähigkeit, ohne willentliche Muskelanspannung „aus dem Hara heraus" Kraft zu entfalten und der Kraftanwendung des um Jahrzehnte jüngeren Mannes überzeugend standzuhalten. „Ich begrüße sehr viele meiner Freunde mit einem enormen Faustschlag auf den Bauch, auf den Muskel unterhalb des Nabels", erzählt Dürckheim. „Und wenn der Betreffende kippt, also mit dem Kopf nach vorne fällt, dann ist er eben nicht im Hara, hat er keine Kraft."

Für das Augenleiden (Makula-Degeneration), das zu fortschreitender Einschränkung des Sehfeldes führte, gab es keine Abhilfe. Anfangs, es war um 1970, unternahm er mancherlei, um die zunehmende Sehstörung zum Stillstand zu bringen. So suchte er u. a. auch Heilpraktiker und anthroposophische Ärzte auf, aber der Krankheit war kein Einhalt zu gebieten. Zuerst behalf Dürckheim sich mit einer Spezialbrille und benützte eine Schreibmaschine mit besonders großer Type. Die kleine Reiseschreibmaschine, auf der er früher seine schriftlichen Arbeiten selbst erledigt hatte, war somit überflüssig geworden. Etwa ab 1975/76 ging Dürckheim dazu über, seine Manuskripte zu diktieren. Der erste auf diese Weise entstandene Text war der des inzwischen weitverbreiteten Buches „Meditieren, wozu und wie". Seine jeweilige Mitarbeiterin empfand das als eine „wunderbare Zusammenarbeit". Und er selbst meinte, daß er das Diktierte nach erfolgtem Vorlesen leichter korrigieren könne als beim eigenen Lesen. Das mag wohl daher kommen, daß Dürckheim mehr und intensiver durch das gesprochene Wort als durch die Schrift aufzunehmen und zu wirken vermochte. Helen Gleiss, in den sechziger Jahren nach Rütte gekommen, dann Dürckheims Mitarbeiterin, in Krankheitsfällen, vor allem im hohen Alter, seine persönliche Betreuerin, berichtet von dieser Art der Zusammenarbeit: „Oft gingen wir abends nach 9 Uhr zu seinem Häuschen am Waldrand hinauf und arbeiteten noch zwei bis drei Stunden. Ich schrieb das Diktat dann anderntags neu; er verbesserte sofort, bis das Manuskript ‚stand'. Aber er verbesserte bis zum letzten Augenblick!"[231] Zwar waren mit dem bei Herder in Freiburg veröffentlichten Meditationsbuch die als Bücher konzipierten Werke größtenteils veröffentlicht, aber ein Blick auf seine Bibliographie des daran anschließenden Lebensjahrzehnts macht deutlich, daß noch zahlreiche Aufsätze, Buchbeiträge sowie Vorworte für eine Reihe von Publikationen seiner Mitarbeiter zu schreiben bzw. zu diktieren waren. Dazu gehören zum Beispiel der Beitrag über meditative Praktiken in der Meditation für Helmut Kindlers große Enzyklopädie „Die Psychologie des 20. Jahrhunderts" und „Ton der Stille" in der Festschrift für Pater Enomiya-Lassalle, sodann Beiträge für die Sammelbände „Der zielfreie Weg" und „Von der Erfahrung der Transzendenz". Schließlich bearbeitete noch der Neunzigjährige, unterstützt von Christa Well, die zahlreichen einst in Frankfurt gehaltenen Vorträge für eine Buchausgabe.[232]

Es wäre nun ein großes Mißverständnis, wollte man Dürckheims „rastlose" Tätigkeit als Vortragender, Kursleiter und persönlicher Berater als Demonstration dessen ansehen, was er alles „noch" könne. In klarer Unterscheidung der äußeren Leistung, deren sich das egoverhaftete „Welt-Ich" zu rühmen pflegt, gegenüber dem Sein, das in einem Menschen zur individuellen Reife gelangt, hat er sich wiederholt für die besondere Aufgabe des alternden Menschen ausgesprochen. Von C. G. Jung weiß man, wie er den Charakter der zweiten Lebenshälfte beschrieben hat, nämlich daß bereits das Überschreiten der biologischen Lebensmitte, zwischen dem 30. und 40. Lebensjahr etwa, einem dem Tode zuneigenden Abstieg entspreche. Diesem Prozeß müsse eine innere Kehrtwendung folgen, damit das Wachstum im geistig-seelischen Bereich nicht versäumt wird. So betont auch Graf Dürckheim den besonderen Wert, die Würde und die Chance des alternden Menschen, zur Reife des vollen Menschseins zu gelangen. Der Wunsch nach immerwährender Jugend ist zwar verständlich – vom weltgebundenen, auf die Zeitlichkeit fixierten Ich her gesehen, das noch nicht den initiatischen Weg betreten hat und von der Fülle des Selbst noch nichts ahnt.

Wo aber (aus dem Wunsch nach ewiger Jugend) eine Angst vor dem Altwerden wird, ist ein Leiden im Anzug, das sich auf die Dauer verhängnisvoll auswirkt, weil es den Menschen um die Alters-Krone des Lebens betrügt. Es gewinnt sie nur der, der dem Gesetz des Lebens gehorcht. Das aber schließt ein, daß er auch zu seinem Altwerden Ja sagt. Das kann er aber nur in dem Maße, als sein Leben in einer Wirklichkeit wurzelt, die jenseits des Gegensatzes von jung und alt ist. Ja, dann wird gerade das Alter zur „Probe aufs Exempel" – zum beglückenden Beweis der Präsenz der sich im Werden *und* im Vergehen bekundenden Transzendenz.[233]

Daß Graf Dürckheim diese Grundsätze seiner Einschätzung des Alters nicht nur gelehrt und beschrieben, sondern offensichtlich auch gelebt hat, dafür gibt es mancherlei Beispiele, gerade auch aus den letzten Lebensjahren, als Krankheiten, darunter zwei Herzinfarkte, sich tief in seine Leiblichkeit hineingruben. Da scherzte er, kaum daß er genesen war, über seine Unbeholfenheit. Sich und die Seinen amüsierte er beispielsweise, indem er wieder und wieder beliebte Witze erzählte, jedoch durcheinanderbrachte und die Pointe verfehlte, gleichsam als Pointe in der verfehlten Pointe. Seiner Betreuerin sagte er einmal, sie könne mal ein Buch schreiben mit dem Titel „Graf Dürckheim, wie ihn keiner kennt". Und den er schließlich als seinen Biographen willkommen hieß, dem sagte und schrieb er zwar wiederholt, er solle nur fleißig fragen, er selbst wolle schon alles beantworten – doch um sogleich zu gestehen: „Mein Gedächtnis ist wie ein Sieb." Der heiterschalkhafte Unterton dieser Worte war nicht zu überhören ... Tatsächlich ist das Gewesene, sind Personen und Situationen, biographische Details aller Art, die eine Biographie erst anschaulich und lebendig machen, andererseits auch wieder belanglos – für ihn allenfalls, obwohl er im Jahr seines zweiten Infarkts mit geradezu kreatürlicher Neugierde seinem 90. Geburtstag entgegensah. Dabei hat er doch längst mit dem Abschiednehmen begonnen, jene Ge-Lassen-heit übend, die er in jungen Jahren bei Meister Eckhart, „seinem" Meister, gelernt hat. Das altchinesische Wu-Wei, das Nicht-Tun im Tun[234], das Wandern auf dem „zielfreien Weg", der selbst das Ziel ist, dies alles ist für Graf Dürckheim, der über Jahrzehnte seines aktiven Lebens den „Alltag als Übung" verstanden hatte, nicht erst im Alter zur alltäglichen Übung geworden.

Dieser Alltag mit seinen Pflichten und Aufgaben, den inneren wie den äußeren, hat ihn auch im Alter nicht verlassen. Angesichts der Vielfalt der Angebote und der unterschiedlichen Übungswege der einzelnen „Klienten", die nach Rütte kamen, war der Arbeitstag während seiner aktiven Zeit, das heißt bis ins achte Lebensjahrzehnt hinein, klar strukturiert. Wenn Dürckheim nicht auf einer der zahlreichen Vortragsreisen und auswärtigen Kurse unterwegs war, leitete er die Meditationstagungen in Rütte persönlich. Der Tagesablauf sah dann so aus, daß man um 6 Uhr 45 in der kleinen Kapelle nahe dem „Doktorhaus" mit der Heiligen Messe begann. (Katholische Priester waren meist Teilnehmer der Kurse.) Im Zendo, dem eigens für die Stille-Übung nach japanischem Vorbild gestalteten Meditationsraum, übte man ab 7.30 Uhr Zazen. Anfänger erhielten zu Beginn der Meditationswoche eine Einführung durch Graf Dürckheim, der auch die einzelnen Zeiten der Stille selbst leitete, zumindest am frühen Morgen. In der Regel übten bei solchen Kursen 20 Personen. Nach etwa 40 Minuten Sitzen folgte für 10 Minuten Kin-hin, das meditative Gehen. Es handelt sich um ein gesammeltes, von keinem Stillstand unterbrochenes Schreiten mit fließenden, zeitlupenartigen Bewegungen. Daran schloß sich, wenn bereits um 6 Uhr 45 mit der Meditation im Zendo begonnen wurde, weiteres Sitzen an. Nach dem Frühstück um 8 Uhr 45 traf man sich im Saal des Herzl-Hauses zum Vortrag. Es folgte eine Aussprache im Zendo. Nochmals 40 Minuten Meditation gingen dem Mittagessen voraus. Der Nachmittag war verschiedenen Unternehmungen vorbehalten. Graf Dürckheim empfing die Teilnehmer nach und nach zum Einzelgespräch, während die übrigen, auf verschiedene Häuser verteilt, sich der Praxis der Selbsterfahrung widmeten, etwa der Atmung und Entspannung. Hinzu kamen Aikido (eine japanische Gruppenübung der Begegnung und des harmonischen Ausgleichs der Kräfte), Selbsterfahrung am Instrument, Geführtes Zeichnen nach Maria Hippius sowie Übungen in Ausdruck und Gebärde. Dann ging man nochmals ins Zendo, erst zur Aussprache über das Erfahrene, zum Beispiel die Besprechung von Hemmnissen oder Schwierigkeiten, die Mühe bereitet hatten, ehe man erneut zur Meditation überging. Das offizielle Programm fand mit dem Abendessen um 19 Uhr seinen Abschluß, falls nicht eine gesellige oder kulturell-künstlerische Veranstaltung vereinbart war.

Und eben dazu boten sich viele Gelegenheiten, insbesondere wenn auswärtige Gäste ein spezielles Angebot zu machen hatten oder wenn Feste und Feiern dazu einluden. Für Abwechslung war jedenfalls gesorgt. Es gab Besinnliches und auch Beschwingtes, so wenn man im Herzl-Haus Weihnachten feierte, Maria Hippius aus einer alten Bibel die Weihnachtsgeschichte vorlas und Graf Dürckheim Meister Eckharts Predigt „Vom ledigen Gemüt" seiner Betrachtung zugrunde legte. Oder wenn man an Neujahr mit einem Glas Sekt anstieß und im Mitarbeiterkreis einen Tanz eröffnete. Im übrigen lud der Herzl-Haus-Keller zu „dionysischen Genüssen" ein. Daß übrigens Graf Dürckheim stets zu leben verstand, belegen zahlreiche Beispiele. Warum sollte er auch daraus ein Geheimnis machen? Manch einer empfand es freilich als „schmerzliche Überraschung", etwa als man sich einmal nach langem Arbeitstag in der Gemeinschaft „Arzt und Seelsorger" im Stuttgarter Hotel Graf Zeppelin traf und Dürckheim es war, der sich als erster eine Zigarette ansteckte. „Auch seine Menü-Wahl entsprach in keiner Weise dem, was ich mir unter einem im Za-Zen geschulten Meister vorstellte", mußte ein dem Leben durchaus zugewandter Theologe unter den Teilnehmern gestehen ... Als ein in jeder Hinsicht „erdhafter Mensch", als den ihn sein Neffe Wolf Büntig charakterisierte, suchte er nicht etwa das Exklusive lukullischer Genüsse, wohl aber die exzellente Hotelküche, wo immer sie sich ihm anbot, mit gut abgestimmter Speisenfolge bis zum Dessert und zu den Getränken. Für einen „guten Tropfen" war er stets zu haben. Erst im vorgerückten Alter legte er sich in dieser Hinsicht mit Rücksicht auf seine Gesundheit Einschränkungen auf. Eingeweihte wissen von seiner Vorliebe für gute französische Rotweine und für hochwertige badische. Der Kaiserstuhl mit seinen speziellen „Lagen" und „Jahrgängen" gehört bekanntlich zur Region.

Anlässe zum Feiern boten auch die Geburtstage, insbesondere die „großen", sodann verschiedene Ehrungen. Als der 70. Geburtstag gefeiert werden konnte, am 24. Oktober 1966, hatte Dürckheims Schaffen allerdings gerade erst den Höhepunkt erreicht. Rütte war erst fünfzehn Jahre jung. Maria Hippius, damals ebenfalls auf der Höhe ihrer Leistungsfähigkeit stehend, konnte dem Gefährten eine reichbestückte Festschrift unter dem programmatischen Titel „Transzendenz als Erfahrung" überreichen. Der Untertitel „Beitrag und Widerhall" entspricht der erstaunlichen Resonanz, die die Rütteaner mit ihrer Arbeit im Laufe von 15 Jahren unter Gleichgesinnten ausgelöst hatten, und zwar bis hin zu Aufsätzen aus der Feder von japanischen Zen-Meistern, unter ihnen der greise Hakuun Yasutani.[235] Zusammen mit Dürckheims einstigem Dolmetscher in Japan, Professor Fumio Hashimoto, und einem weiteren Freund hatte Yasutani schon 1965 den Weg in das abgelegene winzige Schwarzwalddorf gefunden, um den Geistesverwandten zu grüßen. Seinen Beitrag schließt Yasutani mit einigen östlichen Redensarten, die sich auf das Lebensalter beziehen: „Es geht eine östliche Redensart: ‚Daß ein Mensch siebzig Jahre alt wird, ist eine geschichtliche Seltenheit.' Ferner spricht man in China von *zenju*, nämlich von einer vollen Lebensdauer, wenn jemand 160 Jahre alt wird und von einer *hanju*, einer halben Lebensdauer, wenn das 80. Lebensjahr vollendet ist. Denn es wird ja geglaubt, daß der Himmel dem Menschen eigentlich eine Lebensdauer von 160 Jahren zugedacht hat ..."[236]

Was freilich den Widerhall angeht, den Graf Dürckheim aus Kultur und Gesellschaft erhielt – sehr spät übrigens – so fiel er eher spärlich aus. Die akademische Welt schien sich an ihrem ehemaligen Kollegen durch Nichtbeachtung zu rächen, nachdem er es verschmäht hatte, nach dem Zweiten Weltkrieg an die Hochschule zurückzukehren. Auch daß er sich weder an eine weltanschauliche noch an eine der sich vermehrenden tiefenpsychologisch-psychotherapeutischen Schulen enger anschloß, konnte nicht „förderlich" sein. Keine Rede etwa von einer Ehrenpromotion, die kollegiale Fürsprache fehlte wohl. So blieb es vornehmlich den Journalisten überlassen, in Graf Dürckheim den „Künder eines neuen Menschenbildes", den „Botschafter des Zen" (FAZ), den „berufenen Hüter der Qualitäten" (Rheinische Post) zu erblicken. Eines der ersten Gremien, die sich zu einer Würdigung entschlossen, war die 1962 gegründete Humboldt-Gesellschaft für Wissenschaft, Kunst und Bildung e.V. in Mannheim. Ihr Vorstandsvorsitzender, Dr. Herbert Kessler, rühmte, als Graf Dürckheim als Ehrengabe die Humboldt-Plakette überreicht wurde, in einer Laudatio das wissenschaftliche Werk, das eine metaphysische Anthropologie enthält und eine Brücke zur Kultur Ostasiens, insbesondere Japans, schlägt. Die Ehrung erfolgte am 5. Februar 1971 im Rahmen eines Festaktes im Rittersaal des Mannheimer Schlosses. Dürckheim erwiderte mit einem Vortrag zum Thema: „Das Bild des Menschen im Spannungsfeld unserer Zeit".

Der Anregung so verschiedenartiger Instanzen wie des deutschen Generalkonsuls in Osaka-Kobe und der Katholischen Akademie der Erzdiözese Freiburg bedurfte es dagegen, damit Graf Dürckheim kurz vor Vollendung des 81. Geburtstags mit dem Bundesverdienstkreuz erster Klasse dekoriert wurde. Das geschah durch den Regierungspräsidenten, Dr. Bittighofer, im festlich geschmückten Sitzungssaal des Todtmooser Rathauses in Anwesenheit zahlreicher Persönlichkeiten aus dem zuständigen Landkreis Waldshut. Der feierliche Akt als solcher und die damit verbundene Berichterstattung trugen dazu bei, das bei der einheimischen Bevölkerung anfangs eher begrenzt vorhandene Interesse an dem, was in Rütte geschieht, zu verstärken. Das wirkte sich besonders positiv aus, als Dürckheims Mitarbeiterkreis eine Veranstaltungs- und Festwoche aus Anlaß des dreißigjährigen Bestehens der Rütte-Arbeit organisierten. Denn erwartungsgemäß versammelten sich mehrere hundert Teilnehmer, die die einzelnen Häuser des Dorfes nicht hätten beherbergen können. So spielte sich vieles von dem reichhaltigen Vortrags- und musischen Programm in Todtmoos ab, so auch, in der geräumigen Wehratalhalle, die Hauptveranstaltungen und die Meditationen. Die geistige und künstlerische Vielfalt, die sich sonst naturgemäß auf ein oder mehrere Jahre verteilt, stellte sich in einer spirituellen Ökumene dar, verkörpert durch die Beiträge des Gründerpaares und seiner Mitarbeiter, zu denen sich Gäste aus Übersee gesellten, so der bekannte Mythenforscher und Autor Professor Joseph Campbell, New York, ein guter Freund aus gemeinsamer Münchner Studienzeit, der 1987 starb, und der einstige Dürckheim-Schüler Stanley Keleman, Therapeut, Poet und Bildhauer aus Berkeley, Kalifornien. Auch der greise Yuko Seko Roshi, Abt des mit Rütte besonders verbundenen Zen-Klosters Eigen-ji bei

Kioto, eines der wichtigsten der Rinzai-Schule in Japan, der bis zu seinem Tod regelmäßig in Begleitung einiger Mönche in Rütte Einkehr hielt, sollte der Jubiläums-Woche eine besondere Note verleihen. Im Berichtsband, der eine Reihe von Vortragstexten dokumentiert, berichtet Dürckheim:

Sein (Yuko Sekis) Auftreten bei der Jubiläumstagung wurde für alle Anwesenden zum Ereignis, weniger durch die kurzen Worte, die er über den Atem sprach, als durch die Demonstration seines wirkenden Schweigens. Es mögen zehn Minuten gewesen sein, daß der Meister ganz einfach dasaß mit der Front zum Publikum, in absoluter Unbeweglichkeit, im Schweigen. Es mögen 800 Personen gewesen sein, die diese Minuten als ein unvergeßliches Erlebnis mitnahmen: die Erfahrung dieses wirkenden Schweigens, das von einem Meister ausgeht, dessen menschliche Vollendung als eine in unbewegter Stille wirkende Kraft Hunderte von Menschen im Wesen trifft und in Bann schlägt, mehr als jede Rede es vermocht hätte.[237]

Ebenso beherzt wie beredt fiel die Laudatio aus, die Silvia Ostertag seitens der reichlich vertretenen Mitarbeiterschaft hielt. Rückhaltlos und mit dem ihr eigenen Schwung schilderte sie ihr Erleben, wie sie selbst vierzehn Jahre zuvor in Rütte – „halb angezogen, halb befremdet" – die ersten Schritte auf dem inneren Weg tat, wie befreiend sie beispielsweise bei Maria Hippius und Graf Dürckheim den Verzicht auf jede einengende Methode empfunden habe und sich später dann ermutigt fühlte, an der Seite ihres Mannes im Ostallgäu ein eigenes Zentrum aufzubauen, die „Bildungsstätte Seeg".

Daneben der ganz andere Eindruck, den die von der Zen-Meisterin Michiko Nojiri zelebrierte Teezeremonie bewirkte. In dieser Ökumene des Geistes durfte auch die enge Beziehung zur christlichen Tradition und Wirklichkeit nicht fehlen, aufgezeigt einerseits durch den Jesuiten Johannes B. Lotz, Professor an der päpstlichen Universität Gregoriana in Rom, andererseits durch den evangelischen Dekan Erich Leinert aus Heidelberg, beide je auf ihre Art „Dürckheims Schüler". Von einem „jubelnden Ausklang der Festwoche" spricht ein Pressebericht des Südkuriers in Konstanz. Sie fand ihre Krönung in einer musikalisch reich gestalteten Erntedankfeier.

Nachdem die Rütte Woche durch die Unterstützung vieler gelungen war, wandten sich Maria Hippius und Graf Dürckheim ihrerseits mit einer schriftlichen Danksagung an die Mitbürger: „Wir möchten insbesondere unserer Freude darüber Ausdruck geben, daß die Festwoche die Existential-psychologische Bildungs- und Begegnungsstätte Todtmoos-Rütte und die Bevölkerung von Todtmoos einander näher gebracht hat. Wir freuten uns über die rege Beteiligung der Todtmooser ..." Der Gemeinderat hatte der „Hauptstraße" von Rütte den Namen „Graf-Dürckheim-Weg" gegeben und damit auch auf diese Weise für öffentliche Anerkennung gesorgt. Viele Außenstehende hatten am Tag der offenen Tür die Gelegenheit wahrgenommen, einen Blick in das Rütte Graf Dürckheims zu werfen und sich von den Mitarbeitern die praktische Arbeit erläutern zu lassen.

Wie groß der eigenständige Anteil von Maria Hippius an dem Aufbauwerk dreier Jahrzehnte ist, wurde unabhängig von jener Rütte-Veranstaltungsreihe immer wieder verdeutlicht, unter anderem in einer Reihe von Interviews und Artikeln, die durch die Massenmedien verbreitet wurden, etwa durch die Wochenzeitung „Die Zeit" im November 1984 im Rahmen einer inzwischen als Buch erschienenen Artikelserie „Leitfiguren der Psychotherapie" oder durch die Illustrierte „Die Bunte", die 1985 das Gründerpaar von Rütte in einer Serie unter dem Titel „Die Seelenheiler" vorstellte. Das Zweite Deutsche Fernsehen präsentierte Graf Dürckheim in seiner Reihe „Zeugen des Jahrhunderts". Wieweit Maria Hippius' Werkanteil jedoch bereits in angemessener Weise öffentlich gewürdigt worden ist, darf bezweifelt werden. Jedoch findet in ihrer Ernennung zur Ehrenvorsitzenden der 1986 gegründeten Deutschen Transpersonalen Gesellschaft (DTG) das hohe Ansehen Ausdruck, das Maria Hippius weit über Rütte hinaus genießt. So war es – auch unter diesem Aspekt – ein längst fälliger Akt, daß die beiden Verwitweten, der Achtundachtzigjährige und die Sechsundsiebzigjährige, ihre Weg- und Werkgemeinschaft am 4. Juni 1985 durch Eheschließung auch nach außen dokumentierten: „Über ein halbes Jahrhundert Verbundenheit in Leben und Werk", so heißt es in der Anzeige, mit der sie ihren Entschluß bekanntgaben, „besiegeln wir mit unserer Trauung."[238]

Der äußere Anlaß war wohl ein denkbar schlichter. Verbürgt ist ein Dialog, in dem sich Graf Dürckheim an Maria Hippius mit der Frage wendet: „Maria, weißt Du eigentlich, warum wir nicht verheiratet sind?" – Antwort: „Du weißt doch, Karlfried; damals wollte ich nicht noch einmal heiraten." Gemeint ist das jahrelange Ausbleiben einer Nachricht über ihren vermißten Mann Rudolf Hippius. Darauf Karlfried: „Jaja, damals; warum sind wir aber heute nicht verheiratet?" – Maria: „Ich weiß auch nicht ..." Graf Dürckheim geht zum Telefon und läßt sich mit dem Standesamt in Todtmoos verbinden. Nach etwa drei Wochen sind die beiden auch vor dem Gesetz Mann und Frau.

Kurz zuvor, aus Anlaß von Dürckheims 87. Geburtstag, hatte die Gemeinde Todtmoos den „Meister von Rütte" zu ihrem Ehrenbürger ernannt. Als Bürgermeister Wolfgang Heuschmit im Todtmooser Rathaus den Ehrenbürgerbrief überreichte, gab der Geehrte dem feierlichen Akt auch eine persönliche Note: er erschien in den Schuhen, die er sich einst in den vierziger Jahren in Shanghai – anläßlich einer Exkursion von Japan aus – hatte machen lassen.

Ganz seinen alltäglichen Verpflichtungen hingegeben[239], setzte Graf Dürckheim seine Arbeit fort, bis ihm ein erster Herzinfarkt ein deutliches Haltezeichen setzte. Das geschah, wie berichtet, im November 1983 in Paris, wo Dürckheim, wie schon oft, zu Vorträgen und Beratung weilte. Die Genesung erfolgte verhältnismäßig rasch. Er kam bald wieder zu Kräften. Schon nach wenigen Wochen konnte der Halberblindete Klienten empfangen und in Rütte durch seine persönliche Präsenz wirken. Sehr viel bedrohlicher gestaltete sich jedoch der zweite Infarkt, der sich am 21. Juli 1986 ereignete. Diesmal zog sich die Rekonvaleszenz über längere Zeit hin. Ob Graf Dürckheim an seinem 90. Geburtstag gesund sein würde? Er selbst hoffte, diesen großen Tag erleben zu können.

Das Erstaunliche geschah: Erste kurze Spaziergänge im

September, für etwa zwei Stunden Teilnahme an der Hochzeitsfeier eines Mitarbeiterpaares. Das waren ermutigende Zeichen. Als um die Monatsmitte Schwester Toni aus München kam, vor allem auch um ihre Schwägerin Maria ein wenig zu entlasten, da hatte der Patient, bei dem es „auf und ab" ging, Zeiten des Wohlbefindens. Die Erinnerung an die gemeinsam verbrachte Kindheit lebte auf, wenngleich die mehr als zwölf Jahre jüngere Schwester ihre ersten Kindheitserinnerungen noch mit Schloß Bassenheim verband, wo sie 1909 geboren war. In den nächtlichen Träumen kehrt Dürckheim nach Steingaden zurück. Er erlebt, wie er mit dem Vater und den Brüdern zur Jagd ging, wie die Gutsangestellten jeden Morgen im „Schloß" antraten, um vom „Herrn Grafen" die Tagesarbeit zugeteilt zu bekommen. Noch ein ganz anderer Traum stellt sich in diesen Septembertagen ein: Dürckheim träumt von seiner eigenen Beerdigung. Aber wie seltsam: Im Traum trägt er selbst seine Urne in die Steingadener Johanneskapelle, die seit der Mitte des 19. Jahrhunderts den Dürckheims als Grablege dient.

Bisweilen fragt man sich, wie es um Graf Dürckheims Erinnerungen an die Zeit des Dritten Reiches und um dessen nachträgliche Bewertung bestellt gewesen sein mag. Manchmal rühren kleine alltägliche Anlässe an jene Vergangenheit in seinem Leben. Einmal ist vom rechten Sitzen die Rede, und auf seine Biographie bezogen, läßt er einfließen: „Ich bin oft zwischen den verschiedensten Stühlen gestanden, aber ich habe mich nirgends ‚gesetzt'." Deutlicher und wohl auch realistischer fällt das Wort aus, als er zusammen mit seinem Neffen Wolf Büntig verschiedenfarbige Seidenhemden in Augenschein nimmt. Da bemerkt er plötzlich: „Früher hab ich manchmal *braune* Hemden getragen, aber das war ein Fehler..."

Und da ist noch ein anderer Anlaß, den Blick in die ferne Vergangenheit der Familie zurückgleiten zu lassen: 1986 stellt die hundertste Wiederkehr des Todes von König Ludwig II. dar, dem Onkel Alfred einst als Adjutant gedient hatte. Der Ludwig-Film, den das Zweite Deutsche Fernsehen zu diesem Jahrestag wiederholt, wird für mehrere Tage im Doktorhaus zum bestimmenden Gesprächsstoff.

Bald geht Dürckheim für ein paar Minuten spazieren, von seinem Domizil bis zum nahe gelegenen „Hirschen" auf der einen oder zum letzten Haus von Rütte auf der anderen Seite. Ist jemand mit einem Auto verfügbar, läßt er sich gern ins benachbarte Bernau fahren, wo es einen besonders schönen Waldweg gibt und wo man auf ebenem Boden eine längere Strecke zurücklegen kann. Oft bleibt er stehen, aber nicht nur um auszuruhen, sondern um in die Stille des Waldes, auf den „Ton der Stille" zu hören.

Die Tage der Genesung sind auch Tage der Vorbereitung auf den Geburtstag. Dabei darf die Kurs- und Seminararbeit keine Unterbrechung erfahren. Das im zeitigen Frühjahr gedruckte, bis in den Herbst reichende Rütte-Programm sieht unter der Regie von Graf Dürckheim „Fragenbeantwortung und Aussprache" vor. Und tatsächlich steht er am 20. September bereits zu ersten Einzelgesprächen am Vor- und am Nachmittag zur Verfügung. Er nimmt an der gemeinsamen Meditation teil und beantwortet anschließend Fragen. Natürlich ist das alles noch recht anstrengend, aber das Lachen und den Humor hat der knapp Neunzigjährige noch nicht verloren. Die unfreiwillige Komik beim Erzählen jener längst bekannten Witze empfinden seine Freunde als „köstlich und herzerfrischend". Und seine Betreuerin bemerkt: „Er ist auch immer dankbar für jede kleinste Hilfe. Das bringt er auch stets zum Ausdruck. Nichts ist für ihn selbstverständlich, obwohl er selbst wie selbstverständlich da ist. Oft überspielt er mit eisernem Willen seine Schwächen ..."

An Abwechslung mangelt es auch jetzt nicht. Aus Paris ist eine kleine Gruppe eines französischen T'ai-Chi-Kreises angereist, dessen Leiter ein langjähriger Rütteaner ist. Ebenfalls aus Paris trifft der berühmte, durch seine Bücher auch in Deutschland bekannte Arzt Frédérick Leboyer („Geburt ohne Gewalt"; „Sanfte Hände" u. a.). ein. Er nimmt einen Kurs, den er in Freiburg abzuhalten hatte, zum Anlaß, um den Grafen wieder einmal zu sehen. – Positives läßt der Otto-Wilhelm

Barth Verlag, Dürckheims erster Verlag, verlauten. Die Absatzziffern haben sich gegenüber früheren Jahren merklich erhöht. Den „Renner" stellt das „Hara"-Buch dar, das stärker gefragt ist als früher. Übersetzungen ins Spanische und ins Dänische werden angekündigt. Das seit längerem vergriffene Buch „Der Ruf nach dem Meister" wurde zum Geburtstag neu aufgelegt.

24. September: Ferienstimmung in Rütte. Über dem Dorf liegt, bei herrlichem Herbstwetter, eine ganz ungewohnte Ruhe. Das ist typisch für diese Hochschwarzwaldgegend. Dafür findet das andernorts übliche Frühjahr hier selten statt. Diese Tage werden, wenn immer es möglich ist, zu Spaziergängen genutzt. Zum Vorlesen ist jetzt mehr Zeit. Seitdem Dürckheims Augenlicht so stark abgenommen hat, ist er davon abhängig, daß man ihn über einschlägige Neuerscheinungen informiert und dann das Gewünschte vorliest. Seit einiger Zeit steht „Der Weg des Tao" von J.C. Cooper auf dem Programm. Es handelt sich um eine Einführung in die altchinesische Weisheitslehre, ins „I Ging", sowie in das von Dürckheim seit den zwanziger Jahren so sehr geschätzte „Tao-te-king". Wieder und wieder läßt er sich die einzelnen Kapitel vorlesen, und offensichtlich nicht nur wegen altersbedingter Gedächtnisschwäche. Größere Tätigkeiten sind momentan nicht möglich. Daher muß die einmal in der Woche stattfindende „Einführung in die Meditation" entfallen, ebenso die „Aussprache und Fragenbeantwortung", zu der früher bis gegen einhundert Menschen oft von weit her kamen. Selbst die erste Morgenmeditation, Dürckheims Spezifikum, ist noch nicht wieder aufgenommen worden. Bei den Einzelgesprächen hingegen geschieht noch viel. Es ist die persönliche Präsenz, die „Strahlung", von der er einst so viel gesprochen und geschrieben hat, jene Strahlung, die unabhängig vom Gesagten und Sagbaren von ihm ausgeht. Die Menschen sind darüber oft sehr betroffen. Für seine Betreuerinnen ist das keine leichte Aufgabe, denn es gilt, die Grenze zu ziehen: Zum einen, daß er sich nicht zu sehr verausgabt, zum anderen, weil er das Gespräch und die menschliche Beziehung zum fragenden und suchenden Menschen braucht. Für ihn selbst ist es längst zu einer Art

Lebenselixier geworden. Oft ist es nur ein Wort, das er ausspricht, manchmal nur ein Still-Sitzen, ihm gegenüber. Allein schon die Atmosphäre um ihn ist es, was ins Innerste trifft. „So ist es mir früher oft ergangen", berichtet eine langjährige Mitarbeiterin; „allein in seiner Nähe, ohne Worte, war die Luft ‚rein', die Probleme wurden mit einem Male unwichtig ..."
Wer Graf Dürckheim näher kennt, weiß, wie dieses sein Bedürfnis nach lebendigem Gegenübersein zu verstehen ist. Es ist offenbar kein „Nach-außen-Gerichtetsein" wie manche meinen, auch kein „Festhalten", wie es manchmal den Anschein haben könnte. „Das ist seine ureigenste Auf-Gabe, die man ihm lassen muß, solange er selbst darin lebt, selbst wenn es – nach unserem Ermessen – zuviel wird und er schnell ermüdet. Seine innere Uhr weiß die zeitlose Zeit, das haben wir während der letzten Herzattacke erlebt, als er eigentlich schon aufgegeben war und er dann doch – gleichsam ‚ohne alles' – durchkam."

In manch eine schwierige Situation gerät die Begleiterin während eines Spaziergangs: Da kommt jemand entgegen, und er fragt: „Waren Sie schon bei mir? Nein? Na, dann gehen Sie doch ins Sekretariat und lassen Sie sich einen Termin geben ..." Natürlich kann er nicht mehr übersehen, daß der ihm zumutbare Terminkalender schon übervoll ist. Auch sind die Zeiten längst vorüber, wo jeder Gast zuerst zu ihm oder zu Maria Hippius kam, ehe er einem Mitarbeiter zugewiesen wurde. Jetzt heißt es, besonders haushälterisch mit den verbliebenen Kräften umzugehen.

Maria Hippius-Gräfin Dürckheim ist, mit ihren siebenundsiebzig Jahren, bei weitem überfordert mit den spezifischen Rütte-Problemen. Im Grunde ist nichts bloße Routine, alles ist in Bewegung, obwohl zuverlässige, eigenverantwortliche Mitarbeiter am Werk sind. Aber stets gibt es neue Aufgaben und auch Hindernisse, menschliche, sachbezogene, etwa auf dem Johanneshof oder beim „Projekt Bernau", wo ein neues Arbeitsfeld entstehen soll und unvorhergesehene bauliche Probleme zu lösen sind, die sie mit ihrem Mann kaum mehr besprechen kann. Auch sind schwierige Personalprobleme zu lösen. Etwa:

Wer soll die Zen-Ausbildung, die Führung der meditativen Übungen künftig in die Hand nehmen? Die älteren Mitarbeiter, die dafür in Frage kämen, haben Rütte inzwischen verlassen und in verschiedenen Orten eine eigene Praxis aufgebaut. Wohl sind „talentierte" jüngere Mitarbeiter vorhanden, aber für den konkreten Fall bedarf es einer Persönlichkeit mit entsprechender Reife, um aus einer spirituellen Souveränität heraus die große Verantwortung übernehmen zu können. Wo gibt es keine Eifersüchteleien, wo keine „Machtfragen"? Kurzum, Maria Hippius kommt aus dem Streß kaum heraus. Doch der „liegt" ihr offensichtlich. Es scheint ihrem Naturell zu entsprechen, stets mit einem gewissen Maß an alltäglicher Problematik konfrontiert zu sein und sie auch zu bewältigen. Dabei gesteht sie offen, wie wohl ihr etwa ein eintägiger Ausflug ins nahe Freiburg tut, oder wie gern sie sich zu einem Vortrag in die Münchner Dependance „Exist-Rütte" einladen läßt. Eine Erholung besonderer Art ist es natürlich, wenn die in München lebende Tochter mit ihren drei Kindern kommt. Auch für „Koka" bedeutet dieser Besuch großes Vergnügen – „Koka", so wurde der kinderlos Gebliebene von seinen „Enkelkindern" genannt, als sie noch klein waren. Das Wort ist gebildet aus O.K. für „Onkel" bzw. „Opa Karlfried".

Die Besucher-Stafette setzt sich fort. Angesagt hat sich unter anderen Dr. Karan Singh, der frühere indische Gesundheitsminister, der Dürckheim 1974 zu seinen beiden Reisen nach Indien eingeladen hatte. – Eine eigenartige Begebenheit trägt sich am 17. Oktober zu. Eine jüngere Frau kommt ins Haus, mit dem Vornamen „Enja", den Graf Dürckheims verstorbene erste Frau getragen hat. Wie sich im Gespräch herausstellt, hat die Besucherin keine Ahnung von Enja von Hattingberg. Auch sei sie schon immer auf ihren „einmaligen" Vornamen stolz gewesen. Sie weiß nur zu erzählen, daß ihre Eltern zu dieser Namensgebung angeregt worden seien. Sie hatten „Enja" auf der Todesanzeige einer ihr „unbekannten Gräfin" gelesen ... Und nun dieses merkwürdige Zusammentreffen!

Erste Geburtstagspost trifft in Rütte ein. Stanley Keleman, der einstige Schüler und alte Freund ruft aus Berkeley an. Die

Freude ist groß. Seitdem das Lesen und Briefeschreiben unmöglich geworden ist, bildet das Telefon die so wichtige Brücke zur Außenwelt. Trauernachrichten mischen sich dazwischen. Aus der Schweiz kommt die Mitteilung vom Tod des Arztes und Lebensberaters Paul Tournier, des Begründers von „Médicine de la Personne". Graf Dürckheim ist ihm sehr nahe gestanden. Schmerzliche Kunde auch aus Berlin und München von den schwer leidenden Freunden Wladimir Lindenberg und Pater Johannes B. Lotz, die beide beim Rütte-Jubiläum mitgewirkt hatten. Um so beglückender der Besuch von Pater Enomiya-Lassalle, der – von Tokio anreisend – bereits vor dem Infarkt, am 30. Mai, beim Ehepaar Dürckheim eingekehrt war und im Zendo für die Freunde und Gäste eine Eucharistiefeier gehalten hatte, das christliche Sakrament mit östlicher Spiritualität verbindend.

Zwanglos und wie von selbst kommt es immer wieder zu Begegnungen, etwa so: Das Fernsehen überträgt ein Gespräch zwischen dem bekannten Sportjournalisten Harry Valerien und Luise Rinser. Unter den ungezählten Zuhörern, die sich von der engagierten Schriftstellerin faszinieren lassen, ist das Ehepaar Marianne und Edmund Höldin aus Todtmoos-Rütte. Ihr Brief an die Autorin, verbunden mit der Einladung, doch auch einmal in dem abgelegenen Schwarzwalddorf zu lesen, findet die erhoffte Resonanz. Denn als Luise Rinser den Absendeort liest, erinnert sie sich sogleich des Grafen Dürckheim, den sie vor vielen Jahren in München kennengelernt hat. Und so kommt es nicht nur zur Autorenlesung, sondern anschließend auch zu einer angeregten Gesprächsrunde bei den Dürckheims mit Rütteanern, Einheimischen und Gästen. Luise Rinser gesteht: „Hier in Rütte ist man an der Quelle, und ich kann nur ein Glas Wasser reichen ..." Sie liest aus ihrem Buch „Mirjam", es ist die Geschichte von jener Maria Magdalena, die die Schriftstellerin immer wieder beschäftigt hat. Gefragt, woher sie, die nunmehr Sechsundsiebzigjährige, ihre Frische und ihre Kraft empfange, daß insbesondere viele junge Menschen das Gespräch mit ihr suchen, antwortet sie mit einem japanischen Sprichwort: „Ich schöpfe Wasser – ich trage Holz – wie wunderbar!" Keine Frage, das Wasser im Glas und jene Quelle, sie können einander nicht fremd sein ...

Zu den wichtigsten Begegnungen und Wiederbegegnungen des Jahres 1986 gehört zweifellos der Besuch von Ursula von Mangoldt, vor dem Geburtstag angesagt, jedoch erst am 15. November realisiert. Die nahe Freundin und erste Verlegerin Graf Dürckheims hatte sich trotz räumlicher Nähe von dem ihr „zu östlich" erscheinenden Freund mehr und mehr distanziert. Jahre hindurch gab es kaum eine Verbindung. Vom benachbarten Bad Säckingen kam sie nun mit ihrem Gefährten Wolf von Fritsch heraufgefahren, selbst vom Alter und von schwerer Krankheit gezeichnet, doch wie ihr Gastgeber auch jetzt noch schöpferisch tätig: ein erschütterndes Wieder-Auf einanderzugehen! Überwunden und vergessen sind die Mißstimmungen der vorausgegangenen Jahre. Ein äußeres Zeichen dafür ist die Übereinkunft, das einst gemeinsam konzipierte Buch „Der Mensch im Spiegel der Hand" nochmals herauszugeben. Es sollte aber nicht mehr dazu kommen; Ursula von Mangoldt starb bald danach.

24. Oktober 1986: Endlich ist der große Tag da. Graf Dürckheims Gesundheit hat sich so weit stabilisiert, daß er ein verhältnismäßig strapaziöses Festprogramm zu bestehen vermag. Um 7 Uhr 30 die meditative Stille mit Maria, um 8 Uhr grüßt der Chor der Rütte-Mitarbeiter, anschließend Frühstück, immer wieder unterbrochen von Glückwunsch-Telefonaten. Eine große Gratulationskur im sogenannten „Forum" mit allerlei Darbietungen, Reigentänzen, Musik und einer Reihe von Grußworten schließt sich an. Und das alles bei strahlendem Herbstwetter! Die politische Prominenz hat ihre Vertreter geschickt, weil gleichzeitig der König von Nepal in einem Nebenort von Herrischried zu Gast ist. Um Mittag legt das Ehepaar eine Pause ein, denn in Todtmoos steht am späten Nachmittag ein Kirchenkonzert mit reichhaltigem Programm bevor und am Abend wird der Bürgermeister, begleitet von der Todtmooser Musikkapelle, bei Fackelbeleuchtung vor dem Doktorhaus seine Aufwartung machen. Der Jubilar hat zuvor den Wunsch geäußert, auf Geschenke zu verzichten, statt dessen die Förde-

rungsgesellschaft der Bildungsstätte zu bedenken, damit zum Beispiel die Ausbildung weiterer Mitarbeiter ermöglicht werden könne. Das ist auch geschehen, dennoch häufen sich die Geschenke und Blumenpräsente in reichem Maße. Grußtelegramme und Geburtstagspost ungezählter „Ehemaliger", die sich für die erhaltene „Hilfe zur Selbsthilfe", für „Anstöße zur Wegfindung" bedanken. Auch Dürckheims Verleger wollen nicht nachstehen. Rudolf Streit-Scherz in Bern, der jetzige Verleger von O. W. Barth in München, läßt wissen, welchen inneren Bezug er zum Werk des Jubilars als dessen „Hauptverleger" habe. Sinnigerweise ließ er seiner Gratulation einen „neunzigjährigen Armagnac" beifügen. Die Gedenkartikel der Presse reichten von der Frankfurter Allgemeinen Zeitung bis zu der in Steingaden gelesenen Lokalzeitung, in der man der Dürckheim-Familie ehrend gedachte.

Von steifer Feierlichkeit konnte – dem Stil Rüttes folgend – bei diesem 90. Geburtstag nicht die Rede sein. Dem gab Norbert J. Mayer von „Exist-Rütte" in München in einer von Ernst und Humor durchsetzten Rede Ausdruck, indem er seine persönliche Erfahrung und Einschätzung des Dürckheimschen Werkes mit einfließen ließ: „Ob in Kalifornien, Indien oder Fernost – ich fand dort auch Meister und vieles war ‚interessant' – aber immer bin ich hierher zurückgekehrt, denn nirgendwo fand ich die Kategorien und Stufungen so klar vermittelt und nirgendwo empfand ich das Ringen um die *Person* des Menschen, um die Herzensmitte als Symbol der Menschwerdung so intensiv und wahrhaftig (auch wenn es manchmal nicht so aussieht). Was Du, Karlfried, mit Maria geschaffen hast für die Entwicklung des neuen Menschentums, wie es Maria nennt, ist ein Bindeglied in der goldenen Kette des transpersonalen Wachstums des Menschen ... Da – am Scheitelpunkt und Ende des 20. Jahrhunderts – setzet Ihr Euer Zeichen als Seher, dieses goldene Band erkennend. Wir sind die Zeugen und unsere Aufgabe ist: weiterzutragen ..."

Vom Fortgang des Begonnenen

Graf Dürckheims aktives Tätigsein reichte bis ins hohe Alter hinein. Dies bezeugen sogar die Programme für das Jahr 1986, die auch den Neunzigjährigen noch als Leiter bzw. als Mitwirkenden bei den täglichen Zen-Meditationen ausweisen. Dennoch: ein Prozeß schrittweiser Ablösung hatte Jahre zuvor eingesetzt, der Abschied schon begonnen.

Es war zur Jahreswende 1982/83 nach dem festlich begangenen dreißigjährigen Rütte-Jubiläum, als Maria Hippius den Kreis der Schüler, Mitarbeiter und Freunde auf die „vorsichtige und allmählich wachsende Übergabe der praktischen und geistigen Verantwortung" für die Bildungs- und Begegnungsstätte in Rütte aufmerksam machte. Diesen Hinweis bezog sie auch auf sich selbst, da sie sich, ebenfalls in vorgerücktem Alter, stärker auf die Forschungs- und Forumsarbeit konzentrieren mußte und nicht mehr wie bisher in jedem Fall für die wachsende Klientel zur Verfügung stehen konnte.

Im Laufe von mehr als drei Jahrzehnten hatte sich die Arbeit stark erweitert. Das geschah zum einen dadurch, daß das Themen- und Übungsangebot in Rütte selbst qualitativ wie quantitativ zunahm. Einen nicht geringen Anteil daran hatten auswärtige und ausländische Mitarbeiter – für die beiden Rütte-Begründer nicht selten ein Problem. Denn es kam ihnen entscheidend darauf an, die an sich bereichernden und erweiternden Beiträge im Blick auf die angestrebte Ganzheit zu integrieren. Zum anderen hatte Rütte dank seiner Breitenwirkung eine Reihe von Ablegern erhalten, deren Leiter- und Mitarbeiterkreise von Anfang an zwar ein hohes Maß an Eigenverantwortlichkeit praktizierten, aber auf den Rat und die gelegentliche bis häufige persönliche Präsenz der beiden Dürckheims konnte nicht verzichtet werden.

Die Frage wurde laut, ob das in der Abgeschiedenheit eines

kleinen Schwarzwaldtales Begonnene auch in der hektischen Atmosphäre einer Großstadt seine Lebensfähigkeit zu beweisen vermöge. Das mag einer der Gründe gewesen sein, weshalb einige derartige Versuche unternommen wurden. Seit Anfang 1977 gibt es „Exist-Rütte" in München-Schwabing, also dort, wo seit Jahrzehnten das kulturelle Herz der Weltstadt besonders lebhaft pocht. Die erste Bleibe bildete ein schöner denkmalgeschützter Altbau in einem Garten unweit der U-Bahnstation Dietlindenstraße. Das Haus bot mehrere Übungsräume für die Gruppen- und Einzelarbeit, in die sich etwa zehn in Rütte geschulte Mitarbeiter teilten. „Exist-Rütte an Münchens Ungererstraße 25 ist inmitten der Großstadt eine Insel des anderen Pols", schreibt Karin Reese in den „Nachrichten aus Rütte". „Es ist gerade durch seine exponierte Lage aber auch der Ort, an dem Tendenzen, die zunächst gegeneinander zu stehen scheinen, miteinander zu fruchtbarem Schwingen kommen könen. Bewährung in der Welt und Selbstfindung. Können und Ereignis, gezielter Stoß und Geschehen-Lassen. Die Betonung liegt bei der Münchener Arbeit naturgemäß auf der wechselweisen Durchdringung von Innen und Außen. Wir üben uns an der Grenze."[240] – Aus mancherlei Gründen wurde eine Übersiedlung an den ebenfalls im Münchner Norden, im Zentrum Schwabings, gelegenen Nikolaiplatz erforderlich. Seitdem hat sich die Arbeit dort eher noch vertieft und erweitert, wie etliche andere in München in Anlehnung an Rütte entfaltete Initiativen zeigen, zum Beispiel die in der Nikolaistraße 15 in Gang gebrachten Ausbildungsseminare, die Kurse in Personaler Leibtherapie, Atem- und Stimmpädagogik sowie Zen-Meditation (mit Abschluß-Diplom) auf der Grundlage der Initiatischen Therapie von Dürckheim-Hippius anbieten.

In unmittelbarer Nachbarschaft Rüttes, nur rund zwölf Kilometer entfernt in Herrischried-Großherrischwand, liegt der „Johanneshof". Das Anwesen, bestehend aus Haus, Hof und einem Hektar Garten- bzw. Ackerland, wurde ebenfalls 1977 von Maria Hippius eingerichtet, und zwar für Menschen, die für ihr persönliches Leben einen neuen Anfang machen wollen, die – ähnlich wie in Rütte – bereit sind, „ihr Leben von seinen Wurzeln her anzuschauen ... Im Rahmen einer Gruppe von Einzelnen, die in ihrer Zusammensetzung immer wieder wechselt, gibt sich der Johanneshof den Auftrag eines *Weltklosters auf Zeit* ... Wer auf den Johanneshof kommt, wird Gast-Schüler der Schule für Initiatische Therapie. Konkret bedeutet dies die Belegung von Einzel- und Gruppenstunden und damit die Eröffnung von gemeinschaftbildenden Erfahrungen, die in den tieferen Schichten der Persönlichkeit gemacht werden können. Wer bis zu seinem Kern vorstoßen und ihn durchstrukturieren möchte, wird sich hier gleichermaßen ein- und aussetzen ..."[241]

So ist der Johanneshof eine „Kommunität Einzelner". Jedoch kann es ihnen nicht darum gehen, sich lediglich „besser zu fühlen" oder in einer sympathisch empfundenen Kollektivgruppe aufzugehen, sondern daß sich der Einzelne am anderen als an einem Menschen erkennen lernt, der auf dem Weg ist, den das reale Leben mit seinen konkreten Forderungen darstellt.

So wie Exist-Rütte in München oder der Johanneshof sind noch zahlreiche andere Zentren unterschiedlicher Größe, auch unterschiedlicher Arbeitsweise entstanden, die teils in enger, teils in loser Verbindung zu Rütte stehen. So versteht sich das „Haus am Mauritz-Lindenweg" in Münster einerseits als Zentrum für geistliche und tiefenpsychologische Beratung und Begleitung unter Leitung von Benediktiner Pater Ludolf Hüsung mit der niederdeutschen Benediktinerabtei Gerleve; andererseits ist diesem Zentrum eine „Schule für Initiatisches Leben" integriert, die ähnliche Angebote wie die in Rütte üblichen macht und von dem Dürckheim-Schüler und Kunsttherapeuten Christoph Gerling geleitet wird.

Am Anfang der sechziger Jahre, also noch ehe die „Jugendrevolte der späten Sechziger" in Europa einsetzte, begann man von Rütte aus mit einer systematischen Arbeit mit Jugendlichen. Ermöglicht wurde diese mit Hilfe von Spenden von unternehmerischer Seite. Es entstand das Projekt „Mont Mery", einem Ort in Südfrankreich, wo Jugendliche miteinander leben lernen, unter ihnen psychisch Gefährdete, auch sogenannte Kommunarden, die da wie andernorts Formen eines gemeinsamen Lebens erproben wollten. Rosée de Pourtales, eine Nichte von Graf Dürckheim, stellte ihr unbewohntes und lange Zeit vernachlässigtes Schloß in Mont Mery zur Verfügung, ein geradezu ideales Betätigungsfeld für junge, einsatzbereite Menschen. Jeder konnte sich nützlich machen. Man renovierte Dach und Mauerwerk, beseitigte die alles überwuchernden Dornenhecken, grub eine Wasserleitung, versorgte das Schloß mit Elektrizität und im Laufe einiger Jahre waren alle zweiundzwanzig Räume bewohnbar gemacht. Maria Hippius bemerkt hierzu:

„Man lebte Tag und Nacht miteinander, in ständiger Bereitschaft zusammenzutreten, wenn die Glocke ertönte, um über wichtige Probleme Gedanken auszutauschen. Es kam im übrigen darauf an, die Arbeit ins Transpersonale zu heben, weil nur auf diesem Hintergrund den Grenzgängern eine Arbeit möglich war aus dem Absoluten heraus, ‚auf Tod und Leben‘, wo jeder sich aus der Tiefe seines Seins herausgerufen wußte ..."

Aus diesem Kreis wuchsen die ersten Mitarbeiter für die Weiterführung des Projekts. Man machte gemeinsame Fahrten in die traditionsreiche Landschaft um Toulouse, Albi, Carcassone, Narbonne, Béziers ... und erlebte: „Die Vergangenheit lebt noch", namentlich die der Albigenser und Katharer, die im frühen 13. Jahrhundert in einem zwanzigjährigen „Ketzerkreuzzug" mit Feuer und Schwert vernichtet wurden. Man stieg hinauf zum ca. 2300 Meter hohen Mont Ségur in den Pyrenäen mit der Ruine der letzten Katharer-Zuflucht. Maria Hippius spricht von einem Gemeinschaftsleben „in nicht begrenzter Raumzeitlichkeit – diese jungen Leute wurden Träger für eine Arbeit mit initiatischen Zielsetzungen, auch und gerade bei medizinisch diagnostizierter Schizophrenie. Ein großer Prozentsatz sogenannter Schizophrener gesundete durch Rückbindung an den Wesenskern."

Als eine Ergänzung zu Rütte wie zu dem in Umbrien gelegenen Monte Pecorone begreift sich das Forum „Spiel mit im Spiel" in Bernau-Riggenbach, ebenfalls im Südlichen Hochschwarzwald angesiedelt. „Spiel mit im Spiel" orientiert sich an den Ursprüngen des Theaters, an mittelalterlichen Mysterienspielen, aber auch an japanischen No-Spielen sowie an den von Stanislawski und Bert Brecht entwickelten Methoden – an Elementen, durch die Einzelne angeregt werden sollen, zu einer eigenen Spielform als Ausdruck der Kreativität und Ganzwerdung zu gelangen. Die Aktive Imagination C. G. Jungs und das Psychodrama finden mit Urformen menschlichen Handelns und Gestaltens, das heißt in Spiel, Tanz, Ritual, im Einsatz von Stimme und Maske eine schöpferische Synthese. Auch hier wird die Öffnung des Menschen durch das Personale hindurch zum Transpersonalen hin angestrebt. Jedoch hat diese Variante des initiatischen Übungsweges den Schwerpunkt vom Therapeutischen zum Kreativen als einer anderen Weise der Selbstverwirklichung verlagert, bei der Spiel und Darstellung den Charakter eines Weges bekommen.

Als Zentrum für „Initiatisches Wachsen" entstand am 1. Juli 1984 „Temenos". Hier ist das Charakteristikum der Zusammenklang von Leben und Arbeiten im Rhythmus von Tätigsein und Ruhen, von Fasten und Feiern, von Wendung nach innen wie nach außen, wobei der „Alltag als Übung" vollzogen werden soll. Temenos liegt etwa neun Kilometer von Aachen entfernt in der Nähe der holländisch-deutschen Grenze und wird teils von niederländischen, teils von deutschen Mitarbeitern betrieben, mit regelmäßigen Gruppenaktivitäten und Kursen (Geführtes Zeichnen, Personale Leibtherapie, Gespräch u. a.), aber auch im Angebot von Einzelstunden oder im Rahmen eines individuell gestalteten Urlaubsaufenthaltes.

Zu einer Anzahl weiterer Neugründungen gehört das „Haus Feldweg" im oberfränkischen Bammersdorf, südlich von Bamberg, das sich an Menschen wendet, die bereit sind, ihre persönlichen Lebenskrisen anzugehen und u. a. in ökologischen Einkehrtagen eine neue Beziehung zur Natur stiften zu helfen. Tiefenpsychologie, religiös-meditative und kulturelle Beiträge ergänzen das Programm des Hauses „Feldweg".

Abseits des städtischen Getriebes arbeiten auch seit den siebziger Jahren Silvia und Albrecht Ostertag. Die beiden langjährigen Schüler von Graf Dürckheim und Maria Hippius kommen von der Musik (Gesang, Cello) her. Ihr Zentrum für aktiv-meditative Selbsterfahrung liegt auf den Höhen des östlichen Allgäu zwischen Seeg und Roßhaupten. Ähnlich wie der mit eigenem Institut im oberbayrischen Penzberg-Zist arbeitende, mit Rütte von Fall zu Fall kollaborierende Arzt Wolf E. Büntig üben sie eine weithin ausstrahlende, auch von der Landbevölkerung akzeptierte Wirksamkeit aus.

Über diese und ähnliche Einrichtungen mit verschiedenen Schulungs- und Therapiemöglichkeiten hat sich in den letzten Jahren ein immer dichter werdendes Netz sogenannter „Kontaktstellen" über die Bundesrepublik hin knüpfen lassen. Dazu kommen weitere Bezugspunkte und Institutionen im Ausland, insbesondere in Frankreich, Italien, Belgien, Holland, in der Schweiz sowie in Ecuador. Im übrigen ist nicht zu übersehen, daß die Arbeit in Rütte und darüber hinaus durch Übersetzungen der Schriften Graf Dürckheims in verschiedene europäische Sprachen einen zunehmenden Bekanntheitsgrad erlangt hat. Und das Interesse wächst weiter, wie auch an der sich weltweit verbreitenden Transpersonalen Psychologie, die tiefenpsychologisch-therapeutische Elemente mit spirituellen Sichtweisen und Praktiken verbindet. Sie bezieht die Initiatische Therapie von Dürckheim/Hippius naturgemäß ein, zumal deren Werk vom Ansatz her, das heißt: ehe von Transpersonaler Psychologie überhaupt die Rede sein konnte, auf die west-östliche wie auf die psychologisch-spirituelle Synthese angelegt war.[242] Daß der deutsche Zweig der Gesellschaft für Transpersonale Psychologie Maria Hippius-Gräfin Dürckheim im Frühsommer 1986 zur Ehrenpräsidentin ernannte, entsprach daher einer inneren Folgerichtigkeit. Dies zeigt auch die von Rüdiger Müller 1977 im zwei Jahre zuvor gegründeten „California Institute of Transpersonal Psychology" in San Francisco gemachte Entdeckung, daß dort Graf Dürckheims Buch „Der Alltag als Übung" (englisch: „The way of transformation – daily life as spiritual exercise") zur Basislektüre in der Ausbildung zum transpersonalen Therapeuten gehört.

Für den Fortgang des in Rütte Begonnenen gibt es schließlich viele Hinweise, vor allem innerhalb der zeitgenössischen

Meditations und Therapiebewegung, Hinweise, die sich in der allgemeinen Publizistik widerspiegeln, wo Graf Dürckheim und auch Maria Hippius wieder und wieder als Gewährsleute genannt werden. So kann es nicht verwundern, wenn man sich selbst außerhalb der engeren Schülerschaft Dürckheims auf Rütte beruft.

Dies trifft – mit Einschränkungen – auch auf die in Belgien ansässige Holländerin Hetty Draayer zu, die in den sechziger Jahren in schwerer Krise und Krankheit zum erstenmal zu Graf Dürckheim nach Rütte kam, woraus eine lebendige freundschaftliche Verbindung erwuchs. Ihre eigene, inzwischen ständig wachsende Arbeit als Wegbegleiterin, Meditationslehrerin und Heilerin ist zwar nicht einfach eine Fortentwicklung des in Rütte Erfahrenen, jedoch gibt es unverkennbare Berührungspunkte. Hetty Draayer gegenüber verstand sich Dürckheim nicht nur als der Gebende. Im Vorwort zu einem ihrer inzwischen auch deutsch vorliegenden Bücher bekennt der einst Belehrende und Ratende, welch nachhaltige Erfahrungen er selbst mit den Übungen von Hetty Draayer gemacht habe:

Seit vielen Jahren bin ich einmal im Jahr für eine gewisse Zeit bei ihr gewesen und habe mich ihrer Führung anvertraut. Ich war immer überrascht, wie das von ihr geführte Hindurchgehen durch den ganzen Leib eine nicht nur physische, sondern auch seelisch-geistige Erneuerung bringt. Es ist, als ob jeder Teil unseres lebendigen Leibes eine eigene besondere Weisheit enthielte, deren Bewußtwerdung die Übungen von Hetty Draayer ermöglichen.[243]

Dieses Wort des Hinweises auf die leiblich-seelisch-geistige Erneuerung des Menschen bringt noch einmal das zentrale Anliegen im Werk von Karlfried Graf Dürckheim und seiner Lebens- und Arbeitsgefährtin zum Ausdruck. Wie aber wird der Erneuerungswille der beiden Begründer von Rütte angesichts der besprochenen expandierenden und sich verselbständigenden Bestrebungen zu erhalten sein? Was wird aus der geistigen Hinterlassenschaft dieser beiden Menschen? Wird etwa ein „Rütteanismus" entstehen, dessen Vertreter auf die Worte der Meister schwören, indem sie deren Gesten und

Eigenheiten nachahmen? Oder wird es gelingen, das ursprünglich Intendierte, das über mehr als drei Jahrzehnte Praktizierte zu erhalten?

Wer so fragt, der übersieht leicht, daß alles auf der Ebene des raum-zeitlichen Lebens Geschaffene den Gesetzen der Veränderung unterliegt und daß jedes Festhaltenwollen Tendenzen der Verhärtung anheimfällt. Es kann und darf keinen Ewigkeitswert beanspruchen. Natürlicherweise wird es sich einer fortdauernden Konservierung entziehen. Was Dürckheim einmal im Blick auf die Psychologie und Psychotherapie des Alterns gesagt hat, daß es gelte, das im Leben Errungene auch wieder loslassen zu lernen, das läßt sich auch auf das Lebenswerk von Dürckheim-Hippius übertragen: Es geht um die „befreiende Verwandlung",[244] um das Eingeständnis einer fortschreitenden Wandlungsbedürftigkeit jener „geprägten Form, die lebend sich entwickelt".

Am 28. Dezember 1988 verstarb Karlfried Graf Dürckheim, 92 Jahre alt, in Todtmoos-Rütte. Drei Tage später wurde er in der St. Johanneskapelle, der Grablege der Familie, neben dem Münster von Steingaden/Oberbayern bestattet.

Sein Tod und die durch mancherlei Altersleiden während der letzten Lebensjahr eingeschränkte Leistungsfähigkeit vermochte das von ihm begonnene Werk nicht einzugrenzen. Die von ihm und seiner initiativen Lebensgefährtin Maria Hippius-Gräfin Dürckheim gegebenen Impulse wirken heute in vielfältiger Weise fort. Das geschieht einerseits in der geschilderten Weise in Rütte selbst, sodann in den von zahlreichen Dürckheim-Schülerinnen und -Schülern geleiteten Zentren, wo der existenzialpsychologisch-meditative Ansatz innerhalb und außerhalb von Deutschland in jeweils individueller Weise weitergeführt wird. Differenzierungen und unterschiedliche Akzentsetzungen ergeben sich von Ort zu Ort. Sie sind durch die Persönlichkeitsprägungen der betreffenden Mitarbeiterschaft bestimmt. Da es nicht um eine bloße Weitergabe von Dogmen oder genormten Vorgehensweisen gehen kann, kommt die von den betreffenden jeweils erlangte Eigenerfahrung und Erkenntnisqualität zum Tragen.

Von daher ergibt sich eine Vielfalt an Darstellungsformen und Übungsangeboten. Zum Einsatz kommen verschiedene Medien der Initiatischen Therapie. Es handelt sich um Übungswege, die einander ergänzende, den Prozeß der Reifung (Individuation) fördernde Methoden zur Anwendung bringen. Sie entstammen teils der westlichen, teils der fernöstlichen Tradition. Zu den in Rütte von Anfang an vollzogenen Übungen gehört das Sitzen in der Stille, die Meditation im Geiste des Zen, die gegenstandslose Kontemplation. In der sogenannten Leibtherapie bemüht man sich um Gewahrwerden und Durchformung leibhafter Ganzheit, mit deren Hilfe körperliche Blockaden und Fehlhaltungen überwunden werden sollen; Formungsprozesse des Bewußtseins sind, wie schon erwähnt, im „Geführten Zeichnen" darzustellen; andere Medien stellen das kunsttherapeutische Malen, der Umgang mit Tonerde, Musiktherapie, kultischer Tanz und Bewegung, Psychodrama oder räumlich-plastisches Gestalten dar. Das analytische Gespräch hat in diesem Rahmen ebenso seinen Platz wie eine Reihe von östlichen Exerzitien wie Tai-Chi-Chuan, Aikido oder die Fechtgebärde als ein Weg zum Heilwerden der Person. Praktisches Arbeiten in Haus und Garten ist einbezogen.

Wenngleich der nichtverbale Vollzug und die disziplinierte Einübung im Vordergrund stehen, ist auch die literarische Wirkung bzw. Nachwirkung Dürckheims nicht zu unterschätzen. Seine einzelnen Bücher und Vortragstexte sind in zahlreichen Ausgaben greifbar. Von ihnen liegen seit Jahren eine Reihe Übersetzungen vor. Darüber hinaus hat sein Gedankengut vielerorts, auch außerhalb der unmittelbaren Schülerschaft Aufnahme gefunden, beispielsweise in dem von Dürckheim mitbegründeten „Frankfurter Ring" in Frankfurt am Main, in dem von dem Dürckheim-Schüler Willi Massa geführten Ökumenischen Zentrum für Meditation und Begegnung Neumühle in Mettlach-Tünsdorf/Saar oder an der staatlich anerkannten Fachhochschule für Kunsttherapie in Nürtingen sowie in einer Reihe von Meditationshäusern unterschiedlicher geistiger Ausrichtung. Wie bekannt, gelang es dem Begründer von

Rütte, bis in kirchlich bzw. christlich orientierte Zusammenhänge hinein Anregungen zu geben, die sich im geistlichen Leben z.B. von Ordensangehörigen als fruchtbar erwiesen haben.

Grundsätzlich kann gelten: Die von Graf Dürckheim und seinem wachsenden Schülerkreis immer wieder apostrophierte „Transparenz für Transzendenz" wird sich anders nicht verwirklichen lassen, als daß die am gemeinsamen Werk Tätigen bereit bleiben, gerade auch ihre eigenen Formen und Formeln um jener „befreienden Verwandlung" willen zu transzendieren, der Karlfried Graf Dürckheims Leben entsprechen wollte.

Anhang

Rechenschaft und Danksagung

Beim Zustandekommen dieser Biographie haben viele mitgeholfen, denen ich an dieser Stelle danken möchte.

Die Anregung zur Abfassung des Buchs erhielt ich durch meine Lektorin, Frau Dr. Hildegard Milberg, nachdem im Kösel Verlag meine C. G. Jung-Biographie erschienen war und weitere einschlägige Arbeiten dort zur Veröffentlichung standen (u. a. „Heilige Hochzeit"; „Rudolf Steiner"). Frau Milberg verdanke ich auch erste Hinweise auf mögliche Quellen und persönliche Kontakte.

Prof. Dr. Karlfried Graf Dürckheim und Frau Dr. Maria Hippius-Gräfin Dürckheim stimmten dem Vorhaben nicht nur vorbehaltlos zu, sondern empfingen mich auch zu ausführlichen Interviews und stellten zusätzliche Materialien zur Vefügung. Frau Helen Gleiss sorgte für den ständigen regen Briefkontakt zwischen Rütte und mir. Aus ihrer langjährigen Mitarbeit heraus waren ihr viele Hinweise und Informationen möglich. Dr. Wilfried Graf Dürckheim (der Bruder) und Frau in München sowie deren Sohn Alexander Graf Dürckheim in Celle leisteten wertvolle Hilfe, indem sie mir die erforderliche Einsicht in das reichhaltige Familienarchiv gestatteten, das im Landesarchiv in Speyer untergebracht ist.

Recherchen in Steingaden/Obb., München, Bassenheim bei Koblenz, ferner im politischen Archiv des Außenamtes in Bonn kamen zu den zahlreichen brieflich und telefonisch eingeholten Auskünften hinzu. Da persönliche Aufzeichnungen, Briefe und dergleichen von Graf und Gräfin Dürckheim durch Kriegseinwirkung bzw. durch Flucht vernichtet worden sind, wurde das Aufspüren und Zusammenfügen selbst kleinster Details unerläßlich. Soweit es die z. T. schwierige Quellenlage zuließ, konnten persönliche Erinnerungen verifiziert, bisweilen auch korrigiert werden.

Persönlich danke ich für mancherlei Hilfen folgender Persönlichkeiten:

Gerhard Adler vom Südwestfunk in Baden-Baden; Pfarrer Klaus Bambauer, Wesel; Dr. Manfred Bergler, Schwarzenbach/Mfr.; Dr. med. Wolf-E. Büntig, Penzberg-Zist; Archivdirektor Dr. Debus.

Landesarchiv in Speyer; Frau Hetty Draayer, Spa-Balmoral/Belgien; Frau Gisela Dreher-Richels, Ochsenschwang; Pater Hugo M. Enomiya-Lassalle S.J., Tokio; Herrn Heine, Stadtverwaltung Bad Dürkheim; Dr. Sigfrid Hofmann, Steingaden; Marten Houtman, Amsterdam; Dr. Werner Huth, München; Frau Cordula Jungkunz, Nürnberg; Frau Dr. Maria Keipert, Auswärtiges Amt/politisches Archiv, Bonn; Dr. Herbert Kessler und Frau, Humboldt-Gesellschaft Mannheim; Frau Conny Kleyn, Köln; Prof. Dr. Adolf Köberle, München, Frau Christa Köster-Seelbach, Hannover; Friedrich Kroeger, „Frankfurter Ring", Königstein/Ts.; Frau Hilde von Lossow, München; Frau Dr. Ursula von Mangoldt (†), Bad Säckingen; Dr. Dr. Friso Melzer, Königsfeld-Burgberg; Dr. Henning von der Osten, München und Riedering/Obb.; Albrecht und Silvia Ostertag, Seeg; Dr. Jürgen Real, Bundesarchiv in Koblenz; Roland Ropers, Düsseldorf; Abt Fidelis Ruppert O.S.B., Abtei Münsterschwarzach/Ufr.; Frau Prof. Dr. G. Schwendler, Archiv der Karl-Marx-Universität Leipzig; Frau Erika Weinhandl-Reiser, Ilz (Steiermark)/Österreich; Frau Christa Well, Adelsheim; Pater Friedrich Wulf S.J., München.

Da ich selbst nicht Auto fahre, hat mich meine liebe Frau Else zu den Interviews, Archiven etc. kutschiert. Ihr danke ich auch die erste kritische Lektüre des Buchmanuskripts.

Schließlich gilt mein Dank der Klopstock-Stiftung in Hamburg, die zur Finanzierung der für die Recherchen erforderlichen Reisen und Archiv-Aufenthalte wesentlich beitrug.

Schwarzenbruck bei Nürnberg, September 1987

Gerhard Wehr

Anmerkungen

1 Persönliche Mitteilung Karlfried Graf Dürckheims.
2 Leben und Wirken, 53f. (Typoskript von Wilfried Graf Dürckheim).
3 Die Rechnungen über den von Dürckheims gestifteten Lazarettzug, insgesamt 137 Blatt, liegen im Familien-Archiv in Speyer (C 59/393, 2).
4 Leben und Wirken, 59.
5 Autobiographischer Bericht, S. 18.
6 Am 14.1.1915: Fähnrich; 31.5.15: Leutnant; 3.10.1915: Kompanieführer.
7 Der Weg, die Wahrheit, das Leben. Erfahrungen auf dem Weg zur Selbstfindung. Gespräche über das Sein mit Alphonse Goettmann. Bern–München 1981, Elf.
8 Weitere Feldpostkarten dieser Art enthält das Archiv.
9 Leben und Wirken, 62.
10 Erlebnis und Wandlung, 28. (Sofern nicht anders angegeben, handelt es sich um Buchtitel Dürckheims.)
11 A.a.O., 29.
12 Teilhard de Chardin: Tagebücher I. Olten–Freiburg 1974, 148.
13 Ders.: Lobgesang des Alls. Olten–Freiburg 1964, 67.
14 Ders. zit. bei Günter Schiwy: Teilhard de Chardin. Sein Leben und seine Zeit, Bd.I. München 1981, 258.
15 Zusammenfassung des Berichts in: Rudolf von Kramer/Otto von Waldenfels: Der königlich-bayrische Militär-Max-Josephs-Orden. München 1966, 286.
16 Laut Auszug aus der Kriegsrangliste für Karlfried Graf Dürckheim; eine Kopie enthält das Familienarchiv in Speyer.
17 Erlebnis und Wandlung, 30f.
18 Überweltliches Leben in der Welt. Weilheim 1968, 33.
19 Militärische Papiere für die Zeit 1913–1918, im Familienarchiv: C 59/397.
20 Wilfried Graf Dürckheim berichtet davon, vgl. Leben und Wirken, 73 ff.
21 A.a.O., 77; dort auch Faksimile des Briefs von Friedrich Ebert an Friedrich Graf Dürckheim.
22 Erlebnis und Wandlung, 32.
23 In den Militärpapieren: C 59/398.
24 Anläßlich seiner persönlichen Schilderung am 22. Mai 1986 in Rütte erklärte Dürckheim: „Graf Arco war mein Adjutant"; dies muß jedoch auf einem Irrtum beruhen.
25 Persönliche Mitteilung.

26 Desgleichen.
27 Erlebnis und Wandlung, 33.
28 Der Weg, die Wahrheit, das Leben, 53.
29 Erlebnis und Wandlung, 32, Fußnote.
30 Erlebnis und Wandlung 32.
31 Belege im Familienarchiv: C 59/399 f.
32 Erlebnis und Wandlung, 33.
33 Meditieren, wozu und wie. Die Wende zum Initiatischen. Freiburg 1976, 43.
34 Gerda Walther: Zum anderen Ufer. Vom Marxismus und Atheismus zum Christentum. Remagen 1960, 185 ff.
35 Diese Angabe dürfte auf einer Verwechslung mit der Zeit nach dem Zweiten Weltkrieg beruhen. Um 1919/20 war Guardini, von seinem Büchlein „Vom Geist der Liturgie" (1918) abgesehen, kaum bekannt. Er tat Dienst als Kaplan in Mainz; vgl. Hanna-Barbara Gerl: Romano Guardini 1885–1968. Leben und Werk. Mainz 1985, 107 ff.
36 Erlebnis und Wandlung, 35.
37 Im Zeichen der Großen Erfahrung. Studien zu einer metaphysischen Anthropologie. München-Planegg 1951.
38 Erlebnis und Wandlung, 36.
39 Jean Gebser: Vermutungen über das unerschaffene Licht, in: Transzendenz als Erfahrung, 318. Vgl. Gerhard Wehr: J. Gebser-Biographie, 1996 i. V.
40 Erlebnis und Wandlung, 36.
41 A. a. O., 36 f.
42 Der Weg, die Wahrheit, das Leben, 48.
43 Der Ruf nach dem Meister. München 1972, 81.
44 Vgl. Johann Fischl: Ferdinand Weinhandl, Lebensweg und geistige Entwicklung, in: Gestalt und Wirklichkeit. Festgabe für Ferdinand Weinhandl, hrg. von Robert Mühlher und Johann Fischl. Berlin–München 1967.
45 Karlfried Graf Dürckheim in: Gestalt und Wirklichkeit.
46 Gustav Landauer (1903), zit. in: Freiheit und Gelassenheit. Meister Eckhart heute hrg. von Udo Kern. München–Mainz 1980, 185.
47 Ferdinand Weinhandl: Meister Eckehart im Quellpunkt seiner Lehre. Erfurt 1923; 1926.
48 Ignatius von Loyola: Die geistlichen Übungen. Eingeleitet und übertragen von Ferdinand Weinhandl. München 1921 (Katholikon 1).
49 Erlebnis und Wandlung, 38.
50 A. a. O., 37.
51 Ferdinand Weinhandl: Über Verwandlung, in: Transzendenz als Erfahrung, 179.
52 Original des Lebenslaufs im Archiv der Karl-Marx-Universität Leipzig (PA 424).
53 Erlebnis und Wandlung, 38.
54 A. a. O., 39.
55 Autobiographischer Bericht (vgl. Anm. 34).

⁵⁶ Erlebnis und Wandlung, 40.
⁵⁷ Persönliche Mitteilung von Graf Dürckheim.
⁵⁸ Leben und Wirken, 96.
⁵⁹ Friedrich Sander und Johannes Rudert haben Beiträge zu Dürckheims Festschrift „Transzendenz als Erfahrung" beigesteuert.
⁶⁰ Vgl. Theodor Herrmann: Ganzheitspsychologie und Gestalttheorie, in: Die Psychologie des 20. Jahrhunderts, Band I. Zürich 1976, 573–658.
⁶¹ Dieter Wyss: Die anthropologisch-existentialontologische Psychologie, a. a. O. Bd. 1, 464 ff.
⁶² Erlebnis und Wandlung, 40 f.
⁶³ Vgl. den Lebenslauf von ca. 1929 (Anm. 109).
⁶⁴ Maria Hippius in: Transzendenz als Erfahrung, 15 f.
⁶⁵ Die im folgenden referierten bzw. zitierten Habilitationsunterlagen befinden sich im Original im Archiv der Karl-Marx-Universität Leipzig (PA 424).
⁶⁶ Erlebnis und Wandlung, 41.
⁶⁷ A. a. O.
⁶⁸ Leben und Wirken, 116 f.
⁶⁹ A. a. O., 120.
⁷⁰ Was Dürckheims Mitgliedschaft in der paramilitärischen SA betrifft, so handelt es sich im Sinne ihres (Mit-)Begründers und Organisators Ernst Röhm zumindest in den Anfangsjahren um einen von der NS-Parteiorganisation relativ unabhängig gehaltenen Wehrverband (vgl. A. Werner: SA und NSDAP. Erlangen–Nürnberg 1964). Dürckheims Interesse an der SA zu Beginn der dreißiger Jahre läßt sich sodann von der Tatsache ableiten, daß der auf Befehl Hitlers 1934 ermordete Röhm in derselben Einheit von Franz Ritter von Epp als Hauptmann fungierte, in der Dürckheim den Rang eines Leutnants bekleidete.
⁷¹ Persönliche Mitteilung Graf Dürckheims.
⁷² Walter Del-Negro: Die Philosophie der Gegenwart in Deutschland. Leipzig 1942, 63.
⁷³ Ernst Krieck: Völkisch-politische Anthropologie als Kernstück der Wissenschaft (1936), in: Walter Hofer (Hrg.): Der Nationalsozialismus. Dokumente 1933–1945. Frankfurt 1957, 99 f. (Fischerbücherei 172).
⁷⁴ Hans Hofer: Die Weltanschauungen der Neuzeit; 1933, 5.
⁷⁵ Erlebnis und Wandlung, 42.
⁷⁶ A. a. O., 82 f.
⁷⁷ Karlfried Graf Dürckheim: Nationalerziehung und Lehrerbildung. Sonderdruck aus: Deutsches Volkstum, hrg. von Wilhelm Stapel. Hamburg 1932, 5 f.
⁷⁸ Deutsches Adelsblatt vom 15. Juli 1933, Nr. 29.
⁷⁹ Schleswig-Holsteinische Schulzeitung. Amtliches Organ des NS-Lehrerbundes Gau Schleswig-Holstein, Nr. 46, vom 18. November 1933.
⁸⁰ Karlfried Graf Dürckheim: Deutsche Erziehungsaufgaben in Ubersee, in: Schleswig-Holsteinische Schulzeitung, Nr. 25, vom 22. Juni 1935.

81 Da ich den für Dürckheims Auftraggeber bestimmten Berichtstext im Archiv nicht vorfand, zitiere ich nach Dürckheims Reisetagebuch: C 59/1002.
82 Klaus Hildebrand: Vom Reich zum Weltreich. Hitlers NSDAP und die koloniale Frage 1919–1945. München 1969, 363 ff.
83 H. A. Jacobsen: Nationalsozialistische Außenpolitik 1933–1938. Frankfurt-Berlin 1968, 272.
84 Persönliche Mitteilung von Frau Cordula Jungkunz-Nobiling.
85 Persönliche Mitteilung von Graf Dürckheim.
86 Desgleichen.
87 Ein Großteil der Akten umfaßt Berichte von politischen Verbindungsleuten. Sie liegen im politischen Archiv des Außenministeriums in Bonn.
88 Erlebnis und Wandlung, 42.
89 Das Manuskript zu Dürckheims „Erfahrungen in der Auslandsarbeit im Dienste der deutschen Erziehung" liegt in mehreren Durchschlägen, z. T. unvollständig, mit einigen handschriftlichen Notizen im Archiv vor: C 59/408 (ca. 350 Blatt). Was Dürckheims Aktivitäten im Ausland betrifft, so teilt der Neffe Alexander Graf Dürckheim mit, was er von seinem Vater darüber nachträglich erfahren hat. Am 22. November 1987 schreibt er hierzu: „In den dreißiger Jahren war Enja die treibende Kraft im politischen Leben Karlfrieds, sie hatte offenbar den größeren Ehrgeiz. Nach Karlfrieds Tätigkeit in London (Auftrag war festzustellen, wie die Stimmungslage in England im Verhältnis zur Politik des Dritten Reiches war) kam die (jüdische) Großmutter ans Tageslicht und er sollte aus den Diensten entlassen werden. Karlfrieds Proteste und Gespräche mit und bei Ribbentrop und Kultusminister Rust ergaben zwei alternative Angebote an ihn: entweder Betreuung der deutschen Jugendorganisationen im Ausland oder Forschungs- und Lehrauftrag in Japan jedenfalls aber ein dauernder Aufenthalt im Ausland. Nach intensiven Gesprächen, insbesondere auch mit meinem Vater [Wilfried Graf Dürckheim], entschied sich Karlfried für Japan."
90 Die Tagebuchaufzeichnungen der ersten Japan-Reise liegen handschriftlich (C 49/405) und maschinenschriftlich (C 59/411) samt Fotos, Terminplan, Zeitungsausschnitten u. ä. im Archiv.
91 U. a. vertraulicher Bericht über „Japans innere Kraft" im Archiv: C 59/410/1 (242 Blatt).
92 Vgl. dazu Graf Dürckheims Bericht in der ersten Nummer des ersten Jahrgangs der Zeitschrift „Der deutsche Erzieher im Ausland", vom 18. Januar 1939, herausgegeben von der Gauverwaltung des NS-Lehrerbundes, Gau Ausland. Danach gab es zum fraglichen Zeitpunkt zwar nur zwei deutsche Schulen in Japan: in Tokio und Kobe, aber in jeder Provinzhauptstadt fungierte ein Lehrer als Deutschlehrer, speziell an den Schulen, die für den Besuch der Universität vorbereiten. Von daher ergab sich die „Zweckmäßigkeit" einer eigenen Auslandsorganisation des NS-Lehrerbundes in Japan. – Vor der 4. Jahrestagung der

NSLB-Landesgruppe referierte neben Dürckheim ein deutscher Japanologe und Parteigenosse Dr. Hammitzsch. Die Tagung schloß (lt. Aufzeichnung des Berichts aus Tokio vom 1. September 1938) mit dem in jenen Jahren üblichen Gelöbnis: „Wir verpflichten uns, jeder an seinem Platz, unsere ganze Kraft einzusetzen für das Wohl des Vaterlandes und die Ziele unseres Führers Adolf Hitler."

93 Vgl. Lorenz Stucki: Die Kunst, mit dem Herzen zu denken. Japan oder das Geheimnis der anderen Lebensart. Bern–München 1984, 246.

94 Es handelt sich wohl um das aus Vorträgen und Vorlesungen zusammengestellte Werk Suzukis „Zen-Buddhism and its Influence on Japanese Culture" (1938); deutsch: Zen und die Kultur Japans. Berlin/Stuttgart 1941; Hamburg 1958 (rde 66).

95 Persönliche Mitteilung von Wilfried Graf Dürckheim.

96 Briefe Karlfried Graf Dürckheims aus Japan 1940–1942 im Archiv: C 59/ 1009.

97 Der Germanist und Philosoph Fumio Hashimoto war zuvor Professor in Hiroshima, ab 1949 Professor an der Chuo-Universität in Tokio. Anläßlich von Dürckheims 70. Geburtstag brachte er sich in „Transzendenz als Erfahrung" mit einem Beitrag in Erinnerung (a. a. O., 274 ff).

98 Zur Rezeptionsgeschichte insbesondere Manfred Bergler: Die Anthropologie des Grafen Karlfried von Dürckheim im Rahmen der Rezeptionsgeschichte des Zen-Buddhismus in Deutschland. Ein Beitrag zur Begegnung von Christentum und Buddhismus (Diss.). Erlangen–Nürnberg 1981, 22 ff.; ders.: Zen-Buddhismus in Deutschland, in: Zeitschrift für Religions- und Geistesgeschichte XXXVI (1/1984), 39 ff.

99 Gusty L. Herrigel: Der Blumenweg. Eine Einführung in den Geist der japanischen Kunst des Blumenstellens. München-Planegg 1958; 3. durchges. Aufl. Weilheim 1964.

100 Eugen Herrigel (Bungaku Hakushi): Zen in der Kunst des Bogenschießens. Konstanz 1948; 4. Aufl. München-Planegg 1954 (Neuauflagen!)

101 Das maschinenschriftliche deutsche Manuskript mit handschriftlichen Korrekturen befindet sich im Archiv: C 59/1017.

102 Archivnummer: C 59/1013.

103 Deutsche Botschaft Tokio, 20. April 1944: „Ich freue mich, Ihnen mitteilen zu können, daß Ihnen, nach einem Telegramm des Auswärtigen Amts vom 3. April 1944, der Führer auf Vorschlag des Herrn Reichsaußenministers von Ribbentrop das Kriegsverdienstkreuz 2. Klasse verliehen hat. gez. Stahmer, Deutscher Botschafter."

104 C. G. Jung: Die Beziehungen zwischen dem Ich und dem Unbewußten, in: Gesammelte Werke Bd. 7, 195.

105 Vom doppelten Ursprung des Menschen. Freiburg 1973, 51. Im Zusammenhang vgl. Rüdiger Müller: Wandlung zur Ganzheit, 56 ff.; 140 ff.

106 Die Empfangsbescheinigung für die im Sugamo-Gefängnis Tokio abgenommenen Gegenstände enthält u. a. einen Ministerialpaß, zwei Dolche, 38 Notizbücher und Korrespondenzmappen.

[107] Archivnummer C 59/1024, ferner –/1025–1028.
[108] Persönliche Mitteilung von Graf Dürckheim.
[109] Im Zeichen der Großen Erfahrung (1951), 4. neu bearbeitete Auflage, München 1974, 112.
[110] A. a. O., 112 f.
[111] Wilfried Graf Dürckheim: Leben und Wirken, 130.
[112] Persönliche Mitteilung von Dr. Sigfrid Hofmann, Steingaden (1986).
[113] Persönliche Mitteilung von Maria Hippius.
[114] Desgleichen.
[115] Ursula von Mangoldt: Erkenne dich selbst im Spiegel deiner Hand. Olten–Freiburg 1980.
[116] Karlfried Graf Dürckheim in Gemeinschaft mit Ursula von Mangoldt: Der Mensch im Spiegel seiner Hand. Vorwort zur ersten Auflage; 2. überarbeitete Auflage Weilheim 1966, 7.
[117] Vgl. Ursula von Mangoldt: Auf der Schwelle zwischen gestern und morgen. Erlebnisse und Begegnungen. Weilheim 1963, 143 f.
[118] Zusammen mit Wolf von Fritsch begründete Ursula von Mangoldt in Bad Säckingen den Christianopolis Verlag, der sich der Herausgabe der vierteljährlich erscheinenden Zeitschrift „Meditation" widmet.
[119] Ursula von Mangoldt im Brief vom 3. Juni 1986 an den Verfasser.
[120] Dürckheim bedauerte u. a., daß sein bei O. W. Barth erschienenes, gemeinsam mit U. von Mangoldt veröffentlichtes Buch zur Handlesekunst keine Neuauflage bekam und die einstige Mitautorin nichts in dieser Richtung unternommen habe. (Persönliche Mitteilung)
[121] Vom Sinn und Wert östlicher Übungen (1950), in: Von der Erfahrung der Transzendenz. Freiburg 1984, 104.
[122] A. a. O., 108.
[123] Persönliche Mitteilung von Graf Dürckheim.
[124] Maria Hippius in: Transzendenz als Erfahrung, 26.
[125] Eine solche Möglichkeit, an die Energien des Unbewußten heranzukommen und in Austausch zu treten, besitzt bereits die Jungsche Psychologie in Gestalt der Aktiven Imagination; vgl. A. N. Ammann: Aktive Imagination. Darstellung einer Methode. Olten–Freiburg 1978; Hans Dieckmann: Methoden der Analytischen Psychologie. Olten–Freiburg 1979, 249 ff.; ferner: Barbara Hannah: Begegnungen mit der Seele. Aktive Imagination – der Weg zu Heilung und Ganzheit. München 1985.
[126] Maria Hippius in: Transzendenz als Erfahrung, 83.
[127] Maria Hippius in: Heimat am Hochrhein, 58.
[128] Rüdiger Müller: Wandlung zur Ganzheit. Die Initiatische Therapie nach Karlfried Graf Dürckheim u. Maria Hippius. Freiburg 1981, 49.
[129] Zeitgenössische Trends mit ihrer Guru-Bewegung u. ä. bespricht R. Müller a. a. O. 209 ff.; 222 ff. in wünschenswerter Deutlichkeit; vgl. Gerhard Wehr: Esoterisches Christentum. Von der Antike zur Gegenwart. Stuttgart: Klett-Cotta 1995.
[130] Maria Hippius in: Transzendenz als Erfahrung, 25.
[131] Laut der handschriftlichen Chronik des 1828 erbauten Herzl-Hauses

diente es nach 1933 als Zuflucht des mitteldeutschen Kommunistenführers Max Hölz samt Anhang. Die Vermutung, das Haus habe einmal mit Theodor Herzl in Beziehung gestanden, konnte Dürckheims Mitarbeiterin Helen Gleiss als unbegründet erweisen. Durch den letzten privaten Besitzer erfuhr sie: „Als wir das Haus übernahmen, gefiel es uns so gut, weil es so schöne rote Herzen an den Fensterläden hatte; deswegen haben wir es dann so genannt."

132 Über die Praxis der in Rütte angewandten Initiatischen Therapie informieren neben der grundlegenden Studie von Rüdiger Müller (Anm. 128) insbesondere:
Silvia Ostertag: Einswerden mit sich selbst. Ein Weg der Erfahrung durch meditative Übung. München 1981. – Rüdiger von Roden: Heilwerden durch sich selbst. Einführung und Einübung auf dem Initiatischen Weg. Freiburg 1982 (Herder-Taschenbuch 995). – Gisela Schoeller: Heilung aus dem Ursprung. Praxis der Initiatischen Therapie nach Karlfried Graf Dürckheim und Maria Hippius. München 1983. – A. und S. Wotruba: Existentialpsychologisch-meditative Therapie. Das Tor zum Insgeheimen öffnen, in: Hilarion Petzold (Hrg.): Wege zum Menschen. Methoden und Persönlichkeiten moderner Psychotherapie. Bd. I, Paderborn 1984, 523–597.

133 Der zielfreie Weg. Freiburg 1982, 16.
134 Persönliche Mitteilung von Graf Dürckheim.
135 Der Weg, die Wahrheit, das Leben. München–Bern 1981, 22.
136 Maria Hippius, in: Transzendenz als Erfahrung, 83. – Um ein schwerwiegendes Mißverständnis zu vermeiden, wird man hinzufügen müssen: C. G. Jung hat zwar keinen ausgebildeten spirituellen Übungsweg aufgezeigt. Doch gehört zur Individuation als Prozeß der Selbstverwirklichung auch bei ihm das individuell zu gestaltende Exercitium, und zwar als Lebensführung, als tätiges Annehmen der schicksalhaften Gegebenheiten und der Bewährung. Erfahrung und Erkenntnis allein tun es nicht. Ein Musterbeispiel ist Jungs eigene Lebensführung, vgl. Gerhard Wehr: Carl Gustav Jung – Leben, Werk, Wirkung. München 1985. Ders.: Spirituelle Meister des Westens. München 1995.
137 Der zielfreie Weg, 14.
138 Ruth Pelzer: Transparenz in der Arbeit am Leib, in: Transzendenz als Erfahrung, 122–134.
139 Der zielfreie Weg, 166.
140 Gerda Alexander: Eutonie. Ein Weg der körperlichen Selbsterfahrung. München 1976.
141 Einen Überblick der wichtigsten in Rütte ausgeübten Methoden und Praktiken gibt Rüdiger Müller: Wandlung zur Ganzheit, 247–300.
142 Maria Hippius, in: Der zielfreie Weg, 24.
143 Graf Dürckheim a. a. O., 16 f.
144 A. a. O., 17 f.
145 Meditieren, wozu und wie. Freiburg 1976, 136 f. Rüdiger Müller: Wandlung zur Ganzheit, 80.

¹⁴⁶ A.a.O., 252: „Jede Woche findet in Rütte nach einem klärenden Vorgespräch für die Neuangekommenen eine Einführung in das Za-Zen statt, die Dürckheim selbst vornimmt. Der so Instruierte hat nun die Möglichkeit, jeden Morgen um 6.45 Uhr bis 8 Uhr im Zendo unter Dürckheims Führung an der Meditation im Stile des Za-Zen teilzunehmen. In der Regel üben ca. 20 Meditierende in einem Rhythmus von 40 Minuten Za-Zen, 10 Minuten Kin-hin und wieder 20 Minuten Za-Zen. Kin-hin ist das meditative Gehen ..."
¹⁴⁷ Persönliche Mitteilung.
¹⁴⁸ Ihren ausführlichen Bericht sandte mir Htty Draayer per Tonband.
¹⁴⁹ Das schließt nicht aus, daß Dürckheim – aus welchen individuellen und zwischenmenschlichen Gründen auch immer – dem einen oder anderen nach längerer Zeit der Mitarbeit „unerträglich" werden konnte. So lamentierte eine „Ehemalige": „Ich konnte seine blauen Augen einfach nicht mehr sehen."
¹⁵⁰ Allan Watts: Zeit zu leben. Erinnerungen eines ‚heiligen Barbaren'. Bern–München 1979, 276.
¹⁵¹ Gerhard Wehr: Spirituelle Meister des Westens. München 1995, 259 ff. – K. Graf Dürckheim. Auf der Suche nach dem inneren Meister. Hrg. von Gerhard Wehr. München 1996.
¹⁵² Der Ruf nach dem Meister. Weilheim 1972, 39.
¹⁵³ Von der Erfahrung der Transzendenz. Freiburg 1984, 133.
¹⁵⁴ Maria Hippius, in: Transzendenz als Erfahrung, 38 f.
¹⁵⁵ Rüdiger Müller: Wandlung zur Ganzheit, 220 f.
¹⁵⁶ Meditieren wie und wozu?, 16 f.
¹⁵⁷ Rüdiger Müller, a.a.O., 222.
¹⁵⁸ Hakuun Yasutani berichtet von seiner Beziehung in der Festschrift zu Dürckheims 70. Geburtstag, Transzendenz als Erfahrung, 475 ff.
¹⁵⁹ Rüdiger Müller: Wandlung zur Ganzheit, 253.
¹⁶⁰ Als mir Graf Dürckheim (1986) in kaum veränderter Formulierung diese Worte des japanischen Zen-Meisters wiedergab, streckte er plötzlich die Rechte aus und seine Stimme wurde laut, beinahe dröhnend, als er zu den Worten kam: „... und es ist Ihre Aufgabe, ein deutsches Zen entstehen zu lassen!"
¹⁶¹ Graf Dürckheim: Ton der Stille, in: Munen muso – Ungegenständliche Meditation. Festschrift für Pater Hugo M. Enomiya-Lassalle SJ. zum 80. Geburtstag. Hrg. von Günter Stachel. Mainz 1978, 303. – Jetzt in Einzelausgabe, illustriert durch Kreis- und Bambuszeichnungen des Autors. Aachen 1986.
¹⁶² Friso Melzer: Innerung. Wege und Stufen der Meditation. Kassel 1968, 14 und 18.
¹⁶³ Hellmut Haug, in: Lutherische Monatshefte Nr. 5/1973, S. 258.
¹⁶⁴ Ders., a.a.O.
¹⁶⁵ A.a.O., 260.
¹⁶⁶ Die Erfahrungsweisheit des Zen-Buddhismus als abendländische Aufgabe, in: Alfons Rosenberg (Hrg.): Christentum und Buddhismus. München-Planegg 1959, 132 ff. (Die in diesem Band zusammengefaß-

ten Dokumente religiöser Erfahrung entstammen der Vortragsreihe „Christentum und Buddhismus", die im April 1959 unter Leitung von Dr. Ursula von Mangoldt in München veranstaltet wurde.)
167 Zen und wir (1961). Frankfurt 1974, 13 (Fischerbücherei 1539).
168 Gemeint ist wohl die fernöstliche Form des Zen im Gegensatz zu einer westlichen Ausformung.
169 Zen und wir, 14.
170 Psychotherapie im Geiste des Zen, in: Wilhelm Bitter (Hrg.): Psychotherapie und religiöse Erfahrung. Stuttgart 1965, 196.
171 A. a. O., 199.
172 Julius Evola: Über das Initiatische, in: Antaios, hrg. von Mircea Eliade und Ernst Jünger, Band VI, Stuttgart 1965, 184–208. – Über J. Evola vgl. Gerhard Wehr: Spirituelle Meister des Westens. München 1995, 163–179.
173 Psychotherapie im Geiste des Zen, in: W. Bitter, a. a. O., 211.
174 Persönliche Mitteilung von Graf Dürckheim.
175 Psychotherapie im Geiste des Zen, in: W. Bitter a. a. O., 211.
176 A. a. O., 228 f.
177 Japan und die Kultur der Stille, 11.
178 A. a. O., 12.
179 A. a. O., 10.
180 A. a. O., 72 f.
181 Eugen Herrigel über Graf Dürckheim, abgedruckt im Klappentext zu „Japan und die Kultur der Stille".
182 Das Initiatische in: Festschrift für Ferdinand Weinhandl (1967), jetzt in: Überweltliches Leben in der Welt, Weilheim 1968, 69.
183 Gerhard Wehr: Auf den Spuren urchristlicher Ketzer. Christliche Gnosis und heutiges Bewußtsein. Schaffhausen 1983.
184 Gerhard Wehr: Esoterisches Christentum. Stuttgart 1975, 1995; ders.: Die deutsche Mystik. Bern-München 1988. Ders.: Europäische Mystik, Hamburg 1996.
185 Felix Schottlaender zum Gedächtnis. Aus dem Arbeitskreis für Psychotherapie e. V. Stuttgart 1959, 34, zit. bei Klaus Bambauer: Religiöse Erfahrung als initiatischer Prozeß, in: Deutsches Pfarrerblatt 77. Nr. 2/1977, S. 41.
186 Jean Gebser: Ursprung und Gegenwart I/II. Stuttgart 1949/53, jetzt: Werkausgabe, Schaffhausen 1978, Band II–IV.
187 Der Ruf nach dem Meister. Weilheim 1974, 6.
188 Im Zeichen der Großen Erfahrung. München 1974, 198.
189 A. a. O., 71.
190 A. a. O., 66.
191 Rudolf Otto: Das Heilige (1917); zahlreiche Neuauflagen.
192 Der Text von 1968 ist eingearbeitet in: Der Ruf nach dem Meister. Weilheim 1972, 163.
193 Gerhard Wehr: Stichwort Damaskuserlebnis. Der Weg zu Christus nach C. G. Jung. Stuttgart 1982. Ders.: Selbsterfahrung mit C. G. Jung, Freiburg 1995 (Herder Spektrum 4376).

[194] Der Ruf nach dem Meister, 162.
[195] Eine Mitarbeiterin, die Graf Dürckheim seit Jahrzehnten gut kennt, ließ mich (1987) wissen: „Er scheute sich lange, das Wort ‚innerer Christus' in den Mund zu nehmen, obwohl der Bezug zu ihm immer bei ihm da war."
[196] Der Ruf nach dem Meister, 96.
[197] Brief eines deutschen Benediktiners an Graf Dürckheim.
[198] Aus Graf Dürckheims Antwort im Brief vom 16. Oktober 1981.
[199] C. G. Jung: Psychologie und Alchemie. Zürich 1952, 24.
[200] Klemens Tilmann, in: Thomas und Gertrude Sartory: Erfahrungen mit Meditation. Freiburg 1976, 50 (Herderbücherei 588).
[201] Brief eines Benediktiners vom 28. Dezember 1986 an den Verfasser.
[202] Alfons Rosenberg in: Türen nach innen. Wege zur Meditation, hrg. von R. Bleistein und H. G. Lubkoll. München 1974, 95.
[203] R. Silberer in: Geist und Leben 1967, S. 474.
[204] Werk der Übung – Geschenk der Gnade. Gedanken eines Laien, in: Geist und Leben 1972, S. 382.
[205] Friedrich Wulf in: Geist und Leben 1976, 461–468; 1977, 59–68; 1978, 226–232.
[206] Geist und Leben 1977, 458–467.
[207] Friedrich Wulf, a. a. O. 1977, 68; ferner Pater Wulf im Brief vom September 1986 an den Verfasser.
[208] Johannes B. Lotz: Kurze Anleitung zur Meditation. Frankfurt 1973, 26.
[209] Ders. in: Meditation – Blätter für weltoffene Christen, hrg. von Ursula von Mangoldt, 4/1976, 20.
[210] Ders., a. a. O., 22.
[211] Klaus Bambauer: Religiöse Erfahrung als initiatischer Prozeß. Bemerkungen zu Anfragen von Karlfried Graf Dürckheim an Theologie und Kirche, in: Deutsches Pfarrerblatt 1977, 42.
[212] Erich Leinert: Der initiatische Weg des Menschen in der christlichen Tradition, in: Dürckheim (Hrg.): Der zielfreie Weg. Freiburg 1982, 179 f.
[213] Ulrich Mann in: Theologie und Religionswissenschaft, hrg. von U. Mann. Darmstadt 1973, 230.
[214] Sportliche Leistung und menschliche Reifung. Frankfurt 1964; 4. verbesserte Auflage Aachen 1986.
[215] Durchbruch zum Wesen (1954), 7. Auflage Bern 1982, 35.
[216] Von der Erfahrung der Transzendenz. Freiburg 1984, 83.
[217] A. a. O., 83–103.
[218] A. a. O., 86 f.
[219] Die Berichtsbände der Jahrestagungen von „Arzt und Seelsorger" (Internationale Gesellschaft für Tiefenpsychologie) gab Wilhelm Bitter bis zu seinem Tod im Jahre 1974 selbst heraus; seitdem zeichnet Peter Michael Pflüger als Herausgeber. – Um den Erweis der Fruchtbarkeit des synoptischen Arbeitens hat sich insbesondere der Theologe und Religionswissenschaftler Ulrich Mann in mehreren Publikationen verdient gemacht, u. a. in: Theogonische Tage, Stuttgart 1970; Einführung in die Religionspsychologie, Darmstadt 1973; Die Religion in

den Religionen, Stuttgart 1975; Tragik und Psyche – Grundzüge einer Metaphysik der Tiefenpsychologie, Stuttgart 1981, dort besonders 238ff. Vgl. auch Synopse – Beiträge zum Gespräch der Theologie mit ihren Nachbarwissenschaften (Festschrift für U. Mann), Darmstadt 1975; Graf Dürckheims Beitrag ist überschrieben „Religiöse Erfahrung als Voraussetzung fruchtbaren Gesprächs", a.a.O., 53ff.
220 Dürckheim in: Wilhelm Bitter (Hrg.): Meditation in Religion und Psychotherapie. Stuttgart 1958, 161.
221 Hugo M. Enomiya-Lassalle: Zen – Weg zur Erleuchtung, Wien 1960; ders.: Zen-Buddhismus. Köln 1966.
222 Wilhelm Bitter (Hrg.): Abendländische Therapie und östliche Weisheit. Stuttgart 1968, 16ff.
223 A.a.O., 81ff.
224 A.a.O., 49.
225 Persönliche Mitteilung von Fritz Kroeger, Königstein/Frankfurt.
226 Fritz Kroeger in: Wege zur Synthese von Natur und Mensch (Mitteilungsblatt des Frankfurter Rings) 4/1986, 56.
227 Ders., a.a.O. – Soweit Dürckheims Frankfurter Vorträge aufgezeichnet wurden, sind sie enthalten in: Weg der Übung, 2 Bände. Aachen 1988. Hg. von Christa Well.
228 Die Benennung rührt von William S. Haas her. Vgl. Fritz Kroeger: Philousia, in: Wege zur Synthese von Natur und Mensch, 4/1985, 8f.
229 Vgl. Rüdiger Müller: Wandlung zur Ganzheit, 211ff.; 222ff.
230 Vgl. Hara. Die Erdmitte des Menschen (1954).
231 Persönliche Mitteilung von Frau Helen Gleiss.
232 Vgl. Anm. 227.
233 Überweltliches Leben in der Welt. Weilheim 1968, 174.
234 Wu-Wei nennt Dürckheim auch „Präsenz aus der Stille".
235 Biographische Angaben über Yashutani Roshi, in: Philip Kapleau: Die drei Pfeiler des Zen. Zürich 1969, 53ff. – Vorlesungen über Zen sowie Erläuterungen Yashutanis hat Graf Dürckheim in seinem Buch „Wunderbare Katze" S. 91ff; 117ff. aufgenommen.
236 H. Yashutani in: Transzendenz als Erfahrung, hrg. von Maria Hippius. Weilheim 1966, 476f.
237 Der zielfreie Weg. Freiburg 1982, 19.
238 Vgl. das Rütte-Mitteilungsblatt „Gestern, heute, morgen", Nr. 1 vom 1. Oktober 1986, S. 7.
239 Die nachfolgende Schilderung stützt sich insbesondere auf Informationen, die ich Frau Helen Gleiss (1986/87) verdanke.
240 Karin Reese in: Nachrichten aus Rütte, Nr. 11 (November 1978).
241 Alexander von Rosen im Prospekt: Der Johanneshof – Weltkloster auf Zeit im südlichen Hochschwarzwald. Bernau o.J.
242 Rüdiger Müller: Initiatische Therapie und Transpersonale Psychologie in: Der zielfreie Weg. Freiburg 1982, 39ff.
243 Karlfried Graf Dürckheim im Vorwort zu Hetty Draayer: Finde dich selbst durch Meditation. München 1984, 7.
244 Von der Erfahrung der Transzendenz. Freiburg 1984, 194.

Bibliographie

Bibliographische Übersichten über das literarische Schaffen sind enthalten in:

Maria Hippius (Hrg.): Transzendenz als Erfahrung. Beitrag und Widerhall. Festschrift zum 70. Geburtstag von Graf Dürckheim. Weilheim 1966.
Rüdiger Müller: Wandlung zur Ganzheit. Die Initiatische Therapie nach Karlfried Graf Dürckheim und Maria Hippius. Freiburg 1981.
Manfred Bergler: Die Anthropologie des Grafen Karlfried von Dürckheim im Rahmen der Rezeptionsgeschichte des Zen-Buddhismus in Deutschland. Ein Beitrag zur Begegnung von Christentum und Buddhismus. (Diss.) Erlangen–Nürnberg 1981.

1. WERKE

im *O. Barth Verlag* Weilheim, jetzt Bern–München:
Japan und die Kultur der Stille (1949)
Im Zeichen der Großen Erfahrung (1951)
Hara, die Erdmitte des Menschen (1954)
Der Mensch im Spiegel der Hand (in Gemeinschaft mit Ursula von Mangoldt) (1955)
Zen und wir (1961)
Wunderbare Katze und andere Zen-Texte (1964)
Überweltliches Leben in der Welt. Der Sinn der Mündigkeit (1968)
Der Ruf nach dem Meister (1972)
Der Weg, die Wahrheit, das Leben. Gespräche über das Sein, mit Alphonse Goettmann (1981)

im *Hans Huber Verlag* Bern–Stuttgart:
Durchbruch zum Wesen (1954)
Erlebnis und Wandlung (1956)
Der Alltag als Übung (1961)

im *Herder Verlag* Freiburg:
Vom doppelten Ursprung des Menschen. Als Verheißung, Erfahrung, Auftrag (1973 = Herderbücherei Nr. 480)
Meditieren, wozu und wie? Die Wende zum Initiatischen (1976)
Von der Erfahrung der Transzendenz (1984)
Das Tor zum Geheimen öffnen (1991 = Herder Spektrum 4027)

im *N. F. Weitz Verlag* Aachen:
Sportliche Leistung und menschliche Reife (1964; 1986)
Ton der Stille (1986)
Weg der Übung – Geschenk der Gnade I/II (1988)
Weisheit und Liebe

Übersetzungen einzelner Titel liegen vor in englischer, niederländischer, französischer, spanischer und italienischer Sprache.

II. Sekundärliteratur

Manfred Bergler: Die Anthropologie des Grafen Karlfried von Dürckheim ... (wie oben).
Karlfried Graf Dürckheim (Hrg.): Der zielfreie Weg. Im Kraftfeld initiatischer Therapie. Freiburg 1982.
Maria Hippius (Hrg.): Transzendenz als Erfahrung ... (wie oben).
Rüdiger Müller: Wandlung zur Ganzheit ... (wie oben).
Silvia Ostertag: Einswerden mit sich selbst. Ein Weg der Erfahrung durch meditative Übung. München 1981.
Rüdiger von Roden: Heilwerden durch sich selbst. Einführung und Einübung auf den Initiatischen Weg. Freiburg 1982 (Herderbücherei 995).
Ders.: Sich selbst zur Heimat werden. Freiburg 1987 (Herderbücherei 1343)
Gisela Schoeller: Heilung aus dem Ursprung. Praxis der Initiatischen Therapie nach Karlfried Graf Dürckheim und Maria Hippius. München 1983.
Christian Ottemann: Initiatisches Christentum. Graf Dürckheims Lehre vom „initiatischen Weg" als Herausforderung an die evangelische Theologie. Frankfurt–Bern 1990.
Manfred Bergler: Die Tür geht nach innen auf. Aachen 1995.
Gerhard Wehr (Hrg.): Karlfried Graf Dürckheim. Auf der Suche nach dem inneren Meister. München 1996.

Zeittafel

1896 24. Oktober: Karlfried (d. i. Karl Friedrich Alfred Heinrich Ferdinand Maria) Graf Eckbrecht von Dürckheim-Montmartin in München geboren als erstes Kind von Friedrich Graf Dürckheim (1858–1939) und seiner Ehefrau Charlotte von Kusserow (1869–1959).
Kindheitsaufenthalte in Steingaden/Obb. und Schloß Bassenheim bei Koblenz, dann in Weimar.

1906 ab Ostern: Besuch des humanistischen Gymnasiums, dann des Realgymnasiums in Koblenz.

1912 ab Ostern: Besuch des Realgymnasiums in Weimar.

1914 6. August: Dort Notabitur angesichts Ausbruch des Ersten Weltkriegs. 1. September: als Fahnenjunker beim königlich-bayrischen Infanterie-Leibregiment.
Dezember: Mit der Einheit an die Front, wo er auf wechselnden Kriegsschauplätzen bis zur Kapitulation der deutschen Armee im Herbst 1918 im Einsatz war.

1915 15. März: Beförderung zum Leutnant (die offiziellen Daten variieren jedoch!)

1918 Nach Rückkehr von der Front verschiedene antirevolutionäre Aktivitäten in München.

1919 13. Juni: Auf eigenen Antrag wird die Entlassung aus dem aktiven Heer bescheinigt. – Beginn des Studiums der Nationalökonomie, dann der Philosophie und Psychologie in München, bis Wintersemester 1920/21.

1921 Fortsetzung des Studiums in Kiel.

1923 3. März: Promotion an der Universität Kiel zum Dr. phil. mit der Dissertation „Erlebnisformen – Ansätze zu einer analytischen Situationspsychologie".
3. Juni: In Weimar Trauung mit Enja (d. i. Eva Maria) Baur, geschiedene von Hattingberg (1888–1939).

1924/25 Italien-Aufenthalt, u. a. Arbeit an einer „Einheitsphilosophie"

1927 1. November: Als planmäßiger Assistent unter Felix Krueger und Hans Freyer am Psychologischen Institut der Universität Leipzig.

1930 17. Februar: Habilitation für Philosophie an der Universität Leipzig mit einer Arbeit über „Erlebniswirklichkeit und ihr Verständnis – Systematische Untersuchungen".
Unter anderem: Vorlesungen am Bauhaus in Dessau und an der Fichte-Volkshochschule in Leipzig.

1931 31. August: Professur an der Pädagogischen Akademie Breslau.

1932	1. April: Professur an der Hochschule für Lehrerbildung in Kiel. Juni: Nach Aufgabe des Gutes in Stechlgaden verlassen die Eltern Oberbayern. November: Umhabilitation an die Universität Kiel mit der Venia legendi für Philosophie und Psychologie.
1934	Mai bis Oktober: Im Auftrag von Reichserziehungsminister Bernhard Rust Reise nach Südafrika; Teilnahme an der Tagung der New Education Fellowship; anschließend kultur- und schulpolitische Reise durch das Land.
1935	1. Juni: Als außenpolitischer Mitarbeiter im „Büro Ribbentrop" in Berlin; gemäß Verfügung von Rudolf Heß, dem „Stellvertreter des Führers", gleichzeitig mit Fragen des Auslandsdeutschtums betraut; zahlreiche Auslandsreisen, besonders nach England.
1937	31. Dezember: Offizielle Beendigung der Tätigkeit im „Büro Ribbentrop".
1938	7. Juni bis 4. März 1939: Erste Japan-Reise; u. a. erste Begegnung mit dem Zen-Buddhismus, Teilnahme an einer Tee-Zeremonie.
1939	9. November: Tod Enjas. 10. Dezember: Tod des Vaters.
1940	Januar: Aufbruch zum zweiten Japan-Aufenthalt. Februar 1941 Beginn der Unterweisung und Übung in der Kunst des Bogenschießens.
1945	16. Oktober: Verhaftung durch die amerikanische Besatzungsmacht in Japan wegen Spionageverdachts für NS-Deutschland; interniert im Sugamo-Gefängnis in Tokio; dort etwa seit Mai 1946 der Entschluß, künftig psychotherapeutisch tätig zu sein.
1947	Mai: Repatriierung per Schiff nach Deutschland und Entlassung; Wiederbegegnung mit der Familie in Steingaden. November: In Kaufbeuren und Steingaden Wiederbegegnung mit der inzwischen verwitweten Maria Hippius, die damit begonnen hatte, für sich und ihre Kinder in Todtmoos eine neue Existenz zu begründen.
1948	Juni: Graf Dürckheims erster Besuch in Todtmoos. Es reift der Entschluß, gemeinsam mit Maria Hippius mit dem Aufbau einer psychotherapeutischen Wirksamkeit zu beginnen.
1951	Übersiedlung nach Todtmoos-Rütte, wo die „Existential-psychologische Bildungs- und Begegnungsstätte", zugleich Schule für „Initiatische Therapie", entsteht.
1959	19. November: Tod der Mutter.
1971	5. Februar: Verleihung der Ehrenplakette der Humboldt-Gesellschaft im Rittersaal des Mannheimer Schlosses.
1977	15. September: Verleihung des Bundesverdienstkreuzes 1. Klasse im Rathaus von Todtmoos.
1981	26. September bis 4. Oktober: „Rütte-Woche" anläßlich des 30jährigen Bestehens der Bildungsstätte.
1984	Februar: Ernennung zum Ehrenbürger der Gemeinde Todtmoos.

1985 4. Juni: Eheschließung mit Maria Hippius, geb. Winterer, in Todtmoos.
1988 28. Dezember: Gestorben in Todtmoos-Rütte; beigesetzt i. d. Familiengruft d. St.-Johannes-Kapelle in Steingaden/Obb.

Stammtafeln

1. Vorfahren väterlicherseits

Stammvater der 1185 zuerst urkundlich bezeugten Familie ist:
Eckebrecht von Durenkeim, Ritter
urk. 1291-1307

Ludwig Karl 1. Graf Eckbrecht von Dürckheim
1733-1774
k.u.k. Kammerherr, Wirkl. Geh. Rat und Reichshofrat
Reichsgrafenstand Wien 1764

⚭ 1769

Karl Friedrich Graf Eckbrecht von Dürckheim-Montmartin
1770-1836
herzgl. württ. Kammerherr und Gesandter im Haag, kgl. schwed. Kammerherr

⚭ 1793

Alfred Graf Eckbrecht von Dürckheim-Montmartin
1794-1879
1. Herr auf Steingaden
kgl. bayer. und kgl. schwed. Kammerherr, Obersthofmeister der Königin Therese von Bayern

⚭ 1821

Karl Graf Eckbrecht von Dürckheim-Montmartin
1822-1896
2. Herr auf Steingaden
kgl. bayer. Kammerherr

⚭ 1849

Alfred Graf Eckbrecht von Dürckheim-Montmartin
1850-1912
kgl. bayer. Kammerherr und General d. Inf.
⚭ 1881
Helene Gräfin Bobrinska

Friedrich Graf Eckbrecht von Dürckheim-Montmartin
1850-1939
3. Herr auf Steingaden (1931 verk.)
kgl. bayer. Kammerherr
⚭ 1895

Maria Olga **(Maja)**
1882-1976
⚭ 1910 **Konrad**
Freiherr von
Malsen-Waldkirch

Karlfried
1896-1988
⚭ I. 1923 Eva-Maria **(Enja) Baur**
1888-1939, gesch. von Hattingberg
⚭ II. 1985 **Maria** Theresia **Winterer**
1909-   , verw. Hippius

Louise Friederike Juliane Gräfin von Montmartin
1752-1770
T. d. k.u.k. Wirkl. Geh. Rats und hzgl. württ. Premierministers
Friedrich Samuel Graf von Montmartin (Hugenotten) und der
Friederike von Wangenheim; sie vererbt Namen und Wappen auf ihren Sohn

Amalie Freiin Eckbrecht von Dürckheim
1774-1845
T. d. hzgl. württ. Reisemarschalls Karl Ludwig Freiherr Eckbrecht
von Dürckheim und der Louise Amalie Freiin Bock von Bläsheim

Sophie Prinzessin zu Oettingen-Wallerstein
1797-1880
T. d. Kraft Ernst Fürst zu Oettingen-Wallerstein und der
Wilhelmine Friederike Herzogin von Württemberg

Alexandrine Gräfin von Toll
1831-1899
T. d. kais. russ. Generals d. Inf., General-Adjutanten und Mitglied
des Reichsrates Carl Graf von Toll und der Caroline von Strandmann

Charlotte von Kusserow
1869-1959
– ihre Ahnen siehe Blatt II –

| Elisabeth (Isa) 1897-1980 | **Wolfheinrich** 1900-1960 ⚭ 1927 Eva-Maria **(Evi) von Zitzewitz** | **Wilfried** 1902- ⚭ 1931 Marie-Luise **(Marliese) von Götz** | Antonie (Toni) 1909- ⚭ I. 1936 **Herbert Büntig** ⚭ II. 1949 **Robert Drees** |

2. Vorfahren mütterlicherseits

Johann August Kusserow
1758–1796
Kammer-Sekretär an der
Kurmärk. Kriegs- und
Domänen-Kammer

Luise Wilhelmine Wandel

⚭ 1791

Salomon Oppenheim
1772–1828
Begründer des Bankhauses
Sal. Oppenheim jr. & Cie.

⚭ 1792

Ferdinand von Kusserow
1792–1855
kgl. preuß. Gen.Ltn. a.D.
preuß. Adel Berlin 1844

Wilhelmine Eva (Eveline) Oppenheim
1805–1886

⚭ 1831

Ottilie von Kusserow
1840–
⚭ 1860 **Adolph von Hansemann**
† 1903, Begründer und Inhaber der
Disconto-Gesellschaft (heute:
Deutsche Bank)

Heinrich von Kusserow
1836–1900
kgl. preuß. Gesandter a.D.

Charlotte (Lotte) von Kusserow
1869–1959
erbt nach dem Tod ihres Vaters
Bassenheim (1911 an Freiherrn
von Waldthausen verkauft)
⚭ 1895
Friedrich Graf Eckbrecht von Dürckheim-Montmartin
– siehe Blatt I –

Karlfried
1896–1988

Ottilie von Kusserow (Tilly)
1870–1961
⚭ 1893
Hermann von Nimptsch
1851–1922
Major a.D.

Paul Hermann von Nimptsch
1898–⚔1918

Wita von Nimptsch
1901–
⚭ 1930
Wolfgang von Websky
1895–
Oberstltn. a.D.
Maler

(Die Stammtafeln wurden erstellt von Alexander Graf Dürkheim, Celle)

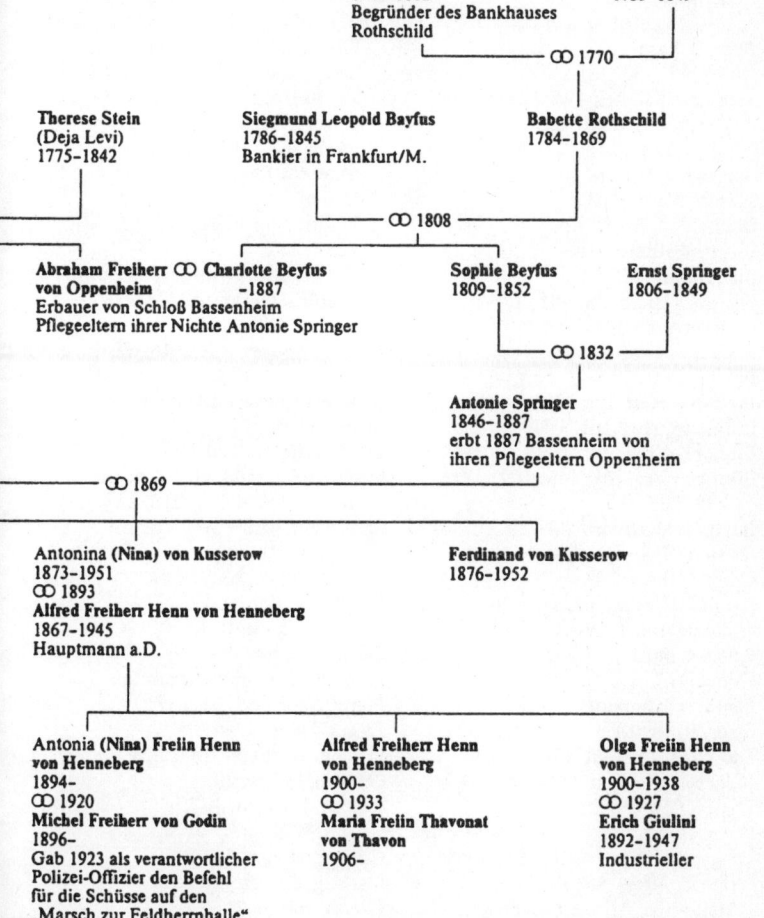

Mayer Amschel Rothschild
1743–1812
Begründer des Bankhauses Rothschild

Gutle Schnapper
1753–1849

∞ 1770

Therese Stein
(Deja Levi)
1775–1842

Siegmund Leopold Bayfus
1786–1845
Bankier in Frankfurt/M.

Babette Rothschild
1784–1869

∞ 1808

Abraham Freiherr ∞ Charlotte Beyfus
von Oppenheim   –1887
Erbauer von Schloß Bassenheim
Pflegeeltern ihrer Nichte Antonie Springer

Sophie Beyfus
1809–1852

Ernst Springer
1806–1849

∞ 1832

Antonie Springer
1846–1887
erbt 1887 Bassenheim von
ihren Pflegeeltern Oppenheim

∞ 1869

Antonina (Nina) von Kusserow
1873–1951
∞ 1893
Alfred Freiherr Henn von Henneberg
1867–1945
Hauptmann a.D.

Ferdinand von Kusserow
1876–1952

Antonia (Nina) Freiin Henn
von Henneberg
1894–
∞ 1920
Michel Freiherr von Godin
1896–
Gab 1923 als verantwortlicher
Polizei-Offizier den Befehl
für die Schüsse auf den
„Marsch zur Feldherrnhalle"

Alfred Freiherr Henn
von Henneberg
1900–
∞ 1933
Maria Freiin Thavonat
von Thavon
1906–

Olga Freiin Henn
von Henneberg
1900–1938
∞ 1927
Erich Giulini
1892–1947
Industrieller

Personenregister

Adler, Alfred 132
Ahlmann, Wilhelm 46, 130
Alexander, Gerda 145
Arco-Valey, Anton von 27
Auer, Erhard 28
Aurobindo 38, 201
Bambauer, Klaus 198
Beaverbrook, W. M. 85
Bender, Hans 141
Bergson, Henri 56, 69
Biäsch, Hans 200
Bircher, M. E. 200
Bitter, Wilhelm 205
Bittighofer 218
Bröhme, Jakob 38, 68f., 178
Bonaventura 148
Bothmer, Graf 13
Brecht, Bert 234
Breucha, Hermann 205
Buber, Martin 161, 195
Buddha 40
Büntig, W. E. 161, 166, 169f., 216, 222, 235
Büttner, Hermann 43
Campbell, Joseph 218
Capra, Fritjof 208
Churchill, Winston 85, 106
Clemenceau, George 78
Cooper, Duff 85
Cooper, J. C. 224
Däubler, Theodor 11
Daur, Rudi 205
Del-Negro, Walter 67
Dilthey, Wilhelm 69
Donat, (Walter) Dr. 92
Douglas, L. 126
Draayer, Hetty 149ff., 154, 236
Driesch, Hans 56, 58f.
Dürckheim, Alfred (Onkel) 12, 21, 28, 222

–, Antonie (Schwester Toni) 137, 222
–, Charlotte (Mutter) 8ff., 14, 52f., 63f., 103, 119, 130f.
–, Enja (1. Ehefrau, vgl. Hattingberg, Enja von) 49f., 78f., 83, 91, 103, 226
–, Friedrich (Vater) 8, 12f., 24f., 34, 53, 62, 103
–, Maria (2. Ehefrau, vgl. Hippius, Maria)
–, Wilfried (Bruder) 13f., 53, 62f., 103f., 131
–, Wolfheinrich (Bruder) 53, 62f.
Dumoulin, Heinrich 208
Ebert, Friedrich 25f.
Eckart, Meister 40ff., 46, 62, 107, 116f., 148, 178, 184, 214, 215
Eduard VIII v. England 85
Eisner, Kurt 26ff., 43
Eliade, Mircea 180
Enomiya-Lassalle, H. M. 158f., 169, 197f., 206ff., 212, 227
Epp, Franz Ritter von 15, 20f., 26, 28, 50, 84
Evola, Julius 136, 179ff.
Faulhaber, Kardinal 127
Feininger, Lionell 10
Frankl, Viktor 199
Franz Ferdinand v. Österreich 12
Freud, Sigmund 56, 157
Freyer, Hans 47, 53, 59
Fritsch, Wolf von 133, 228
Gandhi, Indira 202
Gebser, Jean 38, 187
Geiger, Willi 37
George, Stefan 36
Gerling, Christoph 232
Gleiss, Helen 212
Godin, Freiherr von 27

Goebbels, Josef 125
Göring, Hermann 86
Goethe 48, 68, 80, 147, 178, 184
Goettmann, Alphonse 40, 143
Govinda, Anagarika 152, 157, 208
Grary, F.W. 127
Gropius, Walter 10
Guardini, Romano 36
Guénon, René 179f.
Hamann, J.G. 69
Happich, Carl 198
Hartmann, Nikolai 51
Hartung, Hugo 200
Hashimoto, F. 108, 157, 217
Hattingberg, Enja von
 (vgl. Dürckheim, Enja von)
 36f., 42, 46ff.
–, Hans von 36
–, Magda von 50
Haug, Hellmut 172ff.
Haunuma, M. 102
Haushofer, Albrecht 82, 130
Heidegger, Martin 51, 203
Heiler, Friedricj 51
Herrigel, Eugen 111, 135, 180, 184
Herzog, Edgar u. Johanna 132
Heß, Rudolf 82ff.
Heuschmit, Wolfgang 221
Heyer, G.R. 132, 138, 143
Hildebrand, Klaus 84
Hindenburg, Paul von 30, 66, 79
Hippius, Maria 55ff., 132, 136,
 137ff., 145f., 153, 155f., 158,
 161f., 164, 167, 180, 182, 191,
 200, 203f., 210, 215f., 219,
 220f., 225f., 230ff., 234ff.
–, Rudolf 54, 55, 221
Hirohito, Kaiser 88
Hitler, Adolf 65f., 74, 83, 85, 87,
 106, 113, 130, 203
Höldin, Edmund und Marianne
 227
Hofer, Hans 69
Hofmann, Sigfrid 131
Hüsing, Ludolf 232
Husserl, Edmund 34
Jacobsen, H.A. 84

Ignatius von Loyola 44, 278, 192,
 207
Johannes vom Kreuz 148
Jung, C.G. 8, 120, 132, 138, 139,
 143f., 146, 157, 184, 187, 189,
 190, 193, 213, 234
Jungkunz-Nobiling, Cordula 85
Kadinsky, Nina 10
–, Wassily 11, 60f.
Kapleau, Philip 208
Keleman, Stanley 218, 226
Kessler, Herbert 217
Keyserling, Hermann Graf 152
Khan, V.I. 158
Kierkegaard, Stören 184
Kindler, Helmut 212
Klages, Ludwig 69
Klee, Paul 10, 60f.
Klemm, Otto 54
Krieck, Ernst 68
Kroeger, Fritz 208f.
Krueger, Felix 49, 53ff., 57, 58f.,
 61, 67
Kusserow, Heinrich von 84
Landauer, Gustav 43
Laotse 37, 40, 42, 52, 171
Lasker-Schüler, Else 36
Leboyer, F. 223
Leinert, Erich 198f., 219
Lenard, Philipp 68
Lersch, Philipp 183
Levin, Kurt 183
Liebknecht, Karl 27
Lilly, John 208
Lindenberg, Wladimir 209, 227
Lipps, Theodor 34
Litt, Theodor 58f.
Lotz, J.B. 197, 219, 227
Lowen, Alexander 166
Ludwig II. von Bayern 28, 222
Ludwig III. von bayern 15, 24
Luther, Martin 192
Luxemburg, Rosa 27
Mangoldt, Ursula von 132ff., 135,
 228
Mann, Ulrich 199
Maslow, Abraham 166

Massa, Willi 163, 238
Mayer, Norbert 229
McArthur, General 122
Melzer, Friso 172, 195
Mesmer, Franz 145
Meyer, H. 60
Mommsen, F.J. 34
Monod-Hertzen, Gabriel 201
Morgan, Charles 126
Müller, Johannes 142
–, Marianne 142
–, Rüdiger 147, 159, 235
Natorp, Paul 51
Nehru, J. 202
Neumann, Erich 139, 143f., 199
–, Therese 194
Newton, Isaak 47
Nietzsche, Friedrich 32, 40, 69
Nimitz, Admiral 122
Nojiri, M. 219
Novalis 147
Ohasama, S. 111
Ostertag, Albrecht und Silvia 162ff., 165, 167, 169, 219, 234
Ott, Helma 105, 115
Otto, Rudolf 51, 189, 198
Panikkar, Raimundo 208
Paracelsus 48, 68, 134, 178
Pfänder, Alexander 34ff.
Pourtales, Rosée de 233
Rathenau, Walter 132
Reese, Karin 231
Ribbentrop, Joachim von 76, 82–88, 89, 90, 92, 101, 130, 152
Rilke, R.M. 36, 50
Rinser, L. 227
Ritter, K.B. 198
Röhl, Peter 10
Rohse, Mies van der 61
Rosenberg, Alfons 195
–, Alfred 125
Rothschild, M.A. 8
Rudert, Johannes 54
Rust, bernhard 70, 76f., 89, 130
Ruusbroec, Jan van 148
Sauerbruch, Ferdinand 103
Schelling 69

Schimmel, Annemarie 208
Schirach, Rosalind 17
Schlegel, Leonhard 200
Schlemmer, oskar 10
Schmidt-Pauly, Elisabeth 36, 50, 127
Schnelting, 112, 211
Scholz, Heinrich 47, 49
Schopenhauer 69
Schuler, Alfred 36
Seif, Leonhard 132
Seki, Y. 158f., 203f., 218f.
Silberer, R. 195
Singh, Karan 202, 226
Spengler, Oswald 69
Springer, Antonie 66
Staehelin, Balthasar 208
Stählin, Wilhelm 198
Steindl-Rast, David 208
Steinacher, Hans 84
Steiner, Rudolf 145, 173
Stollberg, Botho von 164
Streit-Scherz, Rudolf 229
Suzuki, D.T. 97, 135, 200
Tauler, Johannes 148
Teilhard de Chardin, P. 8, 19f.
Tersteegen, Gerhard 48, 178, 192
Tillich, Paul 197
Tilmann, Klemens 193
Tönnies, Ferdinand 49
Tournier, Paul 201, 227
Trevelyan, George 208
Truckenbrodt 28
Tschiang Kai-schek 88
Umeji, K. (Bogenmeister) 126, 135
Valerien, Harry 227
Van de Velde, Henry 10, 59f.
Vetter, August 54, 190
Volkelt, Hans 54
Walther, Gerda 34f.
Wartegg, Ehrig 56
Watts, Allan 152
Weber, Max 34, 39
Weinhandl, Ferdinand und Grete 42ff., 49f., 51, 61, 68, 178

Weinreb, Friedrich 208
Well, Christa 212
Wellek, Albert 54
Wilhelm II. 24
Wilhelm, Richard 36
Winterer, Maria (vgl. Hippius, Maria)

Witt, Ursula 105f., 108, 111, 114f., 122, 124ff.
Wittman, Johannes 47
Wulf, Friedrich 196f.
Wundt, Wilhelm 54
Yanasigawa 99
Yasutani, H. 157, 217

Karlfried Graf Dürckheim bei Herder Spektrum

Karlfried Graf Dürckheim
Wunderbare Katze
Und andere Zen-Texte
Band 4489
Zum 100. Geburtstag des Meisters sein Klassiker jetzt im Taschenbuch.
Eine unerschöpfliche Quelle altöstlicher Weisheit.

Karlfried Graf Dürckheim
Meditieren – wozu und wie
Band 4158
Geheimnisse erfahren und sich als ganzer Mensch verwandeln. Eines
der reifsten und praktischsten Werke Karlfried Graf Dürckheims.

Karlfried Graf Dürckheim
Vom doppelten Ursprung des Menschen
Band 4053
„Menschliche Reife ist kein Privileg für wenige. Praktische Übungen,
die jeder vollziehen kann" (Lehrer und Schule heute).

Karlfried Graf Dürckheim
Das Tor zum Geheimen öffnen
Ausgewählt und eingeleitet von Gerhard Wehr
Band 4027
Die Kerngedanken eines Meisters der Meditation, der die
Weisheitslehren des Ostens und des Westens schöpferisch vereint hat.

Karlfried Graf Dürckheim
Mein Weg zur Mitte
Gespräche mit Alphonse Goettmann
Band 4014
Neue Wege zur meditativen Selbstfindung, die für den modernen Menschen gangbar sind.

HERDER / SPEKTRUM

Lebenswissen

Thich Nhat Hanh
Zeiten der Achtsamkeit
Mit einer Einleitung hrsg. von Judith Bossert und Adelheid Meutes-Wilsing
Band 4492
Die Quellen des Glücks, der Hoffnung und der Lebensfreude durch Achtsamkeit erschließen.

Leben ist mehr
Das Lebenswissen der Religionen und die Frage nach dem Sinn des Lebens
Hrsg. von Rudolf Walter. Mit einem Vorwort von
Carl Friedrich von Weizsäcker
Band 4470
Voll im Leben und doch fehlt etwas. Die großen Religionen bieten überraschende Alternativen. Überzeugende Menschen berichten von ihrer Entdeckung und Lebensleidenschaft.

Dalai Lama
Der Friede beginnt in dir
Wie innere Haltung nach außen wirkt
Band 4451
Einer der schönsten Texte des Buddhismus.

Gelassenwerden
Hrsg. von Rudolf Walter
Band 4443
Standfestigkeit, Gelassenheit und Sicherheit im Alltag gewinnen.

Ulla Wittmann
Ich Narr vergaß die Zauberdinge
Was Märchen für das eigene Leben bedeuten
Band 4428
Inspiriert von C. G. Jung entschlüsselt die Autorin das verborgene Wissen bekannter Märchen.

HERDER / SPEKTRUM

Benjamin Radcliff/Amy Radcliff
Zen denken
Ein anderer Weg zur Erleuchtung
Aus dem Amerikanischen von Bernardin Schellenberger
Band 4396

Die alternative Einführung für alle, die Zen von der eigenen westlichen Erfahrung her verstehen und praktizieren wollen.

Gerhard Wehr
Selbsterfahrung mit C. G. Jung
Die Entdeckung des eigenen Ich
Band 4376

Wie man sich mit den tiefenpsychologischen Erkenntnisssen C.G. Jungs selbst besser kennenlernt.

Thich Nhat Hanh
Lächle deinem eigenen Herzen zu
Wege zu einem achtsamen Leben
Hrsg. von J. Bossert/A. Meutes-Wilsing
Band 4370

Die einfache, tiefe Botschaft an Menschen, die in der Hektik des Alltags beim Gehen schon ans Rennen denken.

Geshe Thubten Ngawang
Genügsamkeit und Nichtverletzen
Natur und spirituelle Entwicklung im tibetischen Buddhismus
Mit Beiträgen des Dalai Lama
Hrsg. von B. Stratmann
Band 4356

Aus dem Kern der Botschaft des Dalai Lama sind die Konsequenzen formuliert, die sich aus buddhistischer Sicht ergeben.

Maria Beesing/Robert J. Nogosek/Patrick H. O'Leary
Das wahre Selbst entdecken
Eine spirituelle Einführung in das Enneagramm
Band 4347

Psychologische und spirituelle Zusammenhänge werden aufgezeigt.

HERDER / SPEKTRUM

C. G. Jung
Ein großer Psychologe im Gespräch
Interviews, Reden Begegnungen
Band 4346

Die packende Begegnung mit einem faszinierenden Kenner der menschlichen Seele und bedeutenden Wissenschaftler.

Amadeo Solé-Leris
Die Meditation, die der Buddha selber lehrte
Wie man Ruhe und Klarblick gewinnen kann
Band 4316

Der bedeutende westliche Meister erschließt in diesem praktischen Handbuch dem Meditationsanfänger die älteste Überlieferung buddhistischer Meditation.

Kathleen V. Hurley/Theodore E. Dobsen
Wer bin ich?
Persönlichkeitsfindung mit dem Enneagramm – Der Schlüssel zum eigenen Charakter
Band 4312

Mit Hilfe des Enneagramms und detaillierten Anweisungen kann man sein ganz individuelles Persönlichkeitsmuster erforschen.

Nicolas Hoffmann
Seele im Korsett
Innere Zwänge verstehen und überwinden
Band 4303

Zwangshandlungen – eine der gravierendsten Persönlichkeitsstörungen unserer Zeit. Ein Aufklärungs- und Orientierungsbuch zum Umgang mit den eigenen Zwängen.

Dalai Lama
Mitgefühl und Weisheit
Ein großer Mensch im Gespräch mit Felizitas von Schönborn
Band 4288

In diesem Gespräch wird die Botschaft des Dalai Lama plastisch und begreifbar wie nie zuvor. Das Tor zum tibetischen Buddhismus.

HERDER / SPEKTRUM

Klaus W. Schneider
Stell dir vor, es geht...
Glück, Gesundheit und Erfolg durch positives Denken.
Ein Ratgeber.
Band 4282
Ein wertvolles Übungsbuch, daß uns die neuen Chancen, die in unseren Problemen liegen, erkennen läßt.

Tenzin Choedrak
Ganzheitlich leben und heilen
Der Leibarzt des Dalai Lama über Vorbeugen und Therapie von Krankheiten
Mit einer Einführung herausgegeben von Egbert Asshauer
Band 4263
Eine echte Alternative zur hochtechnisierten Apparatemedizin.

Emma Brunner-Traut
Die Stifter der großen Religionen
Echnaton, Zarathustra, Mose, Jesus, Mani, Muhammad, Buddha, Konfuzius, Lao-tse
Band 4254
Welche Menschen stehen hinter den großen Religionen? Was ist Legende, was Wirklichkeit? Ein neues Standardwerk der großen Autorin.

Dalai Lama
Sehnsucht nach dem Wesentlichen
Die Gespräche in Bodhgaya
Band 4229
Menschen aus allen Kulturkreisen haben den Friedensnobelpreisträger aufgesucht und neue Impulse für ihr spirituelles Leben gewonnen.

Daisetz Teitaro Suzuki
Wesen und Sinn des Buddhismus
Ur-Erfahrung und Ur-Wissen
Band 4197
Die Quintessenz des Buddhismus: Grundideen des Zen, seine Spiritualität und Philosophie in überzeugend klarer Darstellung.

HERDER / SPEKTRUM

Katsuki Sekida
Zen-Training
Das große Buch über Praxis, Methoden, Hintergründe
Band 4184

Wie kann man als westlicher Mensch Zen-Meditation lernen?
„Das erste umfassende Handbuch" (Psychology today).

Gina Kaestele
Umarme deine Angst
Neun Helfer zur Verwandlung von Hilflosigkeit und Angst
Das praktische Selbsthilfeprogramm
Band 4179

Die erfahrene Therapeutin zeigt, wie sich Unsicherheit und Angst in positive Kraft verwandeln lassen.

Das Ethos der Weltreligionen
Hinduismus, Buddhismus, Konfuzianismus, Daoismus, Judentum, Christentum, Islam
Herausgegeben von Adel Theodor Khoury
Band 4166

Die Herausforderungen der Gegenwart können nur im Zusammenwirken aller Religionen gemeistert werden. Eine realistische Vision.

Dalai Lama
Einführung in den Buddhismus
Die Harvard-Vorlesungen
Band 4148

Ein faszinierendes Dokument östlicher Geisteskultur, wie es außer dem Friedensnobelpreisträger wohl kaum ein buddhistischer Lehrer hätte verfassen können.

Hugo M. Enomiya-Lassalle
Der Versenkungsweg
Zen-Meditation und christliche Mystik
Band 4142

In jedem Menschen steckt ein Mystiker – hier vermittelt der große Lehrer fernöstlicher Weisheit die Essenz seiner Erfahrung.

HERDER / SPEKTRUM

Maria Kassel
Biblische Urbilder
Tiefenpsychologische Auslegung nach C. G. Jung
Band 4137

Bilder bergen einen ungeahnten Schatz. Wer ihn hebt, findet die Tiefe des eigenen Lebens.

Udo Kittler/Friedhelm Munzel
Lesen ist wie Wasser in der Wüste
Band 4123

Bücher sind Oasen in der Wüste des Alltags. Ermutigungen zu einer neuen Lebens- und Lesekultur.

Hugo M. Enomiya-Lassalle
Zen – Weg zur Erleuchtung
Einführung und Anleitung
Band 4121

Die klassisch gewordene Einführung. Eine unwiderstehliche Einladung zu einem neuen Leben aus der Kraft der Meditation.

Die Reden des Buddha
Lehre, Verse, Erzählungen
Band 4112

Texte voll denkerischer Tiefe und Poesie – ein Kompendium des Weisheitswissens von unvergleichlicher Aktualität.

Rüdiger Rogoll
Nimm mich, wie ich bin
Lieben und Lassen in der Partnerschaft
Band 4102

Rüdiger Rogoll entwirrt die komplizierten Regeln von Psychospielen in der engen Beziehung zwischen Menschen.

HERDER / SPEKTRUM